맥주,
세상을 들이켜다

야콥 블루메 지음 | 김희상 옮김

도서출판 따비

만화영화 시리즈 〈심슨 가족〉의 작가 빌 오클리Bill Oakley
는 컴퓨터에 맥주를 쏟는 바람에 열두 편의 작품을 잃는 충
격적인 사고를 당했다. 허둥지둥 데이터 복구 전문회사 '드
라이브세이버스DriveSavers'로 달려간 오클리는 자료를 복구
해달라고 간청했다. 작업이 성공하자 오클리는 감사의 마음
을 만화 주인공을 통해 이렇게 표현했다. 심슨의 딸 리사Lisa
가 먼저 외쳤다. "아빠가 컴퓨터에 맥주를 쏟는 바람에 날린
자료를 드라이브세이버스가 100% 살려냈어요!" 그러자 호
머 심슨Homer Simpson이 툴툴거리며 이렇게 대꾸한다. "그래.
하지만 맥주는 60%밖에 구출하지 못했다고."

— 〈쥐트도이체 차이퉁Süddeutsche Zeitung〉, 별책부록 〈지금Jetzt〉, 1999년 2월호

차례

그레셰코바Greschekowa에게 이 책을 바칩니다

Fünff Bücher/

Von der Göttlichen
und Edlenn Gabe der

Philosophischen/ hochthewren vnd wunderbaren Kunst/ Bier zu brawen. Auch von Namen der vornemesten Biere/ in gantz Teutschlanden / vnd von derer Naturen/ Temperamenten, Qualiteten., Art vnd Eigenschafft / Gesundheit vnd Vngesundheit/ Sie seynd Weitzen/ oder Gersten/ weisse/ oder rothe Biere/ gewürtz oder vngewürtz.

Jetzo aber auffs newe vbersehen / vnd in viel wege/ vber vorige Edition., gemehret vnd gebessert/
Durch

Herrn Heinricum Knauthium, beyder Rechten Doctorem.

Gedruckt zu Erffurde / durch Nicolaum Schmuck/ Im Jahr 1614.

1614년에 독일에서 출간된 맥주 책 표지

'신이 선물한 철학적이고 고결하며 기적과도 같은 맥주 빚는 기술에 관하여'라는 익살 스러운 제목이 붙어 있다. 하인리쿰 크나우툼Heinricum Knauthum이라는 저자의 이름 이 아래 보인다. 배가 불룩한 농부가 맥주에 취해 오줌을 누고 있다. 쇠사슬로 그의 발 목을 잡아맨 악마가 의기양양한 웃음을 흘린다.

길을 가며 — 맥주와 함께한 역사의 장면들

길을 가는 동안 지금껏 마주친 사람은 아무도 없다. 그러나 이제는 기름을 넣으려 주유소에 들러야만 한다. 자갈밭 위에 휑뎅그렁하게 서 있는 급유기가 그렇게 쓸쓸해 보일 수가 없다. 다섯 채의 건물들 가운데 초인종이 달린 곳은 단 한 군데뿐이다. 초인종을 누른다. 요란한 소리에 흠칫 놀라 나도 모르게 뒷걸음질한다. 사막에서 불어오는 모래바람이 메케하다. 태양은 당장에라도 모든 걸 녹여버릴 것처럼 이글거리고, 입안의 혀는 말라붙어 달싹이기조차 힘들다.

초인종이 붙어 있는 문 뒤, 작업장 저 안쪽의 어둠 속에서 달그락거리는 소리가 난다. 가까이 다가가본다. 허리가 구부정한 노파가 나타난다. 자동차 수리 작업장 문턱에 선 노파가 툭 내뱉는다. "어딜 뻔뻔하게 고개부터 들이밀고……." 기름을 넣는 김에 시원한 맥주도 한 잔 들이켜야겠다고 기대했던 마음에서 헛바람 빠지는 소리가 들린다. 혹시 기분 나쁘다고 기름도 넣어주지 않는 것은 아닐까? 그러나 노파는 아무 말 없이 차에 기름을 넣어준다. 그러니까 노파는 우리가 원하는 게 뭔지 물었던 것일 뿐이다. 다만 말투가 달랐던 것이랄까. 노파는 돈을 받아들고 장부에 써넣는다. 더 이상 아무 말도 하지 않고 돌아서서 문을 닫는다. 사방은 다시 죽은 듯 조용해졌다. 휘몰아치는 모래바람에 '음료 가게Bottle Store'라고 써붙인 간판만 덜거덕거린다. 가게 문 앞에는 분명 '열려 있음Open'이라는 팻말이 붙어 있다. 그러나 우리의 영어는 여기서 아무 도움도 되지 않는다. 문이 굳게 닫혀 있기 때문이다. 남은 것은 타는 목마름뿐이다.

이 나라에서 맥주는 식료품에 속하지 않는다. 알코올이 한 방울이라도 들어간 것은 모두 그렇다. 맥주는 알코올이다. 이 나라에서는 변두리의, 그것도 허가받은 상점에서만 술을 판다. 여기 이 외딴 다섯 집에서 술을 파는 것은 정식 허가를 받은 것임에 틀림없다. 아무리 엄해도 숨통은 틔워놓는 것일까. 어쨌거나 술을 찾아 갈팡질팡 헤매다 보면 길을 찾게 마련인 모양이다. 아무튼 이곳 아프리카의 헬머링하우젠*은 19세기 독일인이 세운 정착촌임에도 독일과 사뭇 다르다.

19세기는 고향 독일에서 인간의 현실을 보다 정의롭고 살맛나는 것으로 바꾸겠다며 정치 비전을 펼쳐가던 어떤 영민한 인물이 몇 차례나 좌절의 아픔을 곱씹어야 했던 시절이다. 그는 보다 인간다운 세상의 기초를 인간의 타고난 생

---

* Helmeringhausen 아프리카 나미비아 남부에 있는 마을. 19세기에 독일 식민지로 점령한 뒤 독일군 장성 한 명이 세운 마을이다. 아프리카에서는 보기 드물게 맥주 유통망을 갖춘 곳이라고 한다. - 옮긴이 주(이하 각주는 모두 옮긴이가 붙인 것이다.)

물적인 근본 욕구에서 찾았다. 카를 마르크스*는 다음과 같이 썼다. "아무런 조건을 갖추지 못한 우리 독일인은 먼저 인간으로 살아가기 위한 첫 번째 조건부터 만들어내야만 한다. 다시 말해서 인간으로서 역사를 써나가기 위한 첫째 조건부터 확립해야 한다. 인간이 살아가면서 '역사를 이루는 데 필요한 첫 번째 조건' 말이다. 살기 위해 무엇보다 필요한 최우선의 것은 먹고 마시는 일이다. 역사에서 최초의 행위는 이런 욕구를 만족시킬 수단을 만들어내는 일이다."[1]

우리는 이 훌륭한 뜻을 품은 철학자가 당시 독일인이 먹고 마시는 것 중에서 무엇이 부족하다고 보았는지 알지 못한다. 그러나 고맙게도 우리의 원시 시조들이 불을 다스렸으며, 더 나아가 맥주를 빚는 데 성공했다는 사실은 알고 있다. 물론 이때 맥주라는 말은 '거칠게 빚은 발효주'라는 뜻으로 쓰인 것이지만 말이다. 어쨌거나 인간으로 살아가기 위한 길을 본능적인 욕구를 해결하기 위해 갈팡질팡하는 가운데 찾은 셈이다.

수메르의 길가메시 서사시[2]는 인간이 되는 길의 하나로 인상적이게도 맥주의 발명을 꼽는다. 기독교의 구세주가 나타나기 수천 년 전의 일이다. 길가메시 설화에 따르면 창조의 왕은 성인식을 치르며 술을 마셨다. 그러니까 사람이 인간으로 살아가도록 술이 중개 역할을 한 것이다. 사람으로

---

* Karl Marx 1818~1883 독일의 철학자이자 정치경제학의 창시자. 독일 관념론과 공상적 사회주의 및 고전경제학을 비판하고 과학적 사회주의를 주창했다. 인류 역사에 커다란 획을 그은 인물이다.

태어나 자라다가 술을 마시고 어른으로 거듭나는 것이랄까. 길가메시는 들판에서 짐승처럼 사는 엔키두Enkidu에게 창녀를 보낸다. "엔키두는 빵을 먹을 줄도, 술을 마실 줄도 몰랐다. 그래서 매춘부는 입을 열어 엔키두에게 말했다. '빵을 먹어라, 그게 삶이니라. 술을 마셔라, 인생살이란 게 그런 것이다!' 엔키두는 배가 부르도록 빵을 먹었다. 커다란 잔을 가득 채운 술도 일곱 잔이나 마셨다. 그러자 속이 풀리며 기분이 좋아졌다. 심장이 즐겁게 뛰었으며, 얼굴이 환하게 빛났다. 엔키두는 더러운 몸을 물로 씻고 향유를 발랐다. ─ 그리고 인간이 되었다."[3]

이후 인간이 즐기는 향락수단의 히트 목록 가운데 잠깐의 예외, 즉 역사적 혼란과 착오(특히 그리스인과 로마인들)를 제쳐놓고 본다면, 술은 언제나 1위 자리를 놓치지 않고 드높은 명성을 자랑하였다. 물이야 동물도 마시지 않는가.

비슷한 시기에 지구상의 또 다른 곳에서는 전혀 딴판인 시나리오가 펼쳐졌다. 태양이 지평선 위로 높게 솟아올랐다. 층층이 계단을 이룬 논과 밭이 햇빛을 받아 산뜻한 분홍빛으로 물들었다. 쾌적하고 안온한 가을날이 지나가면서 저 멀리 중국 서쪽에서 먹구름이 몰려왔다. 강 하구에서는 참새들이 속이 텅 빈 대나무 안을 차츰차츰 쌀알로 채웠다. 갑자기 가을비가 쏟아지고 나서야 바삐 날아다니던 참새들이 조용해졌다. 며칠 뒤 참새들은 어쩔 줄 몰라 하며 물이 가득 찬 자신들의 곡물창고 주변을 날아다녔다. 대나무

통 안에 모아둔 모이를 되찾으려고 물을 찍어내며 안간힘을 썼다. 이후 더 많은 새들이 마치 줄 끊어진 연처럼 허공에서 어지럽게 휘몰이를 하면서 근처 논밭에서 일하던 농부들의 눈길을 사로잡았다. 농부들은 호기심에 대나무통의 물을 맛보았다. 그러자 날개를 단 것만 같은 묘한 흥분을 느꼈다. 물이 쌀과 섞여 발효가 되었기 때문이다. 똑같지는 않지만 이와 비슷한 방식으로 곡주가 탄생했다. 인류 역사에서 이 무렵의 맥주라 함은 세세하게 특성을 따지지 않고 그저 곡물이 물과 섞여 발효된 것을 통틀어 말하는 것이다. 중국에서는 쌀로 빚은 술을 새와 물을 나타내는 글자를 합해 '삼슈'*라고 불렀다.

먹을거리를 찾아온 전체 역사에서와 마찬가지로 인간이 맥주를 발견하는 데에도 동물에게 적지 않은 빚을 진 셈이다. 이후 인간 문명의 희미한, 아주 가느다란 빛줄기는 조명이 어둠침침한 싸구려 선술집의 문틈에서 흘러나왔다. 푸른색 페인트로 아무렇게나 칠한 벽과 덜거덕거리는 합판 탁자가 을씨년스러운 풍경을 연출하는 가운데 늙수그레한 남자들이 저마다 갈색병을 앞에 놓고 하염없이 앉아 있다. 시

* Samshu 이 단어의 한자 표기는 '三燒'(세 번의 가열, 혹은 증류 과정을 거쳤다는 뜻)라는 설이 유력하며, 三燒의 광동어 발음(sàam-siu)을 서구어화한 것이다. 영미권에서는 'Samshu'라 표기하고 'Wine of Rice'라고 풀고 있으나 원글자를 확인하기가 어렵다.
위에서 '새와 물을 나타내는 글자'는 아무래도 '술 주酒'라는 글자의 연원을 소개하고 있는 것으로 보인다. '酒'는 물의 '水'와 닭의 '酉'가 결합해 이뤄진 글자이다. 여기서 닭은 새를 통칭하는 것이다. 우리말 '술' 역시 '수울'이 줄어든 형태로 물과 새의 연관을 나타내는 것이라는 설이 있다.

선은 입구에 둔 채 굳은 듯 움직일 줄 모른다. 체념한 것 같으면서도 뭔가 기다리는 눈치이다. 인근의 할 일 없는 건달들이 모여 시간을 보내는 이곳은 깡통들을 얼기설기 엮어 벽을 세우고 밀짚으로 꼬아 만든 지붕을 이고 있다. 손님들이 주로 하는 일은 가게 문 앞 가로 2미터, 세로 8미터 크기의 공터에 부지런히 빈 맥주병을 쌓는 것이다. 마시는 족족 병은 거추장스러운 시체처럼 밖으로 들려나간다. 이제 머지않아 빈 병이 산을 이루고, 그 뒤로 오두막은 형체를 알아보기 힘들 정도로 가려질 게 분명하다.

사람들이 모여 술잔을 나누는 술집은 메소포타미아에서 문명이 처음 일어날 때부터 오늘날에 이르기까지 전통적으로 해당 사회의 정치적 현안들이 부딪치는 격론의 현장이었다. 언제 어디서나 정치적 불만은 술집에서 거침없이 정체를 드러냈다. "독일에서 프롤레타리아에게 술을 끊으라는 것은 일체 모임을 가져서는 안 된다는 종용이나 다름없었다. 프롤레타리아가 무슨 살롱이 있어 손님이나 친구를 영접할까? 동료나 동지를 식당으로 데리고 가 밥 한 번 살 수 없는 게 프롤레타리아의 처지가 아닌가? 함께 모여 공동의 관심사를 이야기하자면, 프롤레타리아는 술집을 찾을 수밖에 다른 도리가 없었다."[4] 이는 물론 마누라의 바가지가 싫어 술집을 도피처로 찾는 후줄근한 아저씨들에게만 적용되는 이야기가 아닐 터. 이른바 정치 지도층에 속하는 인물도 종종 술집을 찾아 민심의 동향을 살피며, 술좌석에서 터져 나오는 고성을 정치 기상도 예측에 활용하는 경우가 드물지 않았다.

독일제국이 1878년 "사회민주주의자들이 공동체를 위협하는 행동"을 다스리겠다며 이른바 '사회주의 법령'을 통과시킨 이후, 술집은 사회주의자들의 마지막 피난처요 정신적 망명지였다. 물론 찻잔 안의 태풍쯤이야 얼마든지 다스릴 수 있다고 본 권력자의 자만심도 이런 풍조를 부추겼다. 그러나 술의 판매를 제한함으로써 노동자들의 알코올 소비를 막으려는 정부의 꼼수에, 몇 곳 되지 않는 술집들조차 일찌감치 문을 닫았다. "춤을 추는 행사나 각종 축하연, 여성 종업원이 서비스하는 바, 심지어 당시 막 문을 열기 시작한 영화관도 정부의 통제 대상이었다."[5] 뿐만 아니라 "노동자들이 길에서 시끄럽게 떠든다거나 고성방가를 해대는 것, 광부가 집 앞에서 몸을 씻는 일, 공원 벤치에 벌렁 누워 잠을 잔다거나 채찍으로 커다란 소음을 내는 행위 등을 도저히 용납될 수 없는 망발로 여겨 처벌했다."[6]

이런 통제는 흔히 그렇듯 의도했던 것과는 정반대의 결과를 낳았다. 사회주의 법령이 폐기되자마자 이제 정치 집회는 주로 술집과 양조장 강당 혹은 맥주회사에서 제공한 거대한 천막에서 열리는 새로운 전통이 만들어졌다.

단골 술집에 들러 한잔 거나하게 걸치며 정치토론을 벌이는 일은 그야말로 유행이 되었다. 오늘날 어떤 정파든 단골 술집의 지정석*에 앉아 웃고 떠드는 일은 일상이 되었다. 심지어 보수적 색채로 유명한 바이에른의 '기독교 사회주의 연합Christlich-Soziale Union: CSU'조차 독일인의 각별한 맥주 사랑과 쿵쾅거리는 취주악을 그들의 중요한 정치적 자산으로 삼을 정도다. 맥주에 얼큰하게 취해 웃고 떠드는 민중과 어떻게든 결속을 유지하려는 이런 태도의 정치적 속내에 대해서 심지어 뜻을 같이하는 정치적 동지조차 약간 미심쩍어하곤 했다.

"그 '5월 축제'**라는 걸 똑똑히 기억해요. 당시 독일 사회주의 지도자들은 처음으로 행진을 하기로 했지요. 물론 도심에서 집회를 갖는 것은 피하고 외곽에서 행진을 하자는 조건 아래서 말이죠. 독일 사회주의자들은 머리에 원뿔 모자를 쓰고 아이들의 손을 잡고서 대규모 행렬을 이루어 행진했습니다. 호주머니에는 안주로 먹을 무를 하나씩 넣고 거의 '구보'(이탤릭체 강조는 저자)를 하다시피 했어요. 변두리 술집에서 맥주 한잔 걸칠 기대를 가지고 말이에요."(블라디미르 일리치 울리야노프Vladimir Il'ich Ul'yanov[레닌Lenin]의 아내 나데즈다 크룹스카야Nadezhda Krupskaya가 뮌헨을 방문했을 때 한 말)

행진의 정치적인 목적은 안개에 싸인 것처럼 잘 알아보기 힘들었으나, 그 본래 목적, 곧 인간적인 어울림은 아주 확실하게 이루어낸 장면이 아닐 수 없다.

---

* Stammtisch 독일에서는 술집 주인이 단골 손님에게 아예 지정석을 내준다. 자주 술집을 찾는 사람들끼리 격의 없이 어울려 술잔과 함께 담소를 나눈다.

** Maifest 해마다 5월을 맞아 봄을 자축하는 뜻에서 열리는 축제. 독일에는 마을마다 '5월 나무Maibaum'라는 게 서 있다. 마을의 번영과 주민의 건강과 행복을 기원하는 의미로 심은 것이다. '5월 축제'는 이 나무를 중심으로 열린다.

1914년 로자 룩셈부르크*는 '뮌헨 킨들 홀'**에서 전쟁 국채 발행을 반대하는 열띤 연설을 했다. 1918년에서 1919년에 이른바 "소비에트바이에른Sowjetbayern"(그것 참 역설적인 조합이 아닐 수 없다***), 그러니까 바이에른 인민공화국을 표방하고 나선 노동자와 군인들의 혁명운동 그룹은 뮌헨에 자리한 '마테저브로이'****를 본부로 삼았다. 결국 이들 혁명 그룹과 반대 세력 사이에 빚어진 피의 충돌은 혁명 반대 세력이 '붉은 군대'의 마지막 요새였던 마테저브로이와 '우니온스브라우어라이'와 '베르크브라우어라이'*****를 급습해 점거함으로써 끝이 났다.

'국가사회주의 독일 노동당Nationalsozialistische Deutsche Arbeiterpartei', 즉 나치스가 창당대회를 연 곳 역시 운동의 수도 뮌헨에 자리 잡은 '슈테르네커브로이'******였다. 히틀러

---

* Rosa Luxemburg 1870~1919 폴란드 태생으로 독일에서 주로 활동한 여성 혁명가.

** Münchener-Kindl-Saal '뮌헨 킨들'은 바이에른의 전통 깊은 양조회사이다. 독일의 주류 생산 기업은 보통 커다란 직영 홀을 운영한다. 여기서 '킨들'은 때 묻지 않은 어린아이, 곧 천사를 이른다.

*** 농업을 주산업으로 삼았던 바이에른이 예로부터 보수적 색채가 짙기로 유명한 것을 염두에 둔 표현이다. 그러나 바이에른의 수도 뮌헨은 언제나 급진주의자, 혁명가 등 좌파가 활발하게 활동한 본산이기도 하다.

**** Mathäserbräu 한때 뮌헨을 상징하기도 했던 술집 이름이다. 중앙역과 마리엔 광장 사이에 자리를 잡고, 세계에서 가장 큰 규모의 맥주홀을 자랑했던 술집으로 노동자와 서민의 천국이었다. 지금은 영화관으로 바뀌었다.

***** Unionsbrauerei, Bergbrauerei 역시 뮌헨의 전통 깊은 양조장들이다.

****** Sterneckerbräu 뮌헨의 동부 역Ostbahnhof 근처에 자리 잡은 맥주홀.

는 자신의 첫 연설을 1919년 '호프브로이켈러'*에서 했다. 이
곳은 1920년 나치스가 좌파와 우파로 나뉘어 격전을 벌인
현장이기도 하다. 이들이 사용한 유일한 무기는 도자기로
만든 맥주잔이었다. 당시 '뷔르거브로이켈러'**는 정치적 좌
파의 집결지였다.

> 동지들이여, 거룩한 시간을 떠올리는가?
> 강인하고 충직한 독일의 남자들이여,
> 영원한 결속을 맺자,
> 뷔르거브로이에서 심장과 주먹을 모아
> 북으로 가자! 북으로 가자!
> 독일을 구하자, 바이에른이여!
> 용기를 가져라, 히틀러의 청년들이여!
> 루조프, 루덴도르프, 야르가 너희와 함께한다,***
> 감격의 눈물이 흐르나니, 숨을 모아!
> 커다란 잔에 거품을 채우고 축배를 들자.[7]
>
> — 나중에 나치스에 의해 살해된 에리히 뮈잠****의 시

---

* Hofbräukeller 뮌헨의 명물인 호프브로이의 본부 건물. 호프브로이는 원래 바이
에른 주정부가 직영하던 궁정 직속의 양조장이었다.

** Bürgerbräukeller 1885년에 세워진 뮌헨의 술집. 엄청난 규모를 자랑하는 이곳은
나치스의 전당대회 장소로 애용되었다.

*** Lossow, Ludendorff 그리고 Jahr는 당시 독일의 전쟁 영웅들이다.

**** Erich Mühsam 1878~1934 독일 출신의 혁명가. 작가이자 무정부주의자로 노동
자의 편에 서서 혁명을 주장했다. 유대인 출신인 그는 결국 노동자에 편승한 나치스에
정략적으로 이용만 당하다가 끝내 살해되었다.

대략 잔에 가득을 채우고 축배를 들자"

1923년 히틀러의 쿠데타 시도는 바로 이곳 '뷔르거브로 이켈러'에서 막을 올렸다. 그리고 1939년 11월 8일 게오르크 엘저*가 폭탄으로 히틀러 암살을 기도한 곳도 이곳이다. 엘저는 아쉽게도 체제는 무너뜨리지 못하고 맥주홀의 천장만 폭삭 주저앉혔다. 많은 양조장들이 그 후에도 나치스 때문에 곤욕을 치러야 했다. 나치스는 맹목적인 광기로 맥주 양조업계의 상징인 연금술 마크가 유대인을 상징하는 '다윗의 별'을 닮았다고 억지를 부렸기 때문이다(실제로 형태가 다소 비슷하기는 하지만, 아무런 연관도 없으며 공통된 기원도 갖지 않는다).

그러나 나치스가 맥주보다 자신의 정강정책을 더 우선시한 경우는 차라리 예외에 속한다. 민중의 안녕과 복지를 위해 사람을 인간답게 만드는 묘약의 샘이 마르지 않도록 해야한다는 믿음의 뿌리는 전 세계적으로 깊고도 튼튼했다. 공산주의 체제 몰락 이후 처음으로 러시아에서 열린 선거, 그러니까 약 80년 동안 이어진 이것은 믿고 저것은 믿지 말아야 한다는 식의 금기가 무너진 이래 처음으로 목마른 민중을 위해 맥주의 충분한 공급을 공약으로 내건 정당이 출현했다. 물론 선량한 시민은 맥주가 마르지 않는 게 공동체의 이익에 무슨 보탬이 되는지 고개를 갸웃했다. 당시 ADN**의 보도를 읽어보자.

1950년대 '비퀼러Wicküler' 맥주 광고

---

* Georg Elser 1903~1945 나치스에 저항해 싸운 투사. 히틀러 암살 기도가 수포로 돌아가 강제수용소에 수감되었다가 종전 직전 히틀러가 친히 내린 명령으로 처형당했다.

"모스크바에서 맥주 애호가들이 정당을 결성했다. 러시아의 맥주 팬들이 이제 자신들의 이해를 대변할 정당을 갖게 된 것이다. 모스크바의 맥주 정당은 전부 14개 지역의 대표자들이 모여 연합 형태로 이루어낸 것이다. 정당의 강령에 따르면 러시아의 모든 시민은 성별과 신념의 차이에 상관없이 16년 동안 당원이 될 수 있다. 정당은 무엇보다도 '러시아에 1,000여 개가 넘는 맥주 양조장' 건립을 위해 투쟁하겠노라 다짐했다."[8]

오늘날 러시아에서 맥주는 역동성과 개방성을 상징하는 술로 받아들여지며, 너 나 할 것 없이 앞다퉈 마시는 유행의 총아가 되었다. 또한 계획경제 시절에 비해 맥주의 질이 꽤 좋아졌다. 당시 유행했던 우스갯소리는 이런 사정을 그림처럼 보여준다. 옷에 훈장을 주렁주렁 단 할아버지가 손자의 손을 잡고 전쟁영웅을 기리는 연례 개선축하연에 나갔다. 맥주는 주최 측에서 무료로 무한정 제공했다. 손자 앞에서 자랑스럽게 한 모금 마신 할아버지는 곧바로 퉤퉤거리며 뱉어냈다. 이 광경을 지켜보던 손자 왈, "옛날에 싸움에서 지셨어야 해요. 그랬다면 지금 바이에른 맥주를 마실 수 있었을 텐데……."

알코올, 특히 부담 없이 즐길 수 있는 맥주가 일상의 고단함을 잊게 해주며 평온함을 가져다 줄 것이라는 기대는 인류의 역사와 호흡을

Zwei gegensätzliche Bereiche, jedoch das Urteil ist das gleiche.

** ADN Allgemeiner Deutscher Nachrichtendienst 동독 시절의 통신사.

함께 해왔다. 그 어떤 곳보다도 유럽 중부에서 맥주에 거는 희망은 남달랐다. "독일 음료들 가운데서도 가장 독일적인" 맥주는 문화사의 보고로서 인류의 애환을 가득 담고 있다.

20세기에 들어서도 이런 분위기는 크게 달라지지 않았다. 중세 학자들이 술과 함께 맥주를 경배하고 찬미했던 전통을 이어받은 적지 않은 무리의 (술 마시는) 지성인들이 자신들의 대학 교육의 수준을 보다 더 높이 끌어올리고 있었기 때문이다. 대학 도서관에 가보면 관심과 주의를 촉구하는, 조금도 흐트러짐 없이 기술된 술에 관한 논문들이 차고 넘쳐난다. 《맥주가 있어야 하는 이유에 관한 생리학, 국민경제학, 심리학 측면에서의 고찰. 어려울 때일수록 맥주는 필요했다Das Bier, eine physiologische, volkswirtschaftliche und psychologische Beleuchtung seiner Existenzberechtigung auch in Notzeiten》라는 학술잡지 기고문에서부터 《고지대에서 알코올의 혈중농도와 배출Die Blutkonzentration und Ausscheidung des Alkohols im Hochgebirge》9), 《술집으로 비롯된 사망 원인과 사망 연령에 관한 평가Würdigung der Todesursachen und Sterbealter bei Gastwirten》10), 《노동과 알코올이 숙련도에 미치는 영향Wirkung von Arbeit und Alkohol auf die Geschicklichkeit》11)을 비롯해, 《슈바벤 소도시에서 만성 알코올 중독자 100명의 몸 상태와 그들의 사회적 운명Das körperliche und soziale Schicksal von 100 chronischen Vieltrinkern einer schwäbischen Kleinstadtbrauerei》12)이나 《알코올이 손의 자율적 움직임에 미치는 영향Der Einfluss des Alkohols auf die Willkürbewegungen der Hand》13) 등 그 면면이 아주 다양하다. 독일제국의 수상을 역임한 구스타프 슈트레제만*의 박사논문《베를린 병맥주 산업의 발달Die Entwicklung des Berliner Flaschenbiergeschäftes》14)은 굳이 입에 올릴 필요가 없을 정도다.

맥주를 마시는 것, 아니 그야말로 들이붓듯 퍼마시는 일은 문화였고, 앞으로도 문화로 남을 것이다. 그래서 그 위험을 지적하려는 노력 역시 줄기차게 이어져온 셈이다. '고급 와인'을 마시는 것만이 문화인 줄 알았던 사람에게는 적잖이 놀라운 이야기이리라. 종류를 불문하고 이처럼 술을 소비하는 이유는 무엇일까? 문화계 일선에서 창작 행위에 몰두했던 인물들의 머릿속을 잠깐 들여다보는 것만으로도 그 원인을 충분히 짐작할 수 있으리라. "아무튼 엄청 마셔댔다. 물론 여기서 마신다는 일은 일반적인 수분 섭취를 말하는 것이 아니다. 아예 취하자고 작정을 하고 마시는, 고달픈 현실을 잊고 몽환에 빠져보려는 안간힘에 우리는 주목하는 것이다. 셸리, 하이네, 퀸시, 콜리지, 에드거 앨런 포 등은 아편에 흠뻑 빠졌으며, 뮈세와 와일드는 압생트**에 넋을 잃었다. 어디 그뿐인가? 모파상(알코올과 아편은 하지 않았다)과 장 로랭은 에테르***를 즐겼으며, 보들레르와 고티에는 해

---

* Gustav Stresemann 1878~1929 독일의 정치가. 제1차 세계대전 이후 독일 인민당을 조직했으며, 수상에 취임해 로카르노 조약을 체결하고 국제연맹에 가입하는 등 평화에 힘써 1926년 노벨 평화상을 받았다.

** Absinthe 쑥을 향료로 써서 만든 리큐어. 프랑스가 주산지로 알코올 성분 70%를 자랑하는 독하고 쓴 녹색의 양주이다.

*** Ether 알코올에서 추출한 마취제. 환각 현상을 일으킨다.

시시를 피워댔다. 알렉산드로스 대왕(만취한 상태에서 가장 친한 친구와 스승을 살해했다), 소크라테스, 세네카, 알키비아데스, 카토, 셉티미우스 세베루스(술에 취해 죽었다), 카이사르, 무함마드 2세(술에 취해 착란 상태에서 죽었다), 스테인, 렘브란트, 카라치, 바르바텔리, 번스, 글룩, 헨델, 호

Percy Bysshe Shelley 1792~1822 영국의 시인.

Heinrich Heine 1797~1856 독일의 낭만파 서정시인. 독일 제국주의에 반대해 치열한 저항운동을 펼쳤다. "시인이 아니라 인간으로 살려고 애썼다"라는 평가에서 잘 드러나듯 진실을 위해 끝까지 봉사하는 숭고한 인생을 살다간 시인이다.

Thomas de Quincey 1785~1859 영국의 비평가.

Samuel Taylor Coleridge 1772~1834 영국의 시인이자 평론가.

Edgar Allan Poe 1809~1849 미국의 시인이자 소설가.

Alfred de Musset 1810~1857 프랑스의 시인이자 소설가.

Oscar Wilde 1854~1900 아일랜드 출신의 소설가이자 극작가.

Guy de Maupassant 1850~1893 프랑스의 소설가. 사실주의를 대표하는 인물로 《비곗덩어리Boule de suif》라는 작품을 썼다.

Jean Lorrain 1855~1906 프랑스의 시인. 상징주의를 대표하는 작가이며, 이른바 '댄디즘'에 심취한 동성연애자이다.

Charles Pierre Baudelaire 1821~1867 프랑스의 시인. 악마주의를 추구한 프랑스 상징시의 선구자이다.

Théophile Gautier 1811~1872 프랑스의 낭만파 시인.

Alexander BC 356~BC 323 마케도니아의 왕. 알렉산드로스라고도 한다.

Socrates BC 470~BC 399 고대 그리스의 철학자.

Lucius Annaeus Seneca BC 4~65 로마의 철학자이자 극작가.

Alkibiades BC 450~BC 404 아테네의 정치가이자 군인.

프만, 베를렌, 베토벤 등등은 술로 인생을 살아낸 인물들이
다."15)

그러니까 맥주의 문화사는 "교양과 문화의 역사와 언제
나 보조를 맞추고 있었던 것"이다.16) 와인잔을 우아하게 잡
은 손가락은 '비어가르텐'*에서 맥주잔을 움켜쥔 주먹을 못

Marcus Porcius Cato Censorius BC 234~BC 149 로마의 정치가이자 문인.

Lucius Septimius Severus 146~211 로마의 황제.

Muhammad II 이런 이름의 왕이 너무 많아 정확히 누구를 가리키는지 알 수 없다.

Jan Steen 1626~1679 네덜란드의 화가.

Harmensz van Rijn Rembrandt 1606~1669 네덜란드의 화가.

Carracci 이탈리아의 유명한 화가 가문. 너무 많은 화가를 배출해 정확히 누구를 말
하는지 알 수 없다.

Barbatelli 1542~1612 이탈리아의 화가.

Robert Burns 1759~1796 스코틀랜드의 시인이자 소설가.

Christoph Willibald Gluck 1714~1787 독일의 작곡가.

Georg Friedrich Händel 1685~1759 독일 태생으로 영국에서 활동한 작곡가.

Ernst Theodor Amadeus Hoffmann 1776~1822 독일의 소설가.

Paul Verlaine 1844~1896 프랑스의 시인.

Julius Caesar BC 100~BC 44 로마의 군인이자 정치가.

Ludwig van Beethoven 1770~1827 독일의 작곡가.

* Biergarten 맥주Bier와 정원Garten의 합성어로, 독일의 전형적인 술집을 말한다. 보
통 공원의 한가운데 자리 잡고 있으며, 한꺼번에 수백 명을 수용할 정도로 규모가 큰
게 대부분이다. 독일의 다른 지역에 비해 햇살이 좋은 뮌헨에서 발달했다. 숲의 커다
란 나무 그늘 아래서 맥주 한잔을 즐기는 장면이 무척 여유로워 보인다.

마땅하게 여기기도 하리라. 하지만 이 둘의 차이가 다채로운 만큼 일맥상통하는 부분이 없지 않다. "맥주는 사회와 정치를 떠받드는 강력한 요소이다. 아주 오랜 옛날부터 맥주는 서로 다른 정파들을 묶어주는 튼튼한 연결고리였다. 반감과 대립을 해소해주었으며, 거친 적대감을 누그러뜨려 여러 계층의 민중이 서로 가까워지게 해주었으며, 어리석기 짝이 없고 볼썽사나운 엘리트 사상을 말끔히 쓸어버렸다. 나는 뮌헨의 술집들에서 아주 귀중하고 뜻깊은 가르침을 많이 얻었다. 그곳에서는 세계적인 명성을 자랑하는 예술가들이 막노동꾼들과 스스럼없이 웃고 떠들었으며, 정부의 고위관리가 종업원과 희희낙락하는 모습이 너무도 자연스러웠다. 나는 그곳에서 이른바 '진정'이라는 것을 보았다. 물론 먹물깨나 먹은 사람의 눈에는 가식처럼 보였을 수도 있다. 그러나 적어도 그곳에서는 꾸밈없이 서로에게 다가가는 진솔함을 느낄 수 있었다."17)

허름한 술집 탁자 앞에 홀로 앉아 맥주병을 기울이며 앞만 물끄러미 바라보는 남자는 이미 절제와 통제의 길에서 벗어나 알코올 중독에 이르는 지름길로 접어든 막장 인생이다. 혼자서 우두커니 마시는 맥주야말로 말기 증상이 머지않아 나타나리라는 신호이기 때문이다. 다시 사람들의 무리로 돌아가려면 가시덤불을 지나 맨발로 자갈밭을 걷는 형극을 감내해야 하리라. 어쩔 수 없다. 맥주는 어디까지나 알코올이기 때문이다. 그리고 맥주의 매력은 바로 이 알코올

덕이다. 물론 오늘날에는 알코올을 빼버린
맥주*도 있긴 하지만 말이다.

무턱대고 금욕적인 삶을 강변하는 사
도는 그 경고의 손가락을 거두어야 마땅하
다. 맥주의 선용이냐 오용이냐 하는 문제는 마시는 양만 가
지고 말할 수 있는 성질의 것이 아니기 때문이다. 어떤 문화
적인 배경과 역사적 바탕 위에서 마시는가 하는 점 역시 무
시할 수 없는 요인이다. 몸의 생리적인 반응도 그때그때 문
화적 환경에 직접적으로 좌우되기 때문이다.

이게 무슨 소리인가 의아해하는 독자가 적지 않으리라.
흔히 '중독'이라는 것은 개인의 생리적인 문제로만 이해되어
왔기 때문이다. 그러나 중독은 개인의 문제로만 볼 수 없다.
무엇보다도 '중독 현상'은 주변에서 보이는 반응과 밀접한
연관이 있다.

술을 마시는 것을 보고 별로 부정적인 반응을 보이지 않
는 사회에서는 놀랍게도 중독이라는 현상이 거의 나타나
지 않는다. 그 좋은 예가 중세의 유럽이다. 그 당시에는 술
을 마시는 일이 언제나 사람들과의 어울림 속에서 이루어졌
다. 다시 말해서 항상 가족 혹은 이웃과 더불어 마셨지, 홀
로 우두커니 마시는 일은 없었다. 중세가 중독이라는 것을
몰랐던 이유가 이것 말고 또 있을까. 물론 아직 개성이라는
게 없던 시절이기는 했다. 또 개성이라는 것을 알아야 할 이

---

* 독일에는 운전자를 위한 무알코올 맥주도 있다.

유도 없었다. 술을 마시는 일은 언제나 공동체 안에서 이루어졌기에 술 마시는 것을 두고 뭐라 힐난하는 경우는 거의 없다. 그러나 개성과 사생활이 중시되는 오늘날에는 중독자들이 차고 넘쳐난다. 현재 유럽의 알코올 중독자 수는, 물론 상대적인 비교이기는 하지만, 중세 유럽인 전체의 수를 넘어선다. 그렇다고 타임머신을 타고 과거로 돌아갈 수는 없는 노릇. 중요한 것은 지금의 현실을 어떻게 개선해야 중독을 줄일 수 있을까 하는 것이다. 다시 한 번 강조하지만 사회가 술 마시는 일을 너그럽게 바라보면, 그러니까 지극히 정상적인 일이라며 나무라지 않는 곳에서는 중독이라는 현상이 드물다.

"우선 나는 다음과 같은 점을 확신한다. 1만 명, 아니 10만 명의 남자들 가운데 태어나면서부터 주정뱅이인 사람은 한 명도 없다. 내가 보기에 술을 마시는 것은 사회적인 습관이다. 다시 말해서 사회풍습에 따라 길러진 정신적 태도랄까. …… 술을 조절하고 이겨내는 것은 정신적 훈련을 통해 얼마든지 가능하다. 말하자면 개인의 정신적 성숙도는 술을 대하는 태도에서 가장 잘 확인할 수 있다. 사람들과 더불어 술을 배운 사람은 좀체 취하지 않는다. 주변에 술 마시는 사람이 수두룩한데 몰래 숨어 혼자 홀짝거리며 마시는 것을 상상할 수 있을까? 술은 대개 어른에게 처음 배운다. 사회 속에서 배우는 게 술이다. 그러므로 술을 마시는 일은 언제나 사회성을 훈련하는 일이다. …… 친구와 알코올은 샴쌍둥이나 다름없다."[18]

어느 정도 격식을 갖춘 술자리는 누천년 이래 공동체 의식을 키우는 지름길이었다. 이때 도수가 높지 않은 맥주는 쉽사리 취하지 않으면서 오랜 시간에 걸쳐 함께 의식을 치를 수 있는 적절한 술이었다. 천천히 술잔을 나누며 담소를 즐기는 자리는 더할 나위 없이 좋은 소통의 장이 되었다. 이런 점에서 술은 사회의 기초를 튼튼히 해주며, 문명의 차원을 끌어올린다. 고삐 풀린 망아지처럼 한껏 기분을 내며 무리 지어 소리를 지르고 주정을 해대는 게 결코 바람직하지 않은 이유는 여기에 있다. 만취해서 넘지 말아야 할 문명의 울타리를 허무는 짓은 무리 속에 숨어, 분위기에 편승해 폭력이나 휘두르려는 비겁하고 비열한 졸장부나 하는 짓이다. 꼭지가 돌아갈 정도로 취해 술이 술을 마시는 지경까지 가는 것은 아무리 좋게 보려 해도 좋아 보이지 않는 추태에 지나지 않는다.

문명과 함께 탄생한 맥주

이제부터 맥주를 둘러싼 모든 전설의 뿌리를 거슬러 올라 가볼 생각이다. 전설이 그 실체를 드러내는 때와 장소는 결 코 적지 않다. 심지어 지구 반대편에서도 흥미로운 사실들 이 우리를 기다리고 있다.

한때 독일의 식민지였던 아프리카 남부의 아름다운 해 변. 흑인과 백인, 젊은이와 노인이 뒤섞인 한 무리의 사람 들이 오로지 한 곳만 바라보고 있다. '미스 팜비치Miss Palm Beach' 선발대회가 열리는 현장이다. 아주 젊고 아리따운 처 녀들이 거드름이나 피워대는 늙수그레한 남자들에게 둘러 싸인 모습은 상투적인 일상 그대로다. 남자들의 손에는 필 수품인 것처럼 빠짐없이 맥주병이 하나씩 들려 있다. 늘 맥 주병을 끼고 사는 터라 남자들은 모두 배가 불룩한데, 여기 서는 부와 권력을 상징하는 매력이다. 젊은 미녀들이 중년

---

* Publius Cornelius Tacitus ?56~?120 고대 로마의 역사가. 간결한 문체로 로마제국 초기의 역사를 서술했다. 대표적인 저서로 《게르마니아Germania》가 있다. 본문에서 저자가 '게르만의 원형'이라고 한 표현은 게르만족을 야만의 돼지에 빗댄 타키투스의 지적을 염두에 둔 것이다.

의 배불뚝이 앞에서 교태를 뽐내는 모습은 돈 앞에서 무력해지는 인간의 열성 형질을 고스란히 확인시켜주는 듯해 입맛이 씁쓸하다.

인간의 편견이 낳은 이런 유형의 남자는 수천 년 전부터 지금까지 거듭해서 출현하고 있다. 혹자는 타키투스*를 들먹이며 배불뚝이 남자가 바로 게르만의 원형이라고 주장하기도 한다. 게르만족을 두고 전 세계적으로, 그들과 그들의 후손, 즉 독일인들은 엄마 젖과 함께 맥주를 빨아먹었다는 굳은 믿음이 횡행하고 있기 때문이다. 어려서부터 맥주에 입맛이 길들여진 탓에 평생 맥주에 절어 지내다가 무덤까지 끌어안고 간다나. 뭐 그렇게 말할 수도 있다. 다만, 그런 이

인류의 가장 오래된 석판 가운데 하나인 〈푸른 기념비〉는 맥주를 주제로 하고 있다. 이 그림에서 수메르 사람들은 기원전 7000년경 에머Emmer라는 품종의 밀을 가지고 맥주를 빚고 있다. 제사에 바치기 위한 것이다. 역시 제물로 쓰기 위해 동물을 잡는 모습도 보인다.

야기는 게르만 혈통을 갖지 않은 사람들이 지어낸 것일 따름이다. 또 그리 놀랄 일도 아니다. 전해오는 바에 따르면 섬세하고 체계적인 양조 기술의 요람은 유프라테스 강과 티그리스 강 사이의 이른바 '두 강이 흐르는 땅'*에서 살랑살랑 흔들리며 바람을 탔다고 한다.

맥주와 꿀이 흐르는 땅, 메소포타미아

이 문명 발상지의 주민들에게 맥주는 예수 그리스도가 탄생하기 4,000년 전에 이미 즐겨 마시던 음료였다. 벌써 오래 전에 맥주는 신이 마시는 음료 목록 가운데 한 자리를 당당히 차지했던 것이다. 파리의 루브르박물관에서는 맥주 만드는 법을 기록한 〈푸른 기념비Monument Bleu〉라는 이름의 석판을 찾아볼 수 있다. 이것은 수메르가 이룩한 두 가지 중요한 문화적 업적을 아우르는 유산이다. 하나는 문자의 발명이며, 또 다른 하나는 바로 맥주의 창조이다. 백성들은 글자를 익히고 쓰느라 애를 먹으며 오늘날까지 관료주의에 시달리는데, 맥주는 그 스트레스를 이겨내는 데 적지 않은 도움을 주었다. 석판의 그림에서 '인간의 입을 채워주는 여신'인 닌카시**는 백성이 바치는 제물을 받고 있다. 수메르 사람들

---

* Mesopotamia 이 지명은 원래 고대 그리스어 'Μεσοποταμία'에서 온 것으로, '강들의 사이'라는 뜻을 가졌다. 메소포타미아는 지리적으로 중동의 유프라테스 강과 티그리스 강 사이의 지역, 지금의 이라크에 해당하는 곳이다.

은 닌카시를 맥주를 만들어낸 여신으로 섬겼다. 신들의 세계에서 닌카시는 술을 베푸는 여인이라는 무시 못할 과업을 떠맡은 셈이다.

맥주의 기본 재료인 곡물 농사의 역사도 수메르에서 기원전 7000년경에 막이 올랐다. 인간과 동물 모두 낱알을 먹는 식물인 보리는 아주 일찍부터 대단히 체계적으로 재배되었다. 당시 수메르 농부들은 마땅한 어휘가 없었기에 보리와 곡물을 모두 '골풀Juncus'이라고 불렀다. 인간은 발아한 곡물을 먹고, 그것으로 빚은 맥주를 마신 셈이다. 어차피 다 곡물인 마당에 무슨 차이가 있는 것일까?

보리는 특수한 용기에 보관하지 않으면, 지붕 위든 길거리든 아무 데서나 발아를 했다. 이는 곧 그만큼 보리가 많았다는 증거가 아닐까. 그래서 발효시켜 곤죽으로 만들어 먹는 것 역시 나름 의미 있는 일이었으리라. 오죽했으면 독일의 도자기 상점에서 파는 코끼리 조각상 아래에 다음과 같은 속담이 적혀 있을까. "코끼리가 싹이 난 보리들을 짓밟아 으깨고 있다." 이는 당시 곡물의 발효가 아주 흔한 일이었으며, 코끼리도 많았다는 사실을 암시하는 것일까?

수메르 사람들은 맥주를 빚기 위해, 후대의 이집트 사람들처럼 보리는 물론이고, 보리와 비슷한 '에머Emmer'라는 종류의 밀도 사용했다. 빻거나 갈아서 가루로 만든 밀과 보리에 물을 부어 발효시켜 마시거나, 반죽을 만들어 압착시킨

** Ninkasi 수메르 사람들이 섬긴 맥주의 여신. 엔키Enki와 닌티Ninti가 낳은 여덟 자식들 가운데 한 명으로, 전설은 그녀가 '부글부글 넘쳐흐르는 물'에서 태어났다고 한다.

다음 열을 가해 이른바 '(맥주)빵'이라는 것을 구워 먹기도 했다.

실제로 기원전 7000년경에 많은 양의 술을 소비했다고 보기는 어렵다. 무엇보다도 그릇 같은 용기가 아직 본격적으로 만들어지지 않았기 때문이다. 술을 익힐 커다란 통 같은 게 없었으니, 발효라는 것을 생각하기 어렵지 않았을까? 1992년 맥거번R.H.McGovern과 배들러P.E.Badler*는 지금까지 맥주와 비슷한 가장 오래된 음료를 증명해냈다.19) 이들은 이란의 자그로스 산맥에서 기원전 4000년경의 것으로 보이는 항아리를 발견했는데, 여기에서 채취한 흔적을 분석한 결과, 곡물로 술을 담가 발효시키고 보존했던 용기라는 사실이 밝혀졌다.

맥주를 빚는 데 처음으로 효모를 사용한 기록은 16세기의 것이다. 당시 술을 발효시키는 가장 간단한 방법은 늘 똑같은 용기를 쓰는 것이었다. 매번 같은 용기에 술을 담그면, 술이 익기 시작하면서 공기로 분출되는 가스 형태의 효모가 용기 벽에 살아남을 수 있기 때문이다.

발효시켜 만드는 맥주는 역사적으로 볼 때 와인보다 앞서 생겨난 것이다. 인류는 포도 재배보다 곡물 경작에 먼저 성공했기 때문이다. 맥주는 손쉽게 마실 수 있을 뿐만 아니라, 인생살이의 고단함을 잊게 해주는 묘약이기도 했다. "격분한 사람이 있거든 맥주를 아예 배가 터지도록 마시게 하

---

* 이들의 정확한 인물 정보는 알 길이 없다.

라. …… 그럼 맥주와 함께 분노도 마셔버리리라. 어쨌거나 당신이 느끼는 압박감은 상당 부분 줄어들 것이다."[20]

(수메르) 신들의 세계에서도 속상함을 달래는 데 맥주는 꼭 필요했던 모양이다. 신들도 저 곤궁하기 짝이 없는 속세의 난장판을 보며 속깨나 끓였을 게 분명하다. 고대의 신이든 인간이든 그들이 벌인 질펀한 술판은 이후 과음으로 악명이 자자한 후손 게르만족의 술판과 비교해도 조금도 뒤떨어지지 않는다. 어느 쪽이 되었든 술판은 인간관계를 고스란히 담아내는 거울이다. 심지어 병상에 누워 자신의 마지막을 기다리는 사람이 신들의 천국에 무사히 오를 수 있도록 제사상을 차리고 신들에게 술을 바치는 의식을 치르는 것도 자주 볼 수 있는 일이다.

두 강이 흐르는 땅에서 맥주를 마시고 취하는 일은 사회적으로 자리를 잡은 의식과 제례의 일부였다. 속세의 주민과 그 창조주는 술을 가운데 두고 만났다. "신과 인간을 자유롭게 하리라." 냉철하게 보자면 두 강이 흐르는 땅에는 유프라테스와 티그리스 강 이외에 제3의 강이 하나 더 흘렀다. 바로 맥주라는 이름의 강이다. 신께 제사를 올릴 때나 승리를 자축할 때, 집을 다 짓고 준공식을 할 때, 직장에서 승진을 하거나 결혼식을 올릴 때, 술은 그야말로 강이 되어 흘렀다. 어디 그뿐인가? 신참을 받아들인 수도원 수도사들 역시 건배의 잔을 높이 들었으며, 배의 진수식을 치를 때나, 건물의 상량식 혹은 사냥축제나 미녀선발대회 등에서도 술은 빠져서는 안 될 필수품이었다. 그리고 보면 우리 인생에서 많은 것들이 참으로 오랜 유효기간을 자랑한다. 주변을 돌아보면 지난 누천년 세월 동안 조금도 변하지 않은 것이 차고 넘쳐나기 때문이다.

메소포타미아는 역사상 적지 않은 사람들이 '파라다이스'의 실제 장소로 꼽는 곳이다. 그곳 주민들은 '시카루Sikaru'라는 이름으로 불리는 그들의 맥주와 관련해 이후 정해진 법들을 엄격하게 지켜야만 했다. 그러나 그들 역시 꿀이나 각종 약초 혹은 진액 따위의 '향료'를 얼마든지 술에 첨가했다. 다시 말해서 맥주의 맛과 향을 높이려고 안간힘을 쓴 것이다.

인생에 관한 것이라면 무엇 하나 소홀히 여기지 않고 다스리려는, 제어되지 않는 지배욕이 술을 아무렇게나 되는 대로 놔두었을 리 만무하다. 오히려 맥주를 규제하는 법안을 빚어놓지 않았다면, 그게 더 이상한 일이 아닐까. 인류 역사에서 맥주는 언제나 법의 비호와 함께 엄격한 관리를 받아왔다. 맥주에 기본 재료 외에 일체의 첨가물을 넣지 말아야 한다는 '순수법Reinheitsgebot'을 처음으로 발령한 이는 흔히 알려진 것처럼 바이에른의 대공이 아니다. 그보다 앞서 3,000년 전의 감히 우러를 수 없는, 그보다 더 높은 직위를 자랑하는 함무라비* 왕이 순수법의 최초 제창자이다. 어겼다가는 무서운 처벌을 받을 것이라며 으름장을 놓는 이 법은, 맥주에 불순물을 넣을 경우 숨이 막혀 죽을 때까지

---

* Hammurabi ?~BC 1750 바빌로니아 제1왕조의 6대 왕.

바빌로니아의 맥주 애호가들을 묘사한 부조. 긴 대롱으로 맥주를 빨아 마시는 모습이 이채롭다. 이는 입
안에 곡물 찌꺼기가 딸려오는 것을 막기 위해서였다.

죄인의 입에 그가 만든 맥주를 부을 것이라고 경고하고 있
다. 전부 360개 조항으로 이루어진 함무라비 법전 108조의
내용은 다음과 같다. "맥주를 파는 아낙네가 값을 곡물로
받지 않고 은을 달라고 요구한다거나, 좋지 않은 재료를 써
서 맥주의 품질을 떨어뜨리면, 여인을 붙들어 처벌을 내린
다. 경우에 따라서는 물속에 빠뜨릴 수 있다."21)

맥주값은 곡물로 치러야 했다. 그래야 새 맥주를 만들
수 있으니 말이다. 양조장은 언제나 술집을 겸했으며, 술집
이 곧 양조장이었다. 이는 유감스럽게도 산업화와 더불어
세계 각국의 맥주문화에서 사라져버린 전통이다. 5,000년
동안 맥주를 빚는 곳에서 곧장 술을 팔았기에 무엇보다도

술맛이 신선해서 좋았다.

술집을 열고자 하는 여인은 먼저 당국의 허가를 받아야 했다. 또한 맥주의 오염을 금지하는 형법과 함께 세법稅法도 철저히 준수해야만 했다. 그러나 당시 메소포타미아 지역에서 성업하던 술집들은 평판이 좋지 않았다. 술에 취해 난장판을 벌이는 일이 자주 일어났기 때문이다. 당시 권력자가 술집 출입을 통제할 목적으로 각종 경고를 쏟아낸 것을 기록에서 확인할 수 있다. 생업을 소홀히 하고 술집을 다니면 심할 경우 사형으로 다스리겠노라는 언급까지 있다. "수도원에 기거하지 않는 여사제 혹은 여제사장이 술집을 열거나 맥주를 마시려고 술집을 찾으면 화형에 처하노라."[22]

알코올을 범죄와 매춘 따위와 결부시키는 시각의 뿌리는 그러니까 기원전 2000년경으로 거슬러 올라가는 셈이다. 오늘날에도 관에서는 사람들이 모여 술을 마시면 꼭 주먹이 오가는 불상사가 벌어진다며 의혹의 눈길로 술집을 바라보지 않는가. 두 강의 땅에 문을 연 술집은 갖가지 싸움이 벌어지는 장소였으며, 거리낌 없이 기분을 내는 곳으로 악명을 떨쳤다. 물론 여기서도 단골들이 모여 정치 이야기를 안주 삼아 술잔을 기울였으며, 도박을 하거나 돈을 주고 사랑을 사기도 했다. 술집 여주인은 성향과 능력에 따라 직접 몸을 팔거나 매춘을 중개해주었는데, 대부분 두 가지를 겸했다. "맥주가 달콤하면 그녀의 거기도 달콤하네."[23]

구약성경을 보면 두 명의 첩자를 숨겨준 창녀 라합*의 이야기가 나온다. 그런데 고대 로마에서 내려온 이야기를 보면 창녀가 술집 여주인으로 둔갑하고 있다. 이로 미루어볼 때 가능한 추론은 오직 한 가지이다. 고대 사회에서는 두 직업 사이에 큰 차이가 없다고 본 것이다. 아무튼 정확한 구별은 중요한 문제가 아니었던 셈이다.

그러나 따뜻한 술집에서 "세상에서 가장 오래된 영업 행위"인 매춘을 하려는 고객은 각오를 단단히 해야만 했다. 도시의 성벽 밖에 있는 술집을 찾아가기 위해 벽을 넘고 가시가 가득한 덤불을 헤치고 가노라면 옷이 찢어지고 온몸에 생채기가 나는 곤욕을 치러야 했기 때문이다. 어쨌거나 '술집'이라는 단어는 종교를 중시하는 메소포타미아의 성스러운 지역에서조차 매춘의 동의어로 간주되었다. 그러니까 종교의 황홀경을 추구하는 곳에서도 세속의 쾌락만큼은 무시할 수 없었던 것이다. 이런 판국이니 도덕의 문란을 염려하는 권력자의 근심은 조금도 줄어들지 않았다.

술집 여주인은 숙박을 원하는 손님에게 자신의 집을 숙소로 내주기도 했다. 그 집에서 무엇을 구하든 간에 손님은 아주 깊은 인상을 받았으리라. 물론 그럴수록 위정자의 근심은 커져만 갔다. 위생과 질서를 책임지는 신을 찾아가 여주인의 술집이 장차 전염병과 살인, 난투극의 온상이 되지 않게 해달라고 보살핌을 간구했다. 극도로 민감해진 당시의

---

* Rahab 본문에 언급된 이야기는 여호수아 6장 25절의 말씀이다. "창녀 라합과 그의 가문과 그에게 딸린 모든 사람만은 여호수아가 목숨을 살려주었다. 그래서 그들이 이 날까지 이스라엘 가운데 섞여 살고 있는 것이다. 그것은 그 여자가 예리고를 정찰하라고 여호수아가 보낸 사람들을 숨겨주었기 때문이다."(공동번역 개정판 성경을 참고했다.)

권력자는 아예 술집 여주인을 경찰의 끄나풀이 되도록 회유하고 압력을 넣기도 했다. 치안 상황을 현장에서 낱낱이 보고받기 위해서 말이다. 여주인이 신고 의무를 소홀히 할 경우에는 엄벌에 처하겠다고 으름장도 놓았다. 물론 권력의 요구에 충실한 경우에는 대가가 만만치 않았다. 술집 여주인이 엄청난 부를 거머쥐고 늘그막까지 나름 권력의 맛을 볼 수 있었던 배경이다. "키시*에서 쿠바바Kubaba라는 이름의 술집 여주인은 …… 여왕이나 다름없었다. 그녀는 100년 동안 세상을 다스렸다."24)

종류를 구분하는 방식에 따라 조금씩 달라지기는 하지만, 당시에는 대체로 16종에서 20종 사이의 맥주가 있었다.25) 색깔과 기본 재료(에머 밀과 보리), 첨가물의 종류에 따라 맥주를 구분하였다. 그럼에도 바빌로니아의 맥주 종류는 이름만 보면 오늘날과 크게 다르지 않다(물론 돌에 설형 문자로 새겨놓은 기록만 가지고 상상하면 엄청난 차이가 있을 것만 같다). 이른바 '쾨니히비어'**는 이름만으로도 누구를 위해 만든 것인지 짐작할 수 있다(오늘날에도 왕의 이름을 붙인 맥주 상표가 아주 많다. "오늘은 왕Heute ein König, 왕의 필젠König-Pilsener, 맥주의 왕Das König der Biere"***). 알코올

---

* Kiš 메소포타미아의 도시. 바빌론에서 동쪽으로 13킬로미터 떨어진 곳에 있다. 성경에도 에덴동산과 관련해 이 도시의 이름을 언급하는 대목이 있다.

** Königsbier 여기서 '쾨니히König'는 왕이라는 뜻의 독일어이다. 그러니까 '쾨니히비어'는 왕이 마시는 맥주라는 뜻이다.

*** 오늘날 독일에서 판매되는 맥주들의 선전 문구.

도수가 높은 고급 맥주(이른바 프리미엄Premium 제품, 흑맥주와 담색맥주 가운데 최고 제품)는 맥주 애호가들에게 "차별화"한 맛을 제공한다. 이런 차별화는 물론 제품 고유의 특성이긴 하지만, 소비자가 어떤 계층의 사람이냐는 물음과도 깊은 연관이 있다. 고대 사회나 지금이나 양조장에서 빚는 것은 모두 '보통 맥주'(말 그대로 '평범한 맥주')일 뿐이다. 다시 말해서 원래 맥주는 알코올 도수가 상대적으로 낮다. 만약 처음부터 도수가 높았다면, 맥주는 기후 조건상 '국민 술'로 부상하기는 어려웠으리라. 그러니까 지위가 높으신, 비일상적인 인물의 일상적인 갈증을 해소시켜주기 위해 '보통 맥주'를 '왕이 드시는 특급 맥주'로 탈바꿈한 것이다.

한편, 이른바 '약한 맥주Dünnbier'*(이런 종류의 맥주는 오늘날에도 여전히 있기는 하지만, 별 비중이 있는 것은 아니다)는 어떤 관계에서든 최후에 내놓아야 할 맥주였다. 같은 맥아즙에서 세 번째 짜낸 것이라고 해서, '제3의 맥주'라고 불렀으며, 심지어는 '짜낼 대로 짜낸 맥주Ausgepresstes Bier'라고도 했다. 물을 섞어 희석한 이 맥주는 맛으로 따지면 이걸 맥주라고 불러야 하나 싶을 정도였다. 다행히 이 맥주는 오늘날까지 살아남지 못했다. 말하자면 "살점이 다 떨어져나간 뼈와 힘줄을 핥는 것 같다"고나 할까. 그래서 관계를 끝낼 생각이라야 손님에게 이런 것을 내놓을 수 있었다. "……

---

* 알코올 도수가 2도가 채 안 되는 맥주이다. 가난한 사람들이 맥주를 빚어 양을 늘리기 위해 물을 타서 마시던 것을 가리킨다. 중세 유럽에서 이 맥주는 식수 대용으로 온 식구가 함께 마시던 것이었다고 한다.

손님에게 제3의 맥주를 대접하고, 그를 문으로 데리고 가 엉덩이를 차서 내쫓아라."26)

하루에서 이틀이면 마실 만한 맥주가 되는 맥아추출물에 물을 섞은 '혼합맥주Mischbier'(오늘날의 맥아맥주*)는 원정길에 나설 때 꼭 챙겨야만 하는 음료수였다. 이것 덕분에 군대는 적군이 독을 풀어놓은 식수를 마실 위험을 피할 수 있었다. 또한 알코올을 적당히 제공해 군인들의 사기를 유지시켰다. 말하자면 분위기를 조작하는 데 맥아맥주를 이용한 것이다(이런 방법은 20세기에 이르기까지 흔히 써먹던 수법이다).

최초의 일당이자 보너스이자 팁27)

다른 시대, 또 하나의 문명 발상지, 말하자면 군사문화가 고도로 발달한 이집트에서는 사뭇 다른 모습을 볼 수 있다. 모임에 참가한 모든 이들이 모래 바닥에 편히 눕거나 앉은 자세로 빈둥거린다. 길게 줄지어 흙벽에 기댄 사람들도 보인다. 이들은 서로 이야기를 주고받으며 웃고 떠들기에 여념이 없다. 젊은 여인들이 토기에 담은 맥주를 바삐 실어 나른다. 반 벌거숭이의 크고 작은 소년, 소녀들이 동굴처럼 생긴 공

---

* Malzbier 효모를 넣지 않고 맥아만 가지고 빚는 것으로 도수가 0~1% 정도의 약한 술이다. 오늘날에는 보리로 만든 엿기름에 캐러멜을 더해 주로 '에너지 드링크'로 마시는 제품이다.

간의 어둑한 그늘에서 신나게 뛰논다. 그늘 뒤쪽에서는 무
희들이 노래를 부르며 춤을 춘다. 노래를 마친 무희들이 잠
깐 쉴 무렵, 행실 바르게 잘 자란 처녀가 부모에게 맥주가
찰랑거리는 커다란 사발을 건네며 가슴에서 우러나오는 목
소리로 읊조린다. "맛나게 드시고, 신이 명하신 대로 아름다
운 오늘을 마음껏 즐기소서."[28]

잘 키운 딸이 이처럼 아름다운 대사를 읊조리다니, 이
얼마나 대단한 황금 시절인가?! 현실에 없을 것 같은 사회주
의가 세상의 어느 한 구석에서 지상낙원을 건설하는 데 성
공한 것이다. 이는 이집트에서 수백 년에 걸쳐 지내온 '계곡
축제' 현장이다. 조상의 은덕을 기리기 위한 행사가 낙원의
골격을 이루며, 맥주가 흐르는 가족 축제를 빚어낸 것이다.
여기서는 제아무리 많이 마셔도 맥주 소비에 제한을 두지
않았다. 오히려 그 반대였다. 술을 마시고 취하는 것은 삶
의 기쁨을 표현하는 일이었으며, 신의 뜻을 따름으로써 맛
볼 수 있는 생명의 축복이었다. 다들 거리낌 없이 만취가 되
도록 마셔댔다(그렇지만 만취로 소동이 벌어지지는 않았다).
다만 맥주로 배를 채운 나머지, 정확히 말해서 과도하게 마
신 탓에 한바탕 구토를 하는 것으로 축제의 대미를 장식했
다. 남녀가 구토하는 모습을 그린 작품을 서
양 미술에서는 찾아보기 어렵지만, 고대
이집트 미술에서는 아주 흔히 볼 수 있다.

각종 정부 공사를 도맡은 이집트 작
업반은 보통 왕을 칭송하고 찬양하는 이

름을 부여받았다. 그 좋은 예가 '멘카우레* 왕은 취하셨도
다!'라는 것이다. 당시 취했다는 표현은 당사자가 매우 온후
한 성품의 소유자라는 뜻이다. 고대 이집트에서는 맥주를
소중히 여겨 노동계약에 반드시 포함시켰다. 임금의 일부로
맥주를 준 것이다. 당시는 단순한 물물경제로, 평민 일꾼은
도수가 낮은 1리터의 보통 맥주를, 고위 관리는 3리터의 도
수 높은 고급 맥주를 받았다. 하렘에 종사하는 여성들도 관
리와 같은 양의 맥주를 보수로 받았다. 단지 최고 공직자만
이 수준을 뛰어넘어 5리터를 받았다. 그러니까 받는 맥주의
도수와 양에 따라 사회적 지위가 구분되었던 것이다.

이것은 아주 오랜 전통의 시발점이다. 16세기 잉글랜드
의 선원들은 매일 급료로 4리터에서 6리터를, 17세기 네덜란
드 선원은 9리터까지 맥주를 받았다. 18세기 러시아 해군은
일곱 '양동이' 가득 수령했으며, 스웨덴 해군은 4리터, 폴란
드 군인은 3리터를 각각 받았다. 수도원의 수도사는 보수의
형태가 아니라 먹고살 양식으로 3리터에서 최고 7리터까지
맥주를 공급받았다. 상당히 온건해진 시대를 살고 있는 오
늘날 우리는 원하는 대로 거리낌 없이 요구할 수 있다.

한편, 20세기 초까지만 하더라도 몇몇 지역에서는 양조
장 노동자가 '여섯에서 여덟 양동이'의 기본 일급에 다시 4리
터의 맥주를 상여금으로 받는 전통이 전해 내려왔다. 근무

---

* Menkaure 이집트 고왕국의 제4왕조 6대 왕이다. 그리스어로는 '미케리노스
Mykerinos'라고 한다. 재위기간은 기원전 2530년에서 기원전 2510년까지이며, 기자의
제3피라미드로 유명하다.

도중에도 마음껏 마실 수 있었는데, 이때 마시는 양은 일급에서 제했다. 기혼자만 남은 것을 집으로 가져갈 수 있었는데, 이는 정말이지 아리송하기만 한 특권이었다. 나머지는 양조장 안에서 마시거나 포기하거나 어느 한쪽을 택해야만 했다.

나중에 노조는 맥주를 급여로 주는 것을 없애야 한다는 구호를 깃발에 적어넣었다. 마시지 않은 맥주 때문에 임금이 깎이는 것을 좌시할 수 없다는 선전포고였다. 물론 맥주로 만족하는 사람은 근무 시간에 얼마든지 마실 수 있었다. 일종의 근무 시간 단축이랄까. 또한 하루 일을 끝내고 나면 모두 둘러앉아 함께 한잔하며 즐기라는 뜻에서 몇 푼 쥐어주는 경우도 있었다.

그렇게 받은 돈은 일종의 봉사료라고 할 수 있다. 술집에서 종업원에게 친절하게 봉사해줘서 고맙다는 뜻으로 주는 팁 같은 것 말이다. 사실 기꺼운 마음으로 종업원에게 팁을 주는 손님은 별로 없다. 분명 가격표에 표시되어 있지 않으니 줘야 할 의무가 있는 것도 아니다. 그저 남들이 다 주니까 도의적으로 주는 게 팁이다. 실제로 그 돈으로 술을 마신 경우도 별로 없었다.

독일에서는 돈 대신 맥주를 받던 풍습 때문에 팁을 '트링크겔트'*라고 불렀으며, 항상 이를 임금에 넣어 함께 계산

---

* Trinkgeld 영어의 Tip에 해당하는 독일어. '마시다'라는 뜻의 Trinken과 '돈'을 의미하는 Geld가 결합된 단어이다. 그러니까 독일에서 팁은 종업원에게 한잔하라고 주는 돈이라는 뜻을 갖는다.

하는 전통이 생겨났다. 독일에서 임금에 상여금을 더해 받는 관행은 대개 너무 낮은 수준의 기본급을 공식적으로 인정하기 싫은 고용주가 맥주를 얹어주는 식으로 임금을 부풀리는 일종의 편법이다. 지금은 몰락한 동독에서도 이런 식의 맥주 사례가 유지되었다. 당시 동독의 모든 사람이 좋아하고, 엘리트층과 국빈이 주로 찾았던 '베르네스그뤼너'* 는 '트링크겔트'로 누구나 받고 싶어 하던 맥주이다. 이 양조공장 직원들은 오늘날에도 이른바 '현물 급여'라는 형식으로 매일 1인당 2리터의 맥주를 받는다.

이집트, 제물로 바친 맥주, 맥주의 제물이 된 인간

고대 이집트인들은 신들에게 맥주를 제물로 바쳤다. 또 수메르 사람들과 마찬가지로 죽은 사람이 가늠할 수 없는 먼 길을 가는 데 도움이 되라고 무덤에 맥주를 함께 묻었다. 이집트의 제사장은 장례식이 진행되는 동안 죽은 이의 제단에 맥주 한 잔을 놓으며 이렇게 말했다. "우시르**의 눈에서

---

* Wernesgrüner 독일에서 오랜 전통을 자랑하는 맥주 상표. '베르네스그뤼넨Wernes- grün'은 작센 주의 포그트란트Vogtland 지방에 위치한 작은 마을이다. 양조장은 1436년 3월 18일에 처음 문을 열었다. 동독 지역 사람들이 자부심처럼 여기는 맥주 상표로, 통일이 되고 나서 서독의 '비트부르거Bitburger' 회사에 합병되었다.

** Usire 그리스식 발음 오시리스Osiris로 더 잘 알려진 이집트의 절대신. 명계冥界의 신인 동시에 초목草木의 신이기도 하다. 동생인 악의 신 세트Seth에게 죽임을 당하는 주인공으로 유명하다.

메소포타미아에서 제사에 맥주를 올리며 함께 나누어 마시는 장면.

흐른 눈물, 호루스의 눈*을 마시게나." 여기서 눈물이라는
표현은 맥주를 가리킨다. 이처럼 이집트에서는 죽은 사람을
섬기는 제사에 맥주를 쓰면서 심오한 의미를 두었다. 빵과
맥주는 죽은 이가 무덤 속에서 반드시 누려야만 하는 기본
필수품이었다. "일어서라, 일어나! 박차고 일어나 머리를 들

---

* Horus 죽음과 부활의 신. 우시르와 최고의 여성 신 이시스Isis 사이에서 나온 아들.
사랑의 여신 하토르의 남편이다. 어려서는 병약했으나 우시르로부터 병법을 전수받
아 결국 아버지의 동생이자 원수인 세트를 죽이고 통일 이집트의 왕이 되었다는 전설
이 전해진다. 이집트 왕들을 '살아 있는 호루스'라고 부르는 것은 이런 이유에서다. 본
문에서 호루스의 눈이라고 하는 것은 호루스 신이 세트 신과의 싸움에서 잃어버린 눈
을 말한다. 그러나 호루스는 나중에 하토르나 토트 혹은 다른 신의 도움으로 눈을 다
시 찾아 시력을 회복했다고 한다. '우자트udjat 눈'이라고도 하는데, 여기서 '우자트'는
'완전함'이라는 뜻이다. 결국 이 눈은 완전함과 구원을 의미하는 모든 것의 상징으로,
신의 성스러운 권력을 가리킨다.

라. 뼈들을 모으고 사지를 추슬러라. 살에 묻은 흙을 털어 버리렴, 그리고 곰팡이가 슬지 않는 빵과, 김이 빠지지 않을 맥주를 먹고 마시려무나……."[29]

중세에는 이집트의 전설을 끌어다가 '감브리누스' 혹은 '감브리비우스'*라는 이름의 왕을 만들어냈다. 이집트에서 맥주를 창조한 우시르의 유럽 버전이랄 수 있는 감브리누스는 갈리아, 아일랜드, 게르만 등이 즐겨 읊조리는, 맥주를 잉태한 전설에 빠짐없이 등장한다. 전설에 따르면 감브리누스는 우시르의 여동생 이시스와 결혼해서 맥주 만드는 비법을 전수받았다고 한다(이 밖에도 감브리누스를 다룬 전설과 동화는 많지만, 역사적으로 실재한 인물인지 확인되지는 않았다).

고대 이집트에서 마시던 맥주의 알코올 도수는 엄청난 편차를 보인다. 지리적으로나 역사적으로도 맥주의 종류와 강도는 아주 다양하다. 알코올 도수가 가장 강한 것은 제일 약한 것에 비해 약 48배(!)나 높았다. 이 강한 맥주는 궁정에서 마셨다는 기록이 남아 있으며, 약한 것은 주로 전승을 기념하는 축제에서 넘쳐흘렀다고 한다. 약한 맥주를 베푼 까닭은 승리의 축하연이 난장판으로 변모하는 것을 막고자 하는 의도였음이 분명하다.

이집트의 일반 가정에서는 맥주를 빚을 때 종류와 도수를 별로 중시하지 않았다. 그저 먼젓번 것과 비슷한 맛만 나

---

* Gambrinus, Gambrivius 맥주를 만들어냈다고 전해지는 전설의 왕. 1519년에 작성된 기록에 게르만족의 왕자로 등장한다.

면 그만이었다. 반면, 신전과 궁정에서 사용할 술을 담글 때에는 도수를 무척 중시했다. 아마도 맥주를 빚는 데 들어간 수고와 노력을 정확히 보상받기 위해서 그랬던 모양이다. 고대 이집트인들은 맥주를 빚는 데 들어간 재료와 시간에 관해 아주 꼼꼼한 기록을 남겨놓았다. 특히 어떤 곡물을 썼고, 무슨 첨가물을 넣었는지, 빠짐없이 적어두었다.

사명감에 불타는 관리였던 이집트인들은 신전에서 사용하는 맥주의 도수와 재료를 아주 철저하게 계산해서, 이른바 '주조 비율'이라는 것을 발명해냈다. 이를테면 어떤 곡물을 어느만큼 써야 얼마나 많은 맥주와 빵을 만들어낼 수 있는지를 밝힌 것이다. 이집트의 관리는 믿음 또한 충실한 사람이어서 비율을 계산하면서도 항상 여지를 남겨놓았다. 남는 것은 신에게 바치기 위해서였다. 이런 방법은 얼마든지 납득이 가는 현명한 처신이다. 남는 게 있어야 인간의 부족함을 달래주고 다스릴 수 있지 않겠는가. 신에게 제물로 드린 맥주는 제사가 끝난 뒤에 서로 나누어 먹었다.

고대 이집트의 맥주 주조 과정. 곡물을 빻아 곤죽을 만든 다음, 그것을 양동이에 넣고 맥아즙을 더해 반죽하는 모습이 보인다.

이집트인들은 맥주에 취하는 것을 무척 즐겼다. 아니, 아예 사무치도록 열망했다. 맥주는 인간과 신을 연결해주는 매개물로서, 술에 취하면 고단한 영혼이 위로를 받고 속세의 근심을 떨칠 수 있다고 보았다. 또한 그들은 맥주가 사랑을 구하고 섹스를 찾는 만남이 간편해지도록 도와준다고 생각했다. 다시 말해서 기분 좋게 취한 상태는 모든 장벽을 넘어뜨렸다. 남자와 여자, 산자와 죽은 자, 인간과 신을 가로막고 서 있던 장벽은 취해서 몽롱한 눈으로 보면 감쪽같이 자취를 감추었다. 말하자면 술은 최고의 중매쟁이였다. 더욱이 술은 인간으로 하여금 자기 자신을 이겨낼 수 있게 해주었다.

그래서일까? 음주에 대해 너그러운 태도를 보이며, 그 어떤 사회적 제약도 가하지 않았다. 자신을 통제할 수 없을 정도로 마셔도 처벌하는 일은 없었다. 아니, 오히려 꼭지가 돌아가도록 마셔보고픈 게 사람들의 심사였다. 아예 그 이상을 의미하기도 했다. 심하게 취할수록 지위가 높다는 것을 의미했으며, 품위를 강조했다. 엉망으로 취해 비틀거리는 사람이 가장 우러름을 받는 사람, 최고의 활력을 자랑하는 위인으로 피라미드의 정상에 우뚝 섰다. 왕은 거침없이 술을 마시는 것으로 자신의 신성을 뽐냈다.

중세 유럽은 이런 전통에 여러모로 끈을 대고 싶어 안달했다. 오늘날에도, 적어도 남자들 사이에서는, 비슷한 열망이 조금도 식지 않고 있다. 물론 중세 유럽에서 먹고 마시는 호사는 왕이라는 개인에게만 국한된 게 아니라 하나의 계급 전체, 즉 귀족을 아울렀다. 자신이 가진 부와 권력을 뽐내는 일이 곧 좋은 것을 먹고 맛난 술을 즐기는 것이었다. 인간의

맥주를 빚고 빵을 반죽하는 것은 고대 이집트 예술가들이 즐겨 다룬 주제이다. 위에서는 맥주를 만들기 위해 맥아를 통에 넣고 빻고 있다. 아마도 맥주는 빵을 만드는 과정에서 '우연히' 발견된 것으로 보인다(왼쪽 사진).

이집트에서는 잔에 담은 맥주를 빨대로 빨아 마셨다.
(기원전 14세기의 벽화. 석회암 위에 그렸다.)

기원전 약 1500년경의 이집트 벽화. 그림은 맥주 주조의 각 단계를 차례로 보여준다. 진흙을 가지고 맥주 잔을 빚는가 하면, 맥아와 빵과 물을 섞어 맥주를 발효시킨다.

이런 근본 욕구는 작센의 제후 크리스티안 2세*와 같은 인물을 낳았다. 그는 황제에게 지도자가 갖춰야 할 새로운 덕목을 갖추었다는 칭찬("황제 폐하는 내가 단 일 분도 맨정신으로 있지 않는다며 아주 훌륭하다고 칭찬하셨지!"30))을 받는 데 성공했을 뿐만 아니라, 이렇게 한결같이 술을 퍼마신 끝에 28살이라는 젊은 나이에 생을 마감하고 말았다.

국내 정치가 갈수록 혼란스러워지고 정치와 군사 권력이 무너지면서 생활환경이 변화되었다. 이와 더불어 맥주의 소비와 만취를 바라보는 태도도 달라지기 시작했다(중세 유럽 후기의 상황과 어쩜 이리도 흡사할까!). 음주에 기댄 거침없는 개방성은 갈수록 사회를 위협하는 폭발력으로 발전했다. 이러다 통제력을 완전히 잃게 되는 것은 아닐까 하는 두려움이 기승을 부렸으며, 부도덕Amoral의 만연을 걱정하는 목소리가 주도권을 잡았다(사전에서 사랑을 뜻하는 아모르 Amor 다음에 Amoral이 오는 게 우연일까?).

사람을 인간으로 만들어준 맥주 소비는 이제 인간으로 하여금 '인간됨'을 잃게 만들 위험요인으로 돌변했다. 시대와 상황이 인간이란 어떤 존재인가 하는 생각을 바꾸어놓은 것이라고나 할까. "사람들이 나에게 이제 공부는 완전히 포기했느냐고 묻더군. 어째서 골목만 누비며, 맥주 냄새가 끊이질 않느냐고 하더라고. 조심해, 맥주는 네가 인간임을

---

* Christian II 1583~1611 중세 독일(신성로마제국)의 작센 지방 제세를 지낸 인물. 아버지를 일찍 여의고 어머니의 섭정 아래 자라 1601년 권좌를 물려받았다. 사냥을 즐기고 폭음을 하기로 유명했다.

포기하도록 만들 거야. 네 영혼을 헝클어놓을 거라고. 제멋대로 비틀어진 쪽배의 방향타처럼 어느 쪽으로도 순종하려 들지 않을걸. 결국 너는 신의 은총이 깃들지 않는 성물 상자처럼, 혹은 빵 없는 집처럼 알맹이 없는 인간이 돼버릴 거야. …… 그렇게 갈지자로 허청거리다간 그대로 넘어져 오물 속에 얼굴을 파묻게 될 거야. 더러운 썩은 물을 뒤집어써도 좋다는 거야?"[31]

물리적인 힘을 중시하는 태도가 무너지기 시작하면서 그 자리를 대신 차지한 것은 각 개인의 책임감을 강조하는 내면의 가치였다. 책임의 강조는 무엇보다도 명확한 의식과 냉철함을 요구했다. 그저 저 좋을 대로 취해 허청거릴 게 아니라, 세상을 제대로 보아야 한다는 합리성이 고개를 든 것이랄까. 합리성은 곧 질서를 중시했다. 사정이 이렇다 보니 개인의 자제심과 이성적인 행동이 갈수록 큰 비중을 차지했다. 흥청망청 술에 취하는 것은 갈수록 현실을 모르는, 혹은 현실에 맞서는 얼간이 짓으로 내몰렸다. 이제 만취해 흥얼거리는 짓은 세상 속에서 사라지기 시작했고, 주정뱅이는 세상 밖으로 내쫓겼다.

이미 오래전에 발굴된, 3,000년이라는 유구한 역사를 자랑하는 고대 이집트의 양조장 근처에서 살고 있는 오늘날의 이집트인은 아마도 술로부터 가장 멀리 떨어져 있지 않을까? 현대 이집트인은 선조들이 맥주를 즐기던 주벽을 그대로 따라 했다가는 큰코다칠 각오를 해야만 하기 때문이다. 이슬람의 광적인 추종자들은 최근 들어 부쩍 술을 파는 상

점과 호텔에 공공연히 테러 위협을 일삼고 있다. 양조장이
발굴된 주변의 행정구역은 오늘날 바짝 "말라버렸다." 말 그
대로 술이라고는 단 한 방울도 없다.

게르만족,
신들의 태양 아래 최고 술꾼

독일 민족의 조상들도 사정은
비슷했다. 곡물을 빻아 그 가
루로 쑨 죽이 게르만족의 숲
속에서 항아리에 담겨 고스란
히 비를 맞았다. 이틀 정도 돌
보지 않고 그대로 내버려두었
더니 내용물에 뭔가 변화가
일어났다. 사람이 전혀 손을
대지 않았음에도 말이다. 발효
가 되기 시작한 것이다.

호기심을 가진 사람들이 여
기에 꿀을 치자 발효 과정은 더
욱 빨라졌다. 꿀에는 술을 빚는
데 필요한 효모가 들어 있어서
당분을 알코올과 탄산가스로 분
해했기 때문이다.

중세의 전설에 등장하는 감브리누스 왕은 이집트
의 맥주 창조주 우시르와, 맥주라면 걸신들린 듯
마셔대는 게르만족 사이에 다리를 놓아준 은인이
다. 그는 우시르의 누이인 이시스와 결혼해 맥주
빚는 기술을 전수받았다고 하는데……(17세기 프
랑켄 지역에서 만들어진 나무 조각상).

이런 사정을 알 턱이 없는 게르만 선조는 신의 힘이 작용해 변화가 일어난 것으로 굳게 믿었다. 그렇지만 이런 희한한 곤죽이 생겨나는 것을 마냥 우연에만 맡겨두지는 않았다. 혀끝을 알싸하게 만드는 곤죽의 시원함은 아마도 처음 맛을 본 사람은 넋을 잃을 정도였으리라. 곤죽이 자꾸 튀어오르는 통에 앞치마까지 두르고, 어질어질해지니 조심해서 음용해야 한다는 현명한 다짐을 새겼지만, 자기도 모르게 손길이 가는 것을 막을 수는 없었다.

물에 꿀과 향료를 넣어 효모로 발효시킨 음료를 우리는 '메트Met 또는 Meth'*라고 부른다. 맥주와 아주 유사하기는 하지만, 결정적인 차이는 '메트'에는 전분이 들어가지 않는다는 점이다. 그러니까 보리나 밀을 이용하는 맥주의 본색은 전분에서 빚어낸 맥아즙이다.

보충 설명을 위해 후대 혹은 다른 지역에서 나타난 술을 좀 살펴보자. 바로 와인 말이다. 와인 역시 발효를 이용해 만드는 술로, 인류 역사를 관통하는 술이라는 거대한 강에서 맥주의 반대편에 서 있는 강둑의 문화이다. 와인은 포도나 다른 과일에 설탕을 섞어 만드는 것이다. 이렇게 볼 때 '쌀로 빚은 와인'이라는 표현은 오해의 소지가 다분하다.** 당분에 의한 발효인지, 아니면 전분을 이용한 발효인지 구분하려면, 수천 년에 걸친 전통을 염두에 두어야만 한다.

---

* 이에 해당하는 영어 단어는 Mead, 즉 '벌꿀술'이다.

** 막걸리를 rice wine이라 하는 것도 이런 점에서 오해를 살 수 있는 표현이다.

유럽 중부의 대부분 지역에서 '메트'는 고대 문명의 시작과 더불어 근근이 그 명맥을 이어오다가 최근에 와서 거의 사라졌다. 바이에른에서 '메트'는 19세기 말에 이르러 자취를 감췄다. 그러나 오스트리아에는 오늘날에도 '메트'를 파는 술집이 있다.

"그러나 마이센*에서 '메트'는 1015년 이 도시에 불이 나 이를 끌 물이 없을 때도 차고 넘쳤다. …… 그런데 중세 말엽에 이르러 '메트'의 생산은 갈수록 줄어들었다. 이 시기에 맥주는 나날이 좋아졌다."[32]

당시 이 지역 주민들이 지구상에서 아는 곡물의 종류는 두 가지였다. 하나는 볶거나 가루를 빻거나 물에 불려 요리를 하는 보리였다. 분명 보리는 수천 년에 걸쳐 들에서 나는 가장 중요한 농산물이었으리라. 다른 하나는 기장이었다. 기장이나 보리를 가지고 쑨 죽은 '메트'를 빚는 것과 비슷한 기적적인 과정을 거쳐 맥주로 만들어졌다. 아마도 옛 선조는 죽을 담은 통에 불을 때서 내용물을 끓였던 게 틀림없다. 한창 죽을 끓이고 있는데 갑자기 곰이 나타나지 않았을까? 혼비백산한 나머지 통을 그대로 두고 줄행랑을 놓은 다음, 까맣게 잊어버렸을 것이다. 이럴 가능성은 얼마든지 있다. 결국 며칠 굶은 나머지 갈빗살을 뚫고 올라오는 갈증에 아찔했으리라. 오늘날 육즙이 자르르 흐르는 갈빗살 스테이

---

* Meißen 독일 동부 작센 주에 있는 도시. 엘베 강 연안에 위치하며, 드레스덴 서북쪽에 자리 잡고 있다. 고급 도자기 산지로 유명하다.

크에 맥주를 한 잔 곁들이는 모습은 여기서 기원한 것이 아닐까. 처음에는 이게 무슨 맛일까 싶어 화들짝 놀랐겠지만, 이내 목을 타고 넘어가는 짜릿함에 눈이 휘둥그레졌으리라. 이토록 기분이 달뜨고 유쾌했던 적이 또 있었나 하며 절로 고개를 갸웃하는 모습이 손에 잡힐 듯 그려진다. 그 후 이 기적의 음료를 어떻게 하면 더욱 맛나게 할 수 있을까를 골똘히 생각하게 되었을 것이다. 물론 맛만 놓고 본다면 오늘날의 맥주와 당시의 맥주는 곰과 돼지만큼이나 큰 차이가 있을 것이다. 그래도 맥주는 맥주다. 기장죽이든 보리를 삶은 것이든 전분의 발효라는 바탕은 같으니 말이다. 곰이든 돼지든 일단 구우면 모두 스테이크가 아닌가!

학계에서는 유럽 중부의 어두컴컴한 숲 속에서 우연히 맥주를 만든 방법이 고대 문명에서 전해져온 비법과는 전혀 무관하다고 보고 있다. 사실 이런 확인은 그리 오래된 게 아니다. 맥주 빚는 기술을 증명해주는 발굴품은 고대보다는 훨씬 뒤에 출현하고 있기 때문이다. 독일 땅에서의 기원을 따지자면, 누가 최고의 피조물인지 판가름을 내기 위해 한창 치열한 싸움을 벌일 때이다. 다시 말해서 저 게르만족이 자꾸 남쪽으로 밀고 내려오며 로마와 티격태격하던 시절에 유럽의 맥주가 탄생한 것이다. 콜딩의 에그트베트*(오늘날의 덴마크)에서와 같은 일련의 발굴 성과는 북유럽 민족

---

* Egtved by Kolding 덴마크의 콜딩Kolding이라는 현에 자리 잡은 조그만 도시. 청동기 시대의 유물이 나왔으며, 고대의 것으로 보이는 무덤이 많은 지역이다.

들이 꿀을 '메트'보다는 맥주를 만드는 데 주로 썼음을 분명하게 보여준다.

술은 고대 게르만족의 종교행사에서도 빠져서는 안 될 음료로 일찌감치 자리를 잡았다. 당시 세상 어딘가에 이집트 사람들이 있다는 것을 전혀 알 턱이 없었음에도 게르만족은 희한하게도 그들과 똑같이 신들에게 예를 갖추며 술을 올렸다. 사람은 가깝다고 느낄수록 심하게 취하는 법이다. 짐작건대 사냥이나 싸움에서 돌아온 사내들은 한자리에 둘러앉아 술을 나눴으리라. 신의 은총을 기리며 잡아온 동물을 먹어치우고, 성공적인 사냥을 자축하거나 승리의 노래를 부르며 소리 높여 건배를 했을 것이다. 아니면 반대로 패배의 아픈 속을 술로 씻었을 것이다. 물론 착 가라앉은 기분으로 술에 취하는 것은 당시 패거리에게 몹시 위험한 일이었을 것이다. 술에 취하면 누군가는 어느 모로 보나 자신보다 우세한 무리에게 겁 없이 덤비기 때문이다. 그런 까닭에 술을 마시면서도 격식과 예절을 차리는 것은 아주 중요했다. 지나치지 않도록 자제하고 조심하면서 한패라는 결속감과 동지애를 키워가는 게 반드시 필요했다. 서로 의지가 되어주면서 신에게 충성을 다짐하는 것이다. 말하자면 신에게 바치는 맥주는 피안이라는 축복의 땅으로 순간이동을 시켜주는 '빔Beam' 같은 것이랄까. 이렇게 해서 이른바 격식을 갖춘 '주연Minnetrinken'이 베풀어졌다(이게 나중에 사랑을 구하는 '연가Minnegesang'가 된 것은 우연이 아니리라). 죽은 이의 넋을 기리며 신의 은총을 비는 '추억과 연모의 술자리'

는 초기 기독교에 이르기까지 굳건히 명맥을 이어갔다.

　　최근 고고학자들은 쿨름바흐*에서 멀지 않은 곳에서 기원전 8세기의 것으로 보이는 무덤을 발굴했는데, 거기서 커다란 맥주잔이 나왔다. 죽은 자가 황천길에 목말라 할까 봐 넣어놓은 것일까. 오딘**을 찾아가는 길은 멀고 험하고 고달플 뿐만 아니라, 오딘을 만난 후에라야 새로운 마실 거리를 얻을 수 있으니 이는 참으로 곰살곶은 배려가 아닐 수 없다. 아무튼 북유럽에서 섬기는 신들은 지치지도 물리지도 않고 맥주를 좋아해, 심지어 직접 빚어 마셨다는 설화도 숱하게 전해진다. 이쯤 되면 게르만의 전사들은 거칠 게 없어진다. 무엇보다도 목표가 분명해졌기 때문이다. 전장에서 용감하게 싸우다 죽으면, 오딘의 식탁에 마주 앉아 영광의 술잔을 기울일 게 아닌가(사실 당시 전장에서 죽는 일은 늘 벌어지는 일상이나 다름없었다). 신은 틀림없이 맥주가 아니면 '메트'를 따라주리라. 이런 은덕이 기필코 싸워 이기겠다는 투지를 불러일으킬지, 아니면 오히려 일찌감치 식탁에 가 앉고 싶다는 생각을 유발할지, 참으로 아리송한 노릇이다. ······ 어쨌거나 맥주 덕분에 전사들은 죽음만 떠올리면 등골이 오싹해지던 두려움과 초조함을 이겨낼 수 있게 되었으리라.

---

* Kulmbach 독일 바이에른 북쪽에 위치한 도시. '쿨름바흐 맥주 축제 주간'으로 유명하다. 한때 세계에서 가장 도수가 높은 맥주를 빚었으며, 주석으로 만든 조각상과 컵들을 전시한 박물관으로 관광객의 발길이 끊이지 않는다. 특히 맥주와 함께 곁들이는 소시지는 이 도시의 명물이다. 우리나라에도 쿨름바흐 맥주가 수입되고 있다.

** Odin 북유럽 신화의 우두머리 신. 민족에 따라 조금씩 다르게 부르는 탓에 무수한 별칭이 있다. 바그너의 오페라에는 부오탄Wuotan이라고 나온다.

심약한 사람이 볼 장면은 아니다. 술에 취한 게르만족이 한바탕 싸움판을 벌이고 있다. 여기서 토르*는 원수인 거인들을 맞아 돌망치를 휘두르며 피바람을 불러일으키고 있다. 전설에 따르면 3리터의 '메트'를 마신 뒤라고 한다(1887년에 책에 그려넣은 삽화).

---

* Thor 토르는 북유럽 신화에 나오는 천둥과 번개, 바람, 비의 신으로 단순하고 우직한 전사이다. 토르라는 이름은 천둥 또는 꽝음을 뜻한다. Thursday(목요일)라는 단어는 토르의 이름에서 유래했다고 한다.

좋다! 이제는 내 노래를 끝내리라.

죽음을 관장하는 여신들이여,

보단*이 나를 그의 집으로 부르나니

나의 어깨를 부축해 이끌려무나.

나는 거기서 높다란 의자에 편히 앉아

아젠**과 더불어 맥주를 마시리라.

삶의 시간은 흘러갔으나

나는 껄껄 웃으며 죽음을 맞으리.33)

그러나 술을 마시러 굳이 저승까지 가야 할 이유는 없지 않은가. 언제든 집어삼키려 아가리를 벌리고 있는 무덤을 보며, 비루하기 짝이 없는 이승에서도 맥주는 얼마든지 즐길 수 있다. 이런 사정은 문화의 차이도 없다. 문화가 다르다고 괴롭고 지겨운 세상살이가 달라지던가? 뒤에 남은 사람들 역시 맥주에서 위로를 찾을 뿐이다. 19세기 쥘트 섬***에서는 장례를 치른 뒤에 둘러앉아 식사를 하며 맥주를 마셨는데, 그때 마시는 맥주를 '천사 맥주' 혹은 '위안 맥주' 심지어는 '명복을 비는 맥주'라고 했다.

아무튼 게르만족은 엄청 마셔댔다. 그리고 술판에는 신

---

* Wodan 오딘의 다른 이름.

** As 북유럽 신화에 나오는 젊은 신. Asen(아젠)은 복수형이다. '에시르Æsir'라고도 한다.

*** Sylt 북해에 위치한 길고 좁다란 섬. 덴마크와 독일에 걸쳐 있는 유명한 휴양지이다.

들도 어김없이 한 자리를 차지했다. 당시 일어날 수 있는 최악의 사고는 하늘이 머리 위로 무너져 내리는 것이었다. 그래서일까? 이런 두려움을 빗댄 '맥주를 빚는 가마솥 뚜껑 잃을까 무섭다'라고 하는 말이 있다. 그리고 한번은 실제로 게르만의 하늘이 무너지는 일이 일어났다. 신을 호위하던 군대가 소중히 여기던 가마솥 뚜껑을 키가 구척인 악당이 훔쳐 가버린 것이다. 다행히 도둑은 곧 잡혀서, 하늘을 무너뜨린 대가를 톡톡히 치렀다. 거인은 일당과 함께 죽임을 당했다. 애면글면 소중히 여기던 솥뚜껑은 승리의 노래와 함께 신의 군대 품속으로 다시 돌아왔다. 다시는 뚜껑을 잃어버리는 일이 없도록 신들은 그것을 하늘 지붕에 단단히 붙들어 매어놓았다(물론 이런 이야기는 어디까지나 속세의 게르만족이 갖는 염원을 상징하는 것이리라). 그 결과 인간들은 신이 맥주를 빚을 때마다 벌어지는 한바탕 소동을 피부로 몸소 겪어야 하는 지경에 처하고 말았다. 다시 말해서 신들이 가마솥 가득 보리죽을 끓일 때마다 창공에는 구름이 몰려왔다. 온 세상이 함께 맥주를 빚는 것이랄까. 천둥 치는 소리는 토르가 가마솥 바닥을 닦느라 탕탕 두들겨대는 굉음이다. 중세 초기에 비가 오는 것을 두고 '구름 맥주'라고 부른 이유도 여기에 있다.

신들 가운데 최고의 술꾼은 바다의 신인 에기르*와, 빨강 수염의 토르였다. 그중 토르는 딱 한 번 술 때문에 망신

---

* Ägir 북유럽의 신화에 등장하는 바다의 신. 거인인 에기르는 일설에 맥주의 신이라고도 한다.

을 산 적이 있다. 악동 로키Loki와 술 시합을 벌였다가 참패
를 당한 것이다. 몇 시간이고 잠시도 쉬지 않고 마시던 토르
는 자신의 술독은 조금도 줄지 않았는데, 로키는 벌써 다 마
신 것을 보고 아연실색하며 나가떨어지고 말았다. 나중에
토르는 로키가 꼼수를 써서 토르의 술독을 빨대로 바다와
연결시켜놓았다는 것을 알고 이마를 치며 펄쩍 뛰었으나 이
미 엎질러진 술이었다. 이 사건으로 인간은 밀물과 썰물이
라는 현상을 겪게 되었다.

제아무리 갈증을 참지 못하는 게르만족이라 한들 양심
의 가책을 조금도 받지 않고 밤낮 없이 술만 마셔댄 것은 아
니다. 고대 북유럽의 시와 산문을 집대성한 13세기와 14세
기의 필사본 《에다》*만 보더라도 지나친 음주를 경고하는
글을 쉽사리 찾아볼 수 있다. "술잔과 붙어 지내지 말라. 맥
주를 정도껏 마셔라."[34]

그럼에도 당시 모든 은총이 맥주에 있었다는 것을 알기
란 어려운 일이 아니다. 무엇보다도 맥주는 구원을 베풀었
다. 거룩한 것은 그에 마땅한 섬김을 받게 마련이다. 그런데
글쓰기를 몰랐는지, 아니면 쓸 생각이 전혀 없었던지, 게르
만족은 맥주 빚는 비법이나 음주풍습에 관한 기록을 남기
지 않았다. 그런 탓에 우리는 당시 세계의 지배자, 즉 로마
인의 보고에 의존할 수밖에 없다. 그 가운데 가장 유명한 것

---

* Edda 북유럽 신화에서 가장 중요하고 방대한 자료집. 시와 민요를 주로 다룬 《고 에
다》와 산문을 담은 《신 에다》, 두 가지 판본이 있다. 모두 아이슬란드에서 작성되었다.

술판을 벌이고 있는 게르만족.

으로, 비록 조금 후대의 것이기는 하지만 푸블리우스 코르
넬리우스 타키투스가 지은 《게르만족의 근본과 그 지리적
위치De origine et situ Germaniae》, 즉 《게르마니아》가 있다. 아주
오랜 세월, 몇 백 년 혹은 심지어 천 년의 세월 동안 변함없
이 이어져 온 게르만족의 음주풍습에 깊은 인상을 받은 타
키투스는 서기 1세기에 게르만족을 신들의 태양 아래 시대
를 불문하는 최고 술꾼으로 추켜세웠다. 그는 게르만 남자
들이 다른 모든 것은 참아도 갈증만은 견디지 못한다고 이
죽거리고 있다. 로마인들이 이런 사실을 좀 더 잘 염두에 두

었다면, 게르만족을 단 한 차례도 완전히 제압하지 못하는 치욕은 겪지 않았을 것이라나.

"대개 해가 중천에 뜰 때까지 식식거리며 잠을 잔 뒤에 게르만족은 자리를 털고 나오는 대로 더운 물로 씻었다. 그도 그럴 것이 그들은 일 년의 대부분이 겨울인 지방에 살았기 때문이다. 씻고 나면 곧 밥을 먹었다. 저마다 자기 자리와 식탁을 따로 가지고 있었다. 식사를 마치면 무기를 꼬나들고 일을 나갔다. 물론 일보다 술자리를 찾아나서는 일도 적지 않았다. 밤낮으로 마셔도 부끄럽게 생각하는 사람은 아무도 없었다. 툭하면 다퉜다(하기야 취하지 않았는가). 그저 욕설로 끝나는 경우는 드물었으며, 피를 흘리고 때려죽여야 끝장이 났다. 그렇지만 적과 화해를 할 것인지, 누구누구의 결혼은 어찌 처리하면 좋을지, 어떤 이를 족장으로 선출하는 게 마땅할지 따위의 문제를 놓고는 제법 진지하게 의견을 나누곤 했다. 다만, 술이 꼭 앞에 있어야만 했다. 마치 술이 없으면 속에 있는 이야기를 전혀 못하는 사람처럼 말이다. 아니, 술이 없으면 속이 타서 죽기라도 한단 말인가? 조금도 꾸밈없이 솔직하게 말하면, 이 족속은 별것 아닌 일에도 가슴에 담아둬야 할 비밀을 툭툭 내뱉어버린다. 모든 생각을 참 거침없이 까발린다. …… 그런데 갈증만 느꼈다 하면 이런 온화함은 온데간데없이 사라진다. 그들이 느끼는 갈증에 충실하게, 원하는 대로 술만 대줄 수 있다면 아주 쉽게 제압할 수 있는 걸, 뭐하러 무기를 잡는단 말인가."[35]

게르만의 맥주는 로마인에게서 받을 수 있는 최악의 평

판을 받았다. 타키투스는 단지 맥주를 만드는 데 들이는 수고만 높이 샀다. "사람이 마실 것을 보리와 같은 곡물에서 우려내다니 이게 말이 되는가. 이는 와인과 비슷한 척 사기를 치는 것이라고밖에 볼 수 없다. 라인 강 저편만 넘어가도 와인이 있는데 이게 무슨 짓일까. ······ 아무튼 곡식과 과일은 참 끈질기게도 키운다. 우리가 익히 알고 있는 게르만의 우직함 그대로이다." 이름을 알 수 없는 로마의 역사가는 맥주를 두고 아예 악담을 퍼부었다. "형편없는 즙들을 마구 뒤섞어놓았다. 이런 걸 마시면 근육이 망가진다."

게르만의 선조는 맥주를 빚을 때 익히 알려진 방법을 썼다. 즉, 발효된 빵을 쓴 것이다. 물론 다른 방법도 없지 않았다. 여러 차례의 유적 발굴로 확인된 방식은 발아된 곡물을 가지고 직접 맥주를 얻어내는 것이었다. 이때 주로 쓴 곡물은 밀과 보리 그리고 귀리 등이다. 발아를 하기 시작한 곡물을 먼저 잘 말렸다가 그 낱알들을 테두리에 틈이 약간 벌어져 있는 석쇠에 올려놓고 뭉근한 불로 볶는다. 다 볶으면 물에 넣고 끓인다. 이때 사용하는 청동 가마솥의 용량은 자그마치 500리터에 이른다. 이는 당시 맥주 수요가 그만큼 많았다는 방증이 아닐까. 심지어 신들의 아버지 보탄*은 종종 여신들 가운데 맥주 만드는 솜씨가 뛰어난 프리가**와 누가 더 맥주를 잘 빚나 시합을 벌이곤 했다.

---

* Wotan 오딘의 다른 이름.

** Frigga 오딘의 아내로, 가정과 모성애를 책임지는 여신이다.

《에다》36)나 핀란드의 민족 서사시 《칼레발라》* 37)에서 설명하고 있는 맥주 만드는 방식이 오늘날과 다른 결정적인 차이는, 당시 북유럽의 민족들은 '효모'라는 것을 전혀 몰랐다는 점이다. 옛날 사람들은 발효를 시키기 위해 야생 꿀벌의 꿀을 넣었다. 꿀이 발효를 촉발한다고 본 것이다. 이는 그들의 논리적인 추론일 뿐, 실제 발효 효과와는 상관이 없다. 꿀을 넣음으로써 공기에 포함되어 있던 효모와 박테리아가 맥아즙을 발효시키는 시간이 짧아지기는 했으리라.

한 노인이 화덕 앞에 앉아
화덕에 관해 이야기했네.
맛 좋은 맥주는 보리로 만들어지지.
거기에 홉**을 넣어 유명한 술을 빚는다네.
그러나 물 없이는 아무것도 되지 않는다네.
뜨거운 불의 도움도 꼭 필요하지.

맥주 빚는 여인 오스모타르는
여섯 주먹 가득 보리알을 담고,

---

* Kalevala 핀란드의 서사시를 집대성한 책. 엘리아스 뢴로트Elias Lönnrot라는 사람이 주로 카리알라 지방에서 수집한 시를 바탕으로 펴낸 것이다. 1835년에는 32편으로, 1849년에는 50편으로 나왔다. '칼레발라'는 핀란드를 시적으로 이르는 표현이며, '영웅들의 나라'라는 뜻이다.

** Hop 뽕나뭇과의 여러해살이 덩굴풀. 길이는 6~12미터이며, 여름에 노란색을 띤 녹색 꽃이 피고, 솔방울 모양의 열매가 열린다. 쓴맛과 독특한 향을 자랑하는 열매는 맥주의 원료로 쓰인다. 유럽과 온대 아시아가 원산지이다.

일곱 개의 밝은색 홉 열매를 취해
큰 국자로 여섯 번 맑은 물을 길어
솥에 담아 불 위에 올리네.
뭉근한 불로 오래 끓인 것을 부드럽게 채로 걸러
새 통에 옮겨 담네.

이제 맥주가 만들어졌지만,
아직 발효는 되지 않았다네.
한동안 생각에 잠겨 있던 오스모타르는
혼잣말로 다음처럼 중얼거리네.
"뭘 더 넣어야 할까나.
맥주를 발효시킬 게 뭐가 있을지
서둘러 주위를 돌아보나,
약한 맥주를 뭐가 더 높게 끌어올릴까?

꿀벌아, 날래고 민첩한 내 귀여운 날것아!
너는 초원의 꽃들을 다스리는 왕이 아니더냐?
어서 날아가 내가 명한 것을 가져오려무나.
내 너를 서둘러 보내나니
그 고운 날개로 부지런히 날아가,
주머니 가득 꿀을 담아 오려무나.
밝은 녹색의 풀줄기 꼭대기에서
황금빛 꽃가루 잔 안에서
꿀을 길어다 내 손에 바치렴.

나 향료 신의 딸이 지켜주리니.
꿀벌아, 날래고 민첩한 내 귀여운 날것아!
서두르렴, 어서 날아가려무나.
그 작은 날개로 신선한 꿀, 생청을 따다 주렴.
풀숲에 흐드러지게 핀 꽃들에서
그 꽃의 황금 잔에서
꿀을 가져다 순결한 처녀의 손에 안겨주렴.

꿀을 가져오면 이 오스모타르가 맥주를 빚으리니
꿀과 더불어 맥주는 발효가 되리라.
이제 곧 신선한 맥주가 차오르리니
새 나무통을 한가득 채우리라.
자작나무로 만든 새 통 안에서는
거품이 솟아올라 통 입구를 적시리라.
거칠 것 없이 넘쳐흐르며
땅을 적시고 흐르리라.
거품의 바다가 우리의 대지를 덮으리라.

오스모타르, 나 맥주 빚는 여인은
이렇게 중얼거리리라.
'오, 아프도다! 나 가엾은 여인이여,
이토록 형편없는 맥주를 빚다니!'
이때 딱새가 나무 위에서 지저귀네.
'아냐, 조금도 나쁘지 않아.

여러 통에 나누어 담으렴.

그리고 통을 굴려 지하실에 가져다 넣으렴.

단단하고 튼튼한 오크통에다가.

향이 그윽한 나무에 구리 테를 감은 통에.'"

이게 곧 맥주의 탄생이었으니……. 38)

게르만의 땅은 곡물 농사를 짓기에 최적이라고 할 수 없는 곳이었다. 방금 묘사한 걸쭉한 맥주를 만드는 데에는 적지 않은 양의 곡물이 들어갔다. 친로마 성향의 역사가 삭소 그라마티쿠스*의 말을 곧이곧대로 믿는다면, 당시 맥주 소비로 말미암아 심지어 기근 현상까지 빚어졌다고 한다(참해도 해도 너무한다. 아무리 로마에 친화적이기로서니 없는 말까지 지어내다니……. 적어도 '초기 게르만족'에 관한 한, 그는 로마에 아첨이나 일삼는 속물임에 틀림없다. 맥주야말로 얼마나 영양이 많은가? 물론 식사 대용으로 추천할 만한 것은 아니지만, 그래도 기본 식품으로는 충분하다. 맥주가 있는 한, 속이 쓰라린 배고픔에 시달릴 일은 없다!).

게르만족에게 맥주가 아주 중요했던 데 비해, 다른 민족들에게는 그렇지 않았다는 사실은, 오늘날 맥주 빚는 방법, 특히 술과 관련된 아주 많은 개념들(넓게 생각해서)이 고

---

* Saxo Grammaticus 1150~1220 덴마크 출신의 역사가. 1185년 전부 16권으로 된 덴마크 역사를 라틴어로 썼다. 《덴마크 사람의 행실Gesta Danorum》이라는 제목의 이 역사서의 라틴어가 워낙 출중한 수준이어서 '문장가Grammaticus'라는 별명을 얻었다고 한다.

대 게르만의 어휘에 뿌리를 두고 있다는 사실 하나만으로
도 잘 알 수 있다('베레bere'는 '올드 색슨', 즉 북부 지방 게르
만어로 보리를 뜻한다). 처음 글자 그대로 언급된 맥주Bier는
흐라바누스 마우루스*의 백과사전 《자연의 사물에 관하여
De rerum naturis》에서 '페오르Peor'라고 나온다. 게르만족에게서
생겨난 이 단어는 슬라브족으로 전파되어, 마침내 로망스어
에까지 나타난다.

　라틴어에서 가지를 쳐나간 로망스 언어권에서 맥주는 그
때까지 그들이 쓰던 말을 밀어내고 정식 언어로 자리를 잡
았다(16세기에 그들이 쓴 말을 보면 모두 게르만어에서 비
롯된 것이다. 이를테면 '베에르beer', '비에레bière', '비라birra'
등). 아마도 '비어Bier'라는 단어는 물론 라틴어의 '비베레
bibere'(마시다)에서 왔을 수도 있다(어원학자들은 지금도 격
론을 벌이고 있다). 그러나 대다수 어원학자들은 독일 쪽의
손을 들어주고 있는 실정이다. 그러니까 고대 게르만어가
완만하기는 하지만, 꾸준한 속도로 전파되어왔다고 보는 것
이다. 어쨌거나 있는 그대로 받아들이자면 이러저런 변형이
있었다고 해도 이 특별한 언어의 전파는 게르만어에서 번
져나간 것이라는 사실을 부정하기는 어렵다. 물론 라틴어의
'비베레bibere'를 인정한다고 해도 말이다.

　게르만족을 둘러싼 로마인의 역사적인 경험과 깊은 인
상은 오늘날까지도 효과를 전혀 잃지 않고 있다. 전 세계적

---

* Hrabanus Maurus 780~856 9세기에 마인츠의 대주교를 역임한 인물. 9세기에 일어
난 변혁을 주도한 위인이다.

으로 볼 때 어딘지 모르게 특별한 맥주는 거의 모두 독일의 '맥주 순수법'에 따라 제조된 것이다(영국이나 프랑스, 일본 혹은 미국 등지는, 물론 그런 순수법이라는 게 없기도 하지만, 다른 많은 영역에서 표준을 제시해온 것에 비하면, 맥주에서만큼은 그다지 두각을 나타내지 못하고 있다). 지난 천년의 세월 동안 유럽 중부 지역의 주민들은 맥주를 만드는 최고의 능력을 인정받으며 부동의 명성을 자랑했다.

고대의 맥주, 야만인의 술

고전이라는 원형을 제시한 고대로 거슬러 올라가 맥주처럼
비중 있는 음료가 갖는 의미를 찾아가노라면, 고대 그리스
와 로마제국과 같은 주요 문화권에서 우리는 좀처럼 풀기 어
려운 물음과 맞닥뜨리게 된다. 사람들이 별로 입에 올리지
않는 질문이기에 의아함은 더욱 커진다. 단도직입적으로 말
해서 하나의 통일된 세계의 문화 민족이 누렸던 영광이 실
제 현실과는 거리가 먼 게 아닐까? 다시 말해서 고대 그리스
와 로마의 명성은 분칠과 조작으로 꾸며낸 것이 아닐까? 그
렇지 않고서야 고대 그리스와 로마가 맥주와 별다른 관계를
갖지 않는다는 것을 어떻게 설명할 수 있을까? 맥주가 없는
고급문화? 그런 게 어떻게 가능할 수 있을까?

그리스와 로마의 비호감

그리스와 로마 사람들에게 맥주는 천하기 짝이 없는 것이었

다. 그리스의 비극 작가 아이스킬로스*는 우리가 시간을 셈하기 500년 전에 이미 이집트 사람들을 두고 코웃음을 쳤다. "보리로 만든 메트나 마시는 족속이라니⋯⋯." 그렇지만 그리스 사람들은 "이집트 천민"의 비법으로 맥주를 빚었으며, 즐겨 마시기도 했던 게 사실이다.

호메로스는 그리스 사람들이 '폴토스Poltos'(라틴어로 폴렌타polenta)라는 이름의 보리죽을 만들어 먹더라는 언급을 했다. 그가 말하는 폴토스란, 그리스 사람들이 이른바 '남자들의 정수'라고 부르던 맥주와 비슷한 음료였다. 건강음료가 대개 그러하듯, 중요한 경사가 있을 때 폴토스를 마셨다. 이를테면 올림피아드가 열릴 때 말이다. 그리스 사람들이 가장 즐겨 마시던 방식은 폴토스에 과일을 띄우고 빨대로 빨아 마시는 것이었다. 그래야 둥둥 떠다니는 곡물 찌꺼기를 함께 삼키지 않을 수 있었기 때문이다. 입안을 감도는 쓴 뒷맛은 오늘날까지도 맥주 애호가들이 즐겨 찾는 맛이다.

그러나 결국 그리스는 와인 쪽으로 기울고 말았다. 서양 문화의 요람이랄 수 있는 그리스는 와인에 취해 노랫가락을 흥얼거리며, 이를 고급 취향이라고 여겼다. 반대로 맥주를 마시는 사람에게는 늘 야만이라는 딱지가 붙어 다녔다. 오늘날 흔히 쓰는 식으로 말하자면 '프롤레타리아'라고 할까.

그러나 맥주를 완전히 무시한 것은 아니었다. 감각에 충실하며 술을 입에서 뗄 줄 모르는, 황홀과 결실의 신 디오

---

* Aiskhúlos BC 525~BC 456 고대 그리스가 자랑하는 3대 비극 작가 가운데 한 사람. 일곱 편의 작품이 남아 있으며, 특히 〈페르시아 사람들〉이라는 연극이 유명하다.

니소스는 포도나무만 편애하지는 않았다. "디오니소스 신은 와인을 좋아하면서도 기후와 토양이 포도 재배를 허락하지 않는 땅에 사는 바람에 와인을 즐길 수 없는 사람들에게 연민과 동정을 느꼈다. 무슨 좋은 방법이 없을까 고민하다가 신은 인간들에게 땅에서 나는 곡물을 가지고 술을 빚으라고 가르쳤다. 보리로 맥주 빚는 법을 일러준 것이다. 이 술은 맛에서 와인에 조금도 뒤처지지 않았다."[39] 이 너그럽고 온후한 신의 보살핌 덕에 인간은 비슷한 수준의 맛과 순도를 자랑하는 두 가지 술을 겸비하게 된 것이다. 이는 놀라운 결과를 낳았다. 서양 학문의 창시자이자 지식의 귀감을 보여준 아리스토텔레스는 술이라는 주제로 곰곰이 생각한 뒤 다음과 같은 결론을 내렸다. "맥주는 너무 많이 마시면 사람을 뒤로 넘어지게 하는 특성을 가진 반면, 와인은 사람을 모든 방향으로 거꾸러뜨린다."[40]

이렇게 볼 때 로마와 그리스 사람들이 맥주를 문화적으로 업신여긴 배경은 다른 곳에서 찾아야 한다. 술을 먹고 어느 쪽으로 넘어지느냐 하는 것은 그다지 중요한 문제가 아니다.

아마도 그 원인은 당시의 편협한 외국인 혐오증에서 찾는 게 마땅할 듯싶다(당시만 하더라도 세계는 이미 좁은 곳이었다. 그리고 세계는 오늘날까지 꾸준히 좁아져왔다). 그래서 인간들은 국경을 가르는 강으로 민족을 대표하는 명주名酒를 내세웠던 게 틀림없다. 곧 안으로는 공동체의 결속을 다지며, 밖으로는 이 술이 바로 우리의 간판이요 하고 과시하려는 의도였다. 이는 수천 년에 걸쳐 맥주와 긴밀하게 맞물려 있는 문화적 현상이다. 바로 그래서 이스라엘 민족은 그들을 억압하는 이집트 사람들을, 로마는 자신들이 지배한 북쪽 지방 사람들을 야만인이라 비웃으며, 하나같이 '맥주나 마시는 술꾼'이라고 깎아내린 것이다. "풍요로운 대지의 품속 저 깊은 동굴 안에는 아무 걱정 없이 한가롭게 살아가는 사람들이 있다. 그들은 곡물을 빌려주고 증표로 나무를 받아 산더미처럼 쌓아놓고, 한 그루의 느릅나무를 아예 통째로 아궁이로 가져가 불을 지폈다. 따뜻하게 불을 때며 그들은 놀이로 밤을 지새웠다. 그들은 와인 대신 마가목* 열매를 첨가한 '맥아맥주'를 권커니 잣거니 마시며 웃고 떠들었다."41)

물론 공통점이 없는 것은 아니다. 《에다》에 보면, "맥주를 마시고 하는 말은 진실이다"라는 구절이 있다. 로마인들은, "인 비노 베리타스In vino veritas(진실은 와인 속에 있다)"라고 말하곤 했다. 술의 핵심은 바로 이런 게 아닐까? 알코올의 부수 효과로 마음의 경계를 허무는 것 말이다. "아이들과 술 취한 사람은 진실을 말한다."(이는 오늘날에도 통하는 진리이다. 바로 그래서 와인과 맥주를 차별하기가 어렵다.)

그러나 아무래도 로마인들은 그리스인에 비해 진실에 한 걸음 더 가까이 갔지 싶다. 그것도 상당히 큰 보폭으로!

---

* 장미과의 낙엽 활엽 교목. 초여름에 작고 흰 꽃이 피며, 열매는 약용한다.

그리스 사람들과 그들이 섬기는 신들은 와인을 고집했다. 여기서 사티로스*는 포도를 발로 밟아 술을 빚고 있으며, 친구는 한 모금 맛을 보며 황홀해한다(암포라**, 기원전 약 400년경).

---

* Sátyros 그리스 신화에 등장하는 숲의 정령. 남자의 얼굴과 몸에 염소의 다리와 뿔을 가진 모습을 하고 있다. 디오니소스의 충직한 시종이다.

** Amphora 고대 그리스나 로마 시대에 쓰던, 양쪽에 손잡이가 있고 목이 좁은 큰 항아리.

키케로*는 지극히 현실적인 관점에서 로마의 술판을 칸나에 전투**에 비교한다(칸나에 전투는 역사상 처음으로 벌어진 포위전으로, 로마에 심각한 타격을 안긴 전투 가운데 하나이다). 로마인들은 술자리를 벌일 때마다 플라밍고 깃털을 하나씩 나누어 가졌다. 필요한 경우, 즉 과식을 했다거나 술을 지나치게 많이 마셨을 때 깃털을 입안에 집어넣어 자극함으로써 음식물을 토해낼 수 있었다. 이렇게 속을 깨끗이 비워내야 빈속을 다시 채울 수 있다나! 흥겹고 유쾌한 술판은 계속 되어야 할지니……. 그러니까 로마 사회는 개인에게 아무 생각이 없어질 정도까지 술을 마셔도 좋다고 허락해준 셈이다(아니면 그렇게 마셔야만 하거나).

그렇지만 술 때문에 사회생활에 지장을 빚어서는 안 되었다. 마음껏 배터지게 마시되 개인의 일상은 흐트러짐이 없어야만 했다. 로마인에게 술은 더 이상 종교적 제례 차원에 속하는 게 아니었다. 그 대신 통제와 절제의 요구는 다른 고대 문명에 비해 훨씬 높았다. 아마도 그래서 마셨다 하면 거침없고, 자제라고는 모르는 이집트와 게르만의 술버릇을 혐오한 게 아닐까? 그러다 보니 맥주도 자연스레 눈 밖에 나고

---

* Marcus Tullius Cicero BC 106~BC 43 로마의 정치가이자 철학자. 집정관이 되어 카틸리나의 음모를 폭로해 국부國父라는 칭호를 얻었다. 그의 문체는 라틴어의 모범으로 받들어진다.

** 칸나에Cannae 전투는 제2차 포에니 전쟁이 벌어지던 가운데 기원전 216년 이탈리아 중부 칸나에 평원에서 로마군과 카르타고군 사이에 벌어진 전투이다. 이 싸움에서 한니발이 지휘하는 카르타고군은 완벽한 포위 작전으로 로마 군대를 전멸시키는 위업을 이룩했다.

말았던 게 틀림없다.

그러나 이미 그리스 사람들에게서 확인했듯, 와인을 물처럼 마셔댔던 로마인들 역시 맥주를 신들이 베풀어준 은총으로 보았다. 이를테면 농업과 결실의 여신 케레스*의 이름을 맥주에 붙인 것을 보라. 로마 사람들은 맥주를 '케레비시아Cerevisia' 혹은 '케르베사Cervesa'라고 했는데, 이는 아마도 '케레리스 비스cereris vis', 즉 '케레스의 힘'이라는 표현을 줄인 형태로 짐작된다.

맥주를 '포투스 파우페르시누스potus paupersinus', 즉 가난한 사람들의 술로 여기던 로마였지만, 관심은 끊이지 않아 꾸준하게 맥주가 만들어졌다. 그 종류도 다양해서 게르만족의 '카뭄Camum', 갈리아족의 '케르비시아Cervisia', 스페인의 '케르베차Cerveza'는 물론이고 서기 2세기까지 이집트의 '치토스Zythos'도 곳곳에서 제조되었다. 이처럼 세계를 주름잡는 맥주였지만, 로마 사회의 대다수는 맥주를 깔보고 비웃기 일쑤였다. 특히 다른 사람들이 보는 앞에서 그런 성향은 더욱 노골적이었다. 로마 사람들의 눈에 맥주Bier와 버터Butter는 뿌리 뽑히지 않는 야만의 표본이었다. 다시 말해서 문화의 경계는 포도 재배 여부에 따라 정해져 있던 셈이다.

뭐라고, 와인을 마신다고?! 거 어디 출신이신가?
와인에 맹세코 나는 아직 너를 모르네.
와인은 신들이 즐기는 맛이라네.

---

* Ceres 로마 신화에 등장하는 곡물의 여신. 시칠리아의 수호신이기도 하다.

그런데 자네에게서는 산양*의 고약한 악취가 나는군.

포도를 구경할 수 없는 토이토니아**의 인간들은

보리죽이나 마신다면서,

보리죽 따위가 그리도 좋더냐.

불쾌하기 짝이 없는 소음으로

괴로워하기 싫거든, 포도즙을 마시려무나.

와인처럼 사람을 유쾌하게 만드는 게 또 있더냐.[42)]

그러니까 로마에서 맥주를 좋아한 이는 어디까지나 감춰놓고 마시는 몇몇에 불과했다. 발렌스*** 황제는 로마인으로서는 보기 드물게 맥주를 즐겨서 '사바이아리우스 Sabaiarius', 즉 '보리술꾼'이라는 별명을 얻었다.

그리스와 로마 사람들이 와인을 더 좋아하기는 했지만, 맥주라고 해서 마냥 무시한 것만은 아니다. 오히려 영양 면에서는 나름 중시하기도 했다. 특히 배고픔에 시달리는 사람들에게 맥주는 영양이 풍부한 구원의 음료였다. 물론 당시 기록에는 여전히 맥주를 야만인의 싸구려 술로 깎아내리고 있지만 말이다. 제2대 유럽 문명이랄 수 있는 로마 사

---

* Bock 독일에서 머리에 뿔이 난 산양은 알코올 도수가 높은 맥주의 이름이기도 하다. 그러니까 본문에서 '산양의 고약한 냄새'는 맥주 냄새를 뜻한다.

** Teutschen 튜턴Teuton족을 이르는 독일 고어. Deutschland를 옛말로는 Teutschland라고 쓴다.

*** Valens 328~378 로마 황제(재위: 364~378)로 동로마제국을 다스렸다. 로마제국의 쇠퇴를 알리는 신호탄이 된 아드리아노폴리스 전투에서 패전하고 전사했다.

회의 까다로운 입맛이 그나마 유일하게 즐긴 것은 당대에 비교적 널리 퍼져 있던 과일향을 섞은 맥주이다(이렇게 본 다면 '베를리너 바이세'*는 찬란한 전통을 이어받고 있는 깃이라 자화자찬할 만하다). 로마제국에서 맥주는 어디까지나 갈리아와 게르만의 토속주일 뿐이었다. 바로 야만인의 싸구려 술 말이다. 다만 로마 지역에 포도가 흉작이라서 와인을 마실 수 없게 되면, '케르비시아'로 갈아탔다. 로마인이 보는 켈트족은 그야말로 '향료의 대가'였다. 향료를 넣은 맥주를 만드는 기술이 아주 뛰어났기 때문이다. 꿀을 넣어 단맛을 강조한 '밀맥주'**는 켈트족이 만든 특산품 가운데 하나로 코우르미Kourmi라는 이름으로 불렸다. 어떤 향료를 넣느냐에 따라 맥주는 회충이나 설사 또는 각종 부인병을 다스릴 수 있는 약으로 쓰이기도 했다.

서양 문명의 개막을 이끈 그리스와 로마는 맥주 맛을 제대로 즐길 줄도 모르면서, 건강음료나 빈민의 싸구려 술 혹은 약으로 은근슬쩍 맛본 셈이다. 상황이 이러했으니 나중에 맥주가 이런 취급을 받게 된 까닭을 단순히 초창기 금주운동 탓으로 돌릴 수는 없다.

---

* Berliner Weiße 밀로 빚은 맥주에 과일즙을 넣어 색깔을 다채롭게 하고 향기를 강조한 제품. '베를리너 바이세'는 맥주 상표이다. 남부 독일의 바이에른 사람들은 그것도 맥주냐고 코웃음을 친다.

** Weizenbier 독일에서 밀로 빚는 맥주. 밀에서 뽑아낸 맥아즙에 향료와 효모를 넣어 만든다. 걸쭉하면서도 톡 쏘는 맛이 일품이다. 원재료의 비중이 11%에서 14%에 이르며, 보통 5도에서 6도 정도의 알코올 도수를 갖는 강한 맥주이다. 안에 효모가 그대로 살아 있어 피부미용에 좋다며, 독일 여성들은 하루에 한 병씩 마실 정도로 인기가 좋은 술이다.

맥주, 풍부한 영양과 약효

"맥주는 영양분이 풍부할 뿐만 아니라 필수영양소를 두루 갖추었다. 맥주를 즐겨 마시면 몸이 불어나기는 하지만, 훌륭하고 건강한 체액을 갖게 되며, 그만큼 혈액이 깨끗해지고, 담석이 생길까 걱정하지 않아도 된다. 게다가 다음 날 머리도 별로 안 아프다. 더욱이 맥주로 목욕을 하면 피부의 자연스러운 빛깔이 살아날 뿐만 아니라, 촉촉하고 깨끗하며 부드러운 피부를 자랑할 수 있다."[43]

맥주가 좋은 약효도 갖고 있다는 이 기쁜 소식은 중세의 추기경 라이문두스*가 들려준 것이다. 기독교 이전까지 거슬러 올라가는 오랜 전통을 살핀 뒤에 전해준 이야기이기에 더욱 믿음이 간다.

맥주를 일종의 약재로 처음 이용한 수메르인을 비롯해 이집트를 거쳐 우리 시대의 의학 대가들은 우리 몸에 필요한 필수영양소의 보고로 맥주를 받아들였다.

기원전 3000년경 수메르인이 덕을 본 맥주의 약효는 사실 치유 효과와는 별 관계가 없다. 그때 맥주는 물과 마찬가지로 여기던 단순한 음료에 지나지 않았다. 말하자면 약을 먹는 데 도움을 주는 음료였다고나 할까. 당시에는 약으로 똥, 먼지, 짐승 털 같은 것을 먹다 보니, 거기에 맥주를 부어 두 눈 질끈 감고 마실 수밖에 없었다는 게 이해가 가고도 남

---

* Raymundus Martinus 1220~1285 스페인 카탈로니아 지방 출신의 도미니크 수도회 신부.

이미 바빌로니아 의학에서는 치료 행위로 맥주를 마시게 했다.

는다. 차마 먹을 수 없는 것을 삼키는 데 맥주로 그나마 역겨움을 덜었을 것이기 때문이다. 당시 맥주가 어떤 직접적인 치료제로 쓰인 경우는 극히 드물었다. 이런 사정은 중세 후기까지 마찬가지였다.

기원전 2000년경부터 그리스가 주도하던 고대 시대에 이르기까지 전 세계적으로 우러름을 받았던 이집트 의사들은 일찍부터 자신들의 경험을 기록으로 남겼다. 그들이 전해준 파피루스를 보면 맥주는 약효를 기대할 수 있는 기초 물질을 담고 있으며, 약을 녹여 먹는 음료로 주로 쓰였다는 언급이 나온다. "배 안에 생겨난 질병을 없애는 보조제이다. 이를테면 맥주에 완두콩을 섞어 먹으면 뱃속이 편안해진다."44)

또한 이들은 정체를 알 수 없는 일련의 맥주 이야기를 하고 있는데, 변비 해결에 도움을 준다는 '박멸 맥주', 제물

로 바치는 '특별 맥주', 기침을 해결해주는 '콜록 맥주', 심지
어는 '구토용 맥주'까지 아주 다양하다. 이것은 순수한 맥주
종류가 아니라, 맥주의 희석된 농도 차이와 맥주 성분인 거
품이라든지 걸쭉하게 엉겨 붙은 지게미 혹은 알코올 도수
따위를 조정한 것을 말한다.

맥주는 내부 질환에만 효능이 있는 게 아니었다. 수천
년 동안 맥주는 뱀이 무는 것을 예방하는 비책이었다. "한
번은 어떤 남자가 집에서 축하연을 벌였다. 깊은 밤 취한 그
는 침상에 널브러져 잠이 들었다. 그의 아내는 한 접시에는
와인을, 다른 한 접시에는 맥주를 각각 채워놓았다. 그때 기
다렸다는 듯 뱀 한 마리가 구멍에서 스르르 기어 나와 남자
를 물려고 했다. 아내는 자지 않고 남편 곁을 지키며 뱀을
노려보았다. 독사는 접시에서 나는 향기에 이끌려 그 달콤
한 것들을 남김없이 마셨다. 이내 만취한 뱀은 등을 바닥에
대고 벌렁 누워 꼼짝도 못했다. 그러자 아내는 도끼로 뱀을
토막 내어버리고, 남편을 깨워 품에 안고 입을 맞추며 이렇
게 말했다. '보세요, 신께서 당신의 운명을 지켜주셨으니, 다
른 일들도 만사형통하리라.'"45)

1914년 9월 《양조업 주간지》에는 브라우덱셀H. Braudexel이
라는 사람이 '약학에서 알코올의 의미Die Bedeutung des Alkohols
für die Arzneiwissenschaft'라는 제목의 기사를 기고해 알코올을
내부 질환을 치유하는 데 쓸 수 있다는 의견을 제시했다.
"환자에게 20~30그램 정도의 알코올, 그러니까 약 반 병의
와인을 허락해준다면, 150칼로리에서 200칼로리 정도의 에

너지를 얻게 된다. 이 정도로 적은 양의 알코올을 섭취하는 것을 막아야 할 경우는 거의 없다. 오히려 음식물을 먹는 것 못지않은 효과가 있다. 도시와 농촌의 빈약한 의료보험 재정을 고려하면 의사가 환자에게 적정량의 알코올 소비를 권장하는 것은 어려운 먹을거리 사정으로 볼 때 쌍수를 들어 환영할 일이 아닐까. …… 예로부터 독사에게 물린 상처를 응급처치하는 데에도 알코올은 더없이 좋은 방법으로 추천되어왔다. …… 알코올의 효과는 무엇보다도 다음과 같은 사실을 볼 때 분명하다. 즉, 알코올을 충분히 섭취하게 되면 …… 심장마비를 막아줘 사망 위험이 줄어든다."46)

맥주의 치료 효과에 의혹의 눈길을 보내는 사람이 있다면, 그가 문제 삼는 것은 맥주의 알코올 도수이리라. 누군가는 "그래도 다른 술보다는 훨씬 낮아!"라는 반론을 펼 수도 있다. 만약 의사가 독일인이라면, 건강음료로서의 맥주의 가치를 강조하느라 열을 낼 게 틀림없다. 맥주가 민족을 대표하는 자산이라는 자부심으로 어떻게든 변호하기 위해서 수백 년 묵은 '맥주 순수법'의 전통을 몇 번이고 강조하리라. "인간이 처음으로 농사를 지어 유목민에서 한곳에 정착한 농부가 되자 곡물은 그에게 단순한 곡식 그 이상의 것이 되었다. 수천 년 전에 이미 농부는 갈아놓은 곡물을 물과 섞으면 자연스럽게 공기 가운데 어디에나 있는 미생물의 작용으로 말미암아 기분을 좋게 만들고, 영양 만점에 생동감까지 불러일으키는 음료가 된다는 사실을 두 눈으로 똑똑히 보았다. 이게 바로 맥주가 탄생한 순간이다! …… 그러나 독일 맥주의 특별한 점은 그 자연적인 순수함을 항상 지켜왔다는 사실이다. 이것이야말로 아주 넓은 의미에서 갈수록 높아지는 맥주의 인기와 훌륭한 맛을 자랑할 수 있는 더할 나위 없이 탁월한 증거가 아닐까?"[47]

장 폴Jean Paul이라는 이름으로 더 잘 알려진 요한 파울 프리드리히 리히터*는 맥주를 두고 '가을의 위안' 내지는 '위장을 달래주는 향유' 혹은 '신께 귀의하기 직전에 드리는 성사'라고 칭송해 마지않았다. 그만큼 맥주에 끌리는 자신을 주체할 수 없었던 모양이다. 그에게 맥주는 언제나 신선한 활력을 주는, 건강을 해치지 않는 술이었다. 그래서 늘 곁에 두고 싶어 했다. "나는 아주 건강해, 바이로이트 맥주 덕분에!"[48]

맥주를 적극적으로 옹호하며 선전해온 사람들은 아주 많다. 맥주를 두고 나쁜 소리를 하기가 쉽지 않은 이유이다. 심지어 그런 소리를 했다가는 무슨 음험한 악의가 있는 것은 아닌지 의심의 눈초리를 받게 된다.

"나 게링거Geringer는 매일 저녁 식사 때 헬레스**를 마시곤 했다. 500cc 잔으로 세 잔이면 어김없이 내 기분이 달라

---

* Johann Paul Friedrich Richter 1763~1825 독일 바이로이트 출신의 작가. 고전주의와 낭만주의, 양쪽을 두루 섭렵한 보기 드문 작가이다. 프랑스의 장 자크 루소를 동경한 나머지, 이름도 장 폴이라고 프랑스식으로 바꾸었다.

** Helles 'Helles Bier'의 줄임말. 하면발효로 만든 맥주로 우리가 흔히 마시는 밝은 노란색 맥주를 말한다. 알코올 도수가 4.5도에서 6도에 이르는 것으로 냉장 효과가 있는 지하실에 두었다고 해서 라거Lager(창고)라고 흔히 부른다. 이 표현은 원래 하면발효 방법과 밀접한 관련이 있다. 독일에서 맥주는 크게 이 헬레스와 둥클레스Dunkles(흑맥주)로 나뉜다.

졌다. 긴장이 풀어지고 안락의자에라도 앉은 것처럼 마음이
편안해지면서, '아, 이제 다 끝냈구나!' 하는 마음이 들었다.
'하루를 열심히 산 사람이 누리는 저녁의 평안함'이라고 할
까. 종종 아주 쓸모 있는 생각을 떠올릴 수 있게 해주는 순
간이었다."(토마스 만*)49)

맥주 옹호자들의 명단을 끝없이 이어갈 수도 있겠지만
이쯤에서 꼭 언급해야 할 이름이 하나 있다. 그의 이름을 들
먹이는 것은 독일어권에서도 맥주와 어울리기 힘든 사람이
있다는 것을 보여주기 위함이다. "맥주는 피를 진하게 만들
며, 취기는 마취성이 강한 담배 연기에 의해 더욱 강해질 위
험이 있다. 취하면 신경이 무뎌지며, 피는 울혈이 생길 정도
로 짙어진다. 이런 일이 계속된다면, 나이를 두세 살 더 먹
게 되더라도 맥주배나 불룩 나온 독일산 비곗덩어리가 무엇
을 할 수 있을지……. 굳이 말하지 않아도 불 보듯 뻔한 일
이다."(J. W. 괴테)50)

그러나 적당히 즐기는 맥주는 인생의 기쁨을 일깨워주
었다. 또한 맥주가 몸에 좋다는 굳은 믿음은 시대와 문화를
불문하고 점점 더 큰 힘을 얻어왔다.

맥주의 약효는 이 시대에도 명성을 잃지 않았다. 사람들
은 앞다퉈 맥주의 약효를 주제로 수많은 글을 썼다. 어찌나
많은지 그 규모를 가늠하기 힘들 정도다. 이를테면 《간 기

---

* Thomas Mann 1875~1955 독일이 낳은 위대한 작가이다. 심리분석과 문화비판
을 바탕으로 휴머니즘의 새로운 경지를 펼쳐냈다는 평을 듣는다. 대표작 《마의 산
Zauberberg》으로 1929년 노벨 문학상을 받았다. 본문에서 인용한 문장은 신문 연재
소설에서 따온 것으로, Geringer는 등장인물 이름이다.

능을 높여 신진대사를 돕는 맥주의 효과Die funktionsfördernde Einwirkung des Biers auf den Leberstoffwechsel》를 진지하게 연구했으며, 《내과의학과 맥주Die Innere Medizin und das Bier》의 관계를 탐구했으며, 《수출용 헬레스는 다이어트 맥주이다Helle Exportbiere als Diabetikerbiere》라는 놀라운 발견에 몸을 떨었고, 《맥주와 그 대체 음료에 있어 티푸스와 파라티푸스 박테리아의 생명력에 관하여Über die Lebensfähigkeit von Typhus — und Paratyphusbakterien in Bier und Bierersatzgetränken》라는 문제를 놓고 인류가 앓고 있는 재앙을 어찌하면 맥주를 가지고 퇴치할 수 있을까 고민했다.

1970년대 독일의 유행가를 아는 사람이라면 파울 쿤*이 부른 〈하와이에는 맥주가 없어Es gibt kein Bier auf Hawaii〉라는 곡을 기억할 것이다. 이제 나이가 지긋한 노인이 된 사람들은 이 노래 가사를 떠올리며 쿤이 틀렸다는 사실에 나름 흐뭇한 기분이 들지 않을까? "하와이에는 맥주가 없어 / 맥주가 없다네 / 그래서 우리는 하와이에 가질 않지 / 차라리 여기 남으려네 / 하와이는 너무 더워 / 시원한 구석이라고는 전혀 없지 / 그저 들리는 것이라곤 훌라훌라hula-hola뿐 / 타는 목마름은 사라지지 않는다네."

진실은 노래 가사와는 달랐다. 미국 의사 팀은 이 섬의 주민 7,705명을 대상으로 실험을 벌인 끝에 맥주를 규칙적으로 마시면 심근경색을 막아준다는 사실을 확인했다. 독일

---

* Paul Kuhn 1928년에 출생한 독일의 피아니스트이자 가수. 자신의 밴드를 이끌기도 했다.

과 미국의 심장 전문의들의 자문까지 받아 의사들은 하루에 1리터에서 1.5리터(!)의 맥주를 마시면 심지어 수명이 늘어나는 효과도 있다는 결론을 얻었다. 다만, 여기서 한 잔, 아니 한 모금이라도 더 마시면, 효과는 줄어들거나 아예 사라진다. 다시 말해서 옛날처럼 맥주를 기본 먹을거리로 마음껏 마셔서는 곤란하다. 메소포타미아에서 처음으로 만들어진 맥주는 원래 빵을 빚을 반죽이 썩으면서 발효되어 나온 것이다. 그러니까 맥주의 근원을 생각하면, 맥주를 "흐르는 빵"이라고 표현해도 무방할 것이다. 중세 시대에 만든 맥주도 이런 전통을 공유한다. 이는 곧 맥주가 가진 영양분이 빵에 못지않아 기본 식품으로 중요성을 인정받았다는 것을 의미한다.

오늘날 식품공학자는 맥주가 비교적 높은 함량의 단백질과 탄수화물을 가지고 있다고 한다. 그리고 맥주는 비타민 B가 풍부한 음료이다. 맥주 종류에 따라 비타민 함량은 조금씩 차이가 있다. 여기서 우리는 비타민의 하루 권장 섭취량이 맥주로 얼마나 충당할 수 있는지 알아볼 필요가 있다. 1리터를 기준으로 볼 때, 비타민 B_1의 함량은 평균 40감마(Gamma: 1/1000mg)로 낮은 편이라고 봐야 한다. 그러니까 하루에 필요한 양의 1/25에서 1/50 정도밖에 채우지 못하는 셈이다. 달리 말해서 맥주로만 하루에 필요한 비타민 B_1을 채우려면 25리터에서 50리터는 마셔야 한다는 계산이 나온다! 비타민 B_2는 리터당 0.3밀리그램에서 0.4밀리그램 정도로 훨씬 많아서 하루 필요량의 약 1/4에서 1/5 정도를 충당한다. 1리터의 맥주를 마셔 이 정도 섭취할 수 있다면 상당히 높은 것으로 봐야 한다. 그러니까 맥주는 비타민 B2의 완벽한 제공자라고 할 수 있다. 오로지 맥주만 마신다고 가정하면, 건강을 해칠 수도 있겠지만 적어도 하나는 피할 수 있다. 즉, 비타민 B2의 부족 말이다(비타민 B2는 프로테인과 지방의 대사에 관여하는 물질이다).

비타민 B2와 유사한 역할을 하는 비타민 B6와 니코틴산, 비타민 PP, 비오틴인 비타민 H, 판토텐산 등도 맥주에는 풍부하게 들어 있다. 원래 지금 열거한 비타민들은 체내에서 자가합성되는 것이다. 그러나 항생제나 술폰아미드 따위의 장내 살균작용을 하는 물질 때문에 장내 박테리아가 대량으로 손실될 경우, 맥주는 이런 비타민들로 우리 몸에 중요한 도움을 준다. 물론 그렇다고 해서 알코올이 들어 있지 않은 음식으로 그때그때 필요한 비타민을 충분히 섭취할 수 있는데도 맥주를 마시라는 이야기는 아니다.

기본 재료의 품질, 이를테면 질산이 많은 물이랄지, 농약을 잔뜩 뿌린 홉 그리고 불법적으로 사용한 다른 화학물질 따위를 생각한다면 적당한 맥주 섭취조차 삼가는 게 좋다고 해야 할 판이다.

마지막으로 강조해야 할 중요한 사항이 하나 있다. 어쩌면 이 마지막이 격정의 새 장을 열지도 모른다. "홉은 성욕을 자극하는 흥분효과를 낸다. 로마인들은 주로 후추나무 이파리를 씹었으며, 카사노바는 한판 흐드러지게 놀아나기 위한 준비로 메추라기 알을 두 개 깨먹었다. 프랑스의 루이

Von Krafft und Nutzen deß Biers.

Armit in den Mitternächtischen Ländern/ wo man keinen oder wenig Wein hat/ gleichwol an nützlich- und nahrhafften Getranck kein Mangel wäre/ hat der barmhertzige GOtt ihnen das Bier verordnet; dann was solten die Leute trincken/ denen der Wein schädlich/ und das Wasser nicht vertragen können. Deßwegen der nützlich und gesunde Trunck deß Biers/ auß Weitzen/ Dünckel oder Gersten erfunden worden/ so an allen Orten kan gesotten oder gemachet werden. Und obschon der Wein etwas eher dem Leibe die Nahrung gibet/ so ist doch selbige von dem Bier mehr und stärcker/ sonderlich von dem Weitzen-Bier; nemlich so viel sonsten auch der Weitzen mit seiner Krafft und Würckung andere Früchten übertrifft.

Alles gut und wohlgebraute Bier gibt gute Nahrung/ nicht deß Wassers halben/ denn das ist ein leicht und schlechtes Element/ auch nicht wegen deß Hopffen/ dann der verursachet einige Veränderung im Leibe; sondern wegen der Frucht/ so seine Krafft und Würckung auch dem Wasser einverleibet und mittheilet/ daß solche auch darvon nimmermehr kan getrennet oder geschieden werden.

Dannenher findet man bey uns und in allen mitternächtischen Ländern/ daß die Leute viel stärcker und dauerhaffter seyn/ als wo man lauter Wein/ und kein Bier hat. Wo das Bier im Gebrauch/ da essen auch die Leute nicht so viel/ wie sonsten/ weiln es eben auß dem Zeug und Früchten gemachet wird/ so wir sonsten zur Speise gebrauchen. So lehret auch die ohnfehlbare Erfahrung/ daß der Wein vielmehr/ als das Bier/ die Sehnen/ Nerven und dergleichen nervose Glieder verletze / und ist weder das Zipperlein noch Podagra so gemein bey dem Bier/ als beym Wein. Das Bier/ wann es in Mässigkeit getruncken wird / glebt auch gut Geblüt/ und thut weder den Nieren noch dem Hirn einigen Schaden/ sonderlich wann es wohl verjohren und die Häfen genug darvon seyn/ wann es nicht zu neu oder auff der Neige gehet.

어느 세기나 맥주가 마시기 편하다는 칭찬과 신망의 글은 쉽게 찾아볼 수 있다. 위의 글은 "와인이 몸에 잘 맞지 않거나 물을 마시기 거북한 사람에게 맥주가 좋다"라고 누누이 강조하고 있다(18세기의 인쇄물).

15세는 총애한 애첩 퐁파두르Pompadour에게 몰두하고자 절여둔 숫양의 불알을 지그시 깨물었다. 아무튼 시대를 막론하고 남자들은 흥분효과를 위해 최음제를 굳건히 믿었다. 조상들이 어렵사리 장만한 최음제를 프랑스 남자들은 싼 값으로 가질 수 있게 되었다. 15프랑이면 한 캔의 비어레 아무훼즈bière amoureuse(사랑의 맥주)를 얼마든지 즐길 수 있으니 말이다. 스트라스부르 시 페헤흐Pécheur 지역의 양조 대가 미셸 드뷔스Michel Debus는 욕정에 불을 지피는 유명한 식물 13가지를 골라 홉에 섞었다. 부작용 없음이라는 솔깃한 결과가 나왔다. 한 가지 예외가 있기는 했지만 말이다. '3615 사랑 맥주3615-Liebesbier'라는 상표의 이 맥주는 로망스어계의 맥주들이 대개 그러하듯 하루에 최고 네 병 이상을 맛보았다가는 완전히 꼭지가 돌게 된다. 사랑이 무엇이건 간에 고꾸라질 각오를 해야만 했다."[51]

독주, 성경의 암호

비가 오든, 우박이 쏟아지든,
눈이 오나, 번개가 치나,
동이 트나, 천둥소리가 귀청을 찢으나,
살얼음이 얼거나, 땀을 뻘뻘 흘리거나……,
모든 게 유대인 탓이라네요!
모든 죄가 유대인에게 있소이다![52]

— 프리드리히 홀라엔더*

실제로 그랬다. 기독교인들은 유대인만 봤다 하면 못 잡아먹어 안달이었다. 특히 19세기에서 20세기로 넘어가던 무렵, 기독교를 믿는다는 유럽인들은 유대인을 향한 증오와 적의를 다음과 같은 근거를 들이대며 정당화하곤 했다. "화를 입으리라. 홧김에 이웃에게 술을 퍼먹여 곯아떨어지게 하고는 그 알몸을 훔쳐보는 것들아!"[53] 그러니까 유대인에게 술을 얻어먹고 욕보게 되지 아닐까 하는 두려움에 알코올을 부정적으로 본 것이다. 알코올에 빠지면 정신을 잃고 신도 못 알아보고 흥얼거릴 정도로 자제력을 잃는다나. 노아의 이야기는 기독교인들이 유대인에게 갖는 두려움의 정체를 그림처럼 보여준다. 세상에서 유일하게 취해도 좋다고 허락된 것은 종교뿐이라는 말이 귓전을 맴돈다.

비록 모세가 선택받은 민족을 이끌고 맥주의 땅에서 와인 술꾼의 나라로 나아가기는 했지만, 그곳 사람들 역시 맥주를 알고 있었다. 성경에서 이야기하듯, 예수 그리스도가 탄생하기 천 년 전 블레셋 사람들은 가나안 땅의 남쪽 다섯 개 도시에 흩어져 살았다. 고고학자들의 발굴로 미루어볼 때 블레셋 사람들은 "주님 앞"에서 맥주를 마셨던 게 틀림없다. 그들의 땅은 맥주를 만드는 데 필요한 모든 것을 제공했다. "그곳은 밀과 보리가 자라고 포도와 무화과와 석류가 여는 땅이요, 올리브나무 기름과 꿀이 나는 땅이다."[54]

---

* Friedrich Hollaender 1896~1976 독일에서 주로 활동한 작곡가이자 풍자문학 작가. 유대인 출신으로 한때 미국에서 망명생활을 했을 정도로 고초를 겪은 인물이다.

그러나 성경에는 맥주 자체의 언급이 없다. 맥주는 성경보다 천 년 넘게 앞선 역사를 자랑하며 여러 고대 문명의 기록에 다양하게 나타나 있지만, 성경에서는 일종의 장막 뒤에 숨겨져 있다. 성경에서는 와인을 제외하고 알코올이 들어간 음료를 모두 '독주'라고 에둘러 부르고 있다. "종종 향료를 친 와인 혹은 섞은 와인이라는 표현이 등장하는데, 무엇을 어떻게 넣고 섞었는지에 관해서는 아무런 언급이 없다. 단지, 다른 과일과 꿀과 곡물로 만든 '독주'를 와인과 구분하고 있을 따름이다."[55] 그런데 독주의 제조 방법과 음주의 효과로 보면 얼마든지 독주를 맥주라 할 수 있다. "술에 취해 비틀거리고 독주에 취해 헤매는 이자들은 누군가? 독주에 취해 비틀거리는 이자들은 바로 사제와 예언자들이 아닌가? 아주 술독에 빠져버렸구나. 저렇듯이 독주에 취해 헤매다니! 비틀거리며 계시를 본다 하고 뒤뚱거리며 재판을 하다니! 술상마다 구역질나게 토해놓고 떠드는구나."[56]

어쩌면 발효주를 가리키는 말로 '와인'과 '맥주'를 같이 쓴 게 아닐까? 인류 역사 초기의 고대 문명에서는 그렇게 부르는 일이 잦았으니 말이다. 바빌로니아와 이집트는 말할 것도 없고 중국 역시 구태여 자세히 구분하지 않은 것으로 보인다. 술은 술이고, 독일의 '순수법'은 아직 알려져 있지 않았던 시절이니, 충분히 그럴 수 있으리라 여겨진다.

어떤 문화든 그 기본 틀은 계속 반복해 나타난다. 초기 기독교는 로마인과 거리를 두기 위해서 술에 취하는 것을 분명하게 거부했다. "각 사람은 자신을 살피고 나서 그 빵을 먹고 그 잔을 마셔야 합니다. 주님의 몸이 의미하는 바를 깨닫지 못하고 먹고 마시는 사람은 그렇게 먹고 마심으로써 자기 자신을 단죄하는 것입니다."[57] 이런 엄격함은 한 걸음 더 나아간다. "우상 숭배, 마술, 원수 맺는 것, 싸움, 시기, 분노, 이기심, 분열, 당파심, 질투, 술주정, 흥청대며 먹고 마시는 것, 그 밖에 그와 비슷한 것들입니다. 내가 전에도 경고한 바 있지만 지금 또다시 경고합니다. 이런 짓을 일삼는 자들은 결코 하느님 나라를 차지하지 못할 것입니다."[58]

하지만 수메르와 이집트 사람들이 먼저 열어둔 하느님 나라의 문이 기독교인이라고 해서 돌연 닫히는 것은 아니었다. 하느님의 피가 마지막 만찬이라는 예배 의식에서 포도 주스가 아니라 와인으로 육화한 게 우연일까? 삼가고 조심하느라 애를 쓰긴 했지만, 알코올은 어떤 형태로든 함께 있을 수밖에 없었다. 훨씬 뒤에, 물론 앵글로색슨 지역에서만 그랬던 것이긴 하지만, 기독교 교회에서 마음 놓고 술을 마시기도 했다. 아무튼 켈트족이나 게르만족에게 기독교를 전파하러 온 선교사는 맥주에 취해 흥얼거리는 그들의 문화를 보고 깜짝 놀랐다. 심지어 신들도 술을 마시거나, 맥주를 담은 주전자를 놓고 다투었다. 기독교는 뿌리 뽑기 어려운 이교도의 제례를 어떻게든 자기네 식으로 바꿔놓으려 안간힘을 썼다.

이런 사정을 가장 분명하게 보여주는 것은 중세 잉글랜드의 만찬 예배이다. "술이 소비되는 현장은 아주 많았다. 사회계층에 따라 달리 이용하던 레스토랑, 술집, 선술집ale

맛난 술이 어찌 빠질쏜가. 예수의 마지막 만찬에는 포도주스 대신 와인이 있었다.

house* 등 일일이 헤아리기조차 힘들다. 그중 오늘날의 관점
에서 보면 아주 기이하면서도 무척 흥미로운 곳이 있는데,
바로 교회였다. 중세 잉글랜드의 이른바 '교회 맥주판church
ale'은 교인들이 주기적으로 모여 함께 흥겨운 술판을 벌인
것을 말한다. 이런 풍습만 놓고 봐도 오늘날과는 전혀 다른
음주문화가 있었음을 짐작할 수 있다. 한자리에 모여 술잔
을 나누는 일은 신이 허락한 거룩함을 맛보는 것이었다. 술
판은 취기 속에서 공동체의 단합과 결속을 다짐하는 축제
의 장이었다. 이런 성격을 더욱 분명히 드러내는 것은 매년
다섯 번에 걸쳐 열린 이른바 '잔치 미사glutton messes'이다. 말

---

* ale은 맥주를 뜻하는 말이다. 그러니까 간단하게 맥주 한잔 걸칠 수 있는 싸구려 술
집이 ale house이다.

그대로 한판 흐드러지게 먹고 마시는 행사였다. 아침이면 공동체 구성원들은 저마다 먹을 것과 마실 것을 손에 들고 교회로 모였다. 미사를 올린 다음, 둘러앉아 한바탕 축하연을 즐겼는데, 모든 참석자들(성직자도 포함)이 완전히 취한 뒤에야 자리가 파했다. 다른 공동체와 경합을 벌이는 일도 있었다. 성모 마리아의 은총을 기리기 위해 누가 고기와 술을 가장 많이 빠르게 해치울 수 있나, 시합을 하는 것이다. 이처럼 컬트의 경지에 이른 술자리는 짐작건대 색슨족과 스칸디나비아 지역의 기독교 이전 문화에서 비롯된 것으로 보인다."59) 만찬 상에까지 오른 싸구려 레드와인은 소년이 이제 성인이 되었다며 처음 맛보게 되는 술이 되었다(이런 식으로 술의 세계에 발을 들여놓는 것은 결코 피할 수 없는 통과의례이다).

그러나 궁극적으로 볼 때 초기 기독교가 맥주의 역사에 그 흔적을 남긴 것은 세계의 불과 몇몇 지역에만 국한된 이야기이다. 대체로 기독교는 술과 거의 관계가 없었다고 보는 게 맞다.

성자 콜룸바*의 전기를 쓴 보비오의 조나스**는 갈리아, 스코틀랜드, 잉글랜드, 게르만족 등에게는 이미 맥주가 민

---

* Columba 521~597 콜룸 실레Colum Cille(교회의 비둘기)라는 이름으로도 잘 알려진 성자. 아일랜드에서 기독교가 전파되는 데 중요한 데 중요한 역할을 했다. 이른바 '아일랜드의 열두 사제' 가운데 한 사람이다.

** Jonas of Bobbio 600~659 콜룸바가 세운 수도원에서 중심적인 역할을 한 신학자. 콜룸바의 전기를 쓴 것으로 유명하다.

족 고유의 술이었다고 하면서, 성자가 예수의 첫 번째 기적 못지않은 역사를 일으켰다는 놀라운 이야기를 퍼뜨렸다(성자는 맥주에 적대적인 태도를 취한 쪽으로도 잘 알려져 있다). 즉, 프리슬란트*에서 선교활동을 펼치면서 성자는 물을 예수의 선례대로 포도주가 아니라, 맥주로 바꾸어놓았다는 것이다. 물론 그곳 원주민에게 하느님의 전능함을 증명하고자 한 의도는 예수와 다를 바가 없다. 원주민이 잘 모르는 와인을 들이댔다가는 뭐라 말을 꺼내야 좋을지 난감했거니와, 더구나 기독교로 개종시킨다는 것은 엄두도 낼 수 없는 일이었기 때문이라나.

맥주라서 이야기가 달라진 것이다. 오늘날 프리슬란트 지역이 주요한 기독교 문화권에 속하는 것을 보라. 《콜룸바의 생애Vita Columbanis》는 시종일관 맥주와 빵을 인간이 먹고 살아갈 주식으로 꼽고 있다. 그리고 보면 홀슈타인** 지방에서는 오늘날에도 여전히 맥주를 빵과 동일시한다. "덴 **베어**포트 회거 행겐Den **Beer**pott höger hängen!"이라는 홀슈타인의 사투리는 표준어로, "덴 **브로트**코르프 회어 행겐Den **Brot**korb höher hängen!"(빵 바구니를 더 높이 걸어놔!)라는 뜻이다. 여기서 볼 수 있듯 맥주Beer와 빵Brot은 별다른 구분 없이 쓰이고 있다.

---

* Friesland 독일과 네덜란드의 접경 지역.

** Holstein 독일 북부 지역의 이름.

맥주를 꽃피운 중세

　중부 유럽에서 처음으로 나타난 광고판은 나무나 동판에 양조장 주인과 양조 도구를 새겨넣은 것으로, 15세기에 이미 선을 보였다. 이 광고판이야말로 광고 산업의 효시라 할 수 있다. 물론 당시 양조장 주인은 광고 산업이라는 게 뭔지 짐작조차 하지 못했으리라. 당시 양조업자들의 직접적인 경쟁은 온 도시를 서로 자기 편으로 갈라놓았으며, 광고전은 무력이 난무하는 실제 전쟁이나 다름없었다(이에 관해서는 앞으로 자세히 다룰 생각이다).

　이내 엄격한 법이 속속 등장하면서 어디서 누가 어떤 맥주를 팔아야 하는지 철저하게 통제하고 규제했다. 여러 종류의 맥주를 맛보고 싶은 술꾼이라면 술집들을 찾아 전전하거나, 아예 다른 도시로 가는 식으로 공간 이동을 하지 않을 수 없었다.

맥주 광고의 시작 그리고 오늘

광고에는 말잔치와 언어유희가 난무한다. '맥주, 메트로폴리탄의 거부할 수 없는 취향'이라든가, '남자 안의 진정한 남자를 일깨우는 맥주' 또는 아예 말 그대로 '진정한 진짜'라거나 '오늘은 당신이 왕이에요!' 하고 속삭이는 여인의 미소 앞에서 하루의 피곤에 찌든 후줄근한 소시민은 기꺼이 지갑을 연다. 더욱 노골적인 유혹도 있다. '무슨 맥주를 마시는지 말해보세요, 당신이 어떤 사람이 되고 싶어 하는지 일러드릴게요!' 결국 광고를 보고 어떤 맥주를 택하는가에 따라 그 사람의 인생관 내지는 세계관까지 읽을 수 있는 세상이 되었다.

광고의 역사는 산업화의 역사와 어깨를 나란히 하고 달려왔다. 맥주의 대량생산과 이로 말미암은 과열경쟁 그리고 상업미술의 발달 등이 바탕이 되었다. 독일에서는 19세기 말에 이르러 비로소 본격적인 상품 광고가 등장했다.

맥주 광고주는 상품 광고를 위해 동원할 수 있는 모든 수단을 끌어댔다. 종이, 함석, 에나멜, 유리 혹은 그 대체재 광고판은 물론이고, 맥주라는 상품과 직접 관계가 있는 맥주잔과, 두꺼운 판지로 만든 맥주잔 받침*에 이르기까지 생각할 수 있는 모든 것을 활용했다. 초기의 광고판은 맥주라

---

* Bierdeckel 일반적으로 맥주잔을 받치는 데 쓰는, 두꺼운 판지로 만든 판촉용 물품. 맥주회사마다 독특한 로고와 문양을 사용해 만들기 때문에 이것만 전문적으로 수집하는 애호가가 있을 정도로 대중의 관심을 끄는 물품이다.

는 상품 자체보다는 당시 새롭게 선보인 기술을 상징하는 그림으로 대중의 관심을 끌려고 했다. 연기가 뭉게뭉게 피어오르는 공장 굴뚝에 회사의 이름을 담아 신기술을 장악하고 있다는 자부심을 한껏 뽐냈다. 당시 갓 막을 올린 기계산업화를 장밋빛 미래를 여는 낭만으로 치장한 것이랄까. 정작 광고해야 할 맥주는 보여주지도 않은 채 신기술의 자부심만 앞세워 광고판에 선보인 자랑스러운 공장 전경은, 사실 그것만 놓고 보면 자전거 공장인지 재봉틀 공장인지 아리송하기만 했다. 맥주 광고라는 것은 이름으로만 미루어 짐작할 수 있을 따름이었다.

19세기에서 20세기로 넘어갈 무렵 등장한 독일의 포스터 광고는 당시 유명했던 프랑스 디자인과 견주어도 손색이 없는 예술 작품이었다. 프리츠 클림슈*나 막스 클링거**의 유겐트슈틸*** 포스터에 그려진 맥주 애호가는 근육질의 아름다운 몸매를 뽐내는 강렬한 힘의

---

* Fritz Klimsch 1870~1960 독일의 조각가이자 화가. 히틀러가 정치 이념을 문제 삼지 않고 신이 내린 천재라고 격찬했을 정도로 당대를 주름잡은 예술가이다.

** Max Klinger 1857~1920 독일의 화가이자 그래픽 전문가. 상징주의를 대표한다.

*** Jugendstil 유겐트 양식이라고도 한다. 여기서 '유겐트Jugend'는 젊음이라는 말로, 새로움을 상징한다. 19세기 말에서 20세기 초에 걸쳐 독일에서 유행한 미술 양식이다. 프랑스의 아르누보와 맥을 같이하며, 꽃이나 잎사귀 따위의 식물적 요소를 미끈한 곡선으로 추상화한 것이 특징이다.

그림 안 문구: 참 어려운 선택이죠?

상징이었다.

19세기 말 맥주 광고는 전체 광고업계에 혁신의 바람을 불러일으켰다. 1880년에서 1890년 사이 맥주회사들은 앞다 퉈 함석이나 에나멜 광고판을 만들어냈다. 이후 이런 광고 판은 뛰어난 내구성으로 다른 업계에서도 선호하는 광고수 단으로 각광을 받았다. 비를 맞아도 녹이 슬지 않을 뿐만 아니라, 함석판에 떨어지는 빗소리는 듣기 좋은 연타음을 냈다. 이 광고수단은 50년 후에까지 독일의 맥주문화와 라 이프스타일의 자부심으로 대중의 사랑을 받았다.

맥주업계의 또 다른 특별한 광고수단은 우표였다. 우편 물량이 늘어나고, 우표 수집을 취미로 하는 사람들의 열기 가 날로 뜨거워지자 양조업계에서는 각 업체가 만든 광고용

우표로 1896년 '베를린 맥주 박람회'를 열 정도였다. 물론 그동안 맥주를 마시는 일과 우표 수집 사이의 은밀했던 밀월 관계는 역사의 뒤안길로 사라져버렸다. 오늘날 우표는 동네 골목 모퉁이의 술집에서 대개 액면가로만 거래되고 있지만, 창문에는 여전히 격주마다 수집가들이 모여 서로 관심 있는 우표를 교환한다는 광고문이 붙어 있기도 하다.

어쨌거나 맥주 상표는 우표 외에도 계산서의 한 귀퉁이를 장식하거나 가게에서 나눠주는 판촉용 선물 따위로 고객을 찾아갔다. 그 문양이나 형태가 대개 포스터와 같았기 때문에 '꼬마 포스터'라는 애칭으로 통용되기도 했다. 거의 같은 시기에 맥주업계에서는 병에 붙이는 상표를 만들어냈다. 처음에는 사각형의 각진 모습이었는데, 20세기 중반부터 각을 다듬기 시작하더니 드디어 오늘날 흔히 볼 수 있는 타원형 상표로 자리를 잡았다. 상표가 나오기 전에는 그저 병목에 종잇조각만 붙어 있었다.

이 시기를 강타한 기술 혁신의 열풍 탓에 맥주잔 받침 역시 옛 모습만 고집할 수 없었다. 다시 말해서 이제는 맥주잔 받침도 환경에 신경 쓰며 의미에 충실해야 하는 시대가 찾아온 것이다. 가장 오래된 중세의 사각형 받침은 펠트로 만든 것이어서 세탁을 하면 얼마든지 다시 쓸 수 있었다. 독일 남부와 오스트리아에는 오늘날에도 '맥주 펠트'라는 이름이 남아 있다. 중세의 술집 주인은 펠트 대용으로 도자기로 만든 받침을 사용하기도 했다. 1880년 이후 판지 공장들이 들어서면서 오늘날과 같은 판지 받침이 만들어졌다. 종이라서 수명이 짧을 수밖에 없었지만, 판지 받침에는 어김없이 맥주회사의 로고와 그림이 들어갔다.

오늘날 독일의 맥주업계는 또 다른 문제와 씨름하고 있다. 독일의 맥주 시장은 새로운 소비자를 발굴하기 위해 애쓰다가 울퉁불퉁한 근육만 자랑하는 단순 무식한 어깨와 창백한 얼굴에 보잘것없는 가냘픈 몸매로 입만 살아 떠드는 현학자 사이에 끼어 그리 행복하지 않은 상황을 맞게 된 것이다. 쾌락을 중시하는 현학자께서는 '젝트'*를 즐겨 마시고, 근육을 가꾸기에 노심초사하는 순진남은 '미네랄워터'만 가지고 갈증을 풀기 때문이다. 진정한 맥주 팬은 민족의 전통주인 맥주를 놔두고 엉뚱하게 태생이 모호하기 짝이 없는 기묘한 술을 마시는 것은 자신감의 결여에서 비롯된 저급한 열등의식이라며 열을 올린다. 맥주의 절대적인 가치를 훼손하는 망발이라나. "이 불쾌한 분위기 메이커는 독일인들이 언제나 두려워해온 바로 그런 기분을 자아낸다. 밑도 끝도 없이 헤 풀어진 기분 말이다." 외르크 파우저**는 분을 삼키지 못한 표정으로 결정타를 날린다. "…… 맥주가 있는데, 왜 '젝트'가 필요한 거야?"60)

근심에 휩싸인 맥주업계(결과적으로 전체 소비량이 감소했다)는 더 이상 확장의 여지가 남아 있지 않은 시장임에

---

* Sekt 와인에 탄산가스를 넣은 음료. 스파클링 와인Sparkling wine(발포주)이라고 한다. 우리나라에서는 프랑스 제품이 주로 알려진 탓에 '샴페인Champagne'이라고 부르는 술이다.

** Jörg Fauser 1944~1987 독일의 저널리스트이자 작가. 미국의 히피문화에 심취해 실제로 마약을 경험하고 이를 작품으로 써냈다.

도 갈수록 더 많은 돈을 쏟아붓는 모험을 감행했다. 기존 시장 점유율을 지키면서 다른 음료 공급업자들과의 경쟁을 이겨내려는 몸부림이다. '하이네켄Heineken'은 프로테니스 대회의 스폰서를 자청하고 나섰으며, '벨틴스Veltins'는 포뮬러 1Formula1과 농구 분데스리가Bundesliga를 후원한다. '홀스텐 Holsten'과 '하세뢰더Hasseröder', '크롬바허Krombacher'는 앞다퉈 프로축구에 많은 돈을 투자하고 있다(하긴 어떤 맥주회사가 이런 투자처를 마다하랴? 여기에는 모든 게 한데 어울려 한바탕 흥을 돋운다. 수많은 사람들이 몰려들고 그 대다수는 남자들인데, 이들은 맥주와 오락을 원한다).*

국제적인 명성에도 불구하고 독일의 맥주회사들은 유럽 시장과 아주 까다로운 관계를 형성하고 있다. 고객 규모는 그 어디에도 뒤지지 않을 정도로 매력적이지만, 유럽 시장은 공개적인 술 광고를 매우 못마땅하게 여기며 이를 금지시키려는 노력을 아끼지 않기 때문이다. 그래서 영리한 업주는 좀 더 교묘하고 세련된 광고기법을 개발하려 애쓰고 있다. 이를테면 광고야말로 단순한 판촉활동이 아닌 일종의 문화이며, 고객과의 '커뮤니케이션'이라는 식이다. '비트부르거'**

---

* 이 단락에 등장한 고유명사는 맥주 상표로, 네덜란드 회사인 '하이네켄'만 빼고 나머지는 독일의 맥주 상표들이다.
'포뮬러1'은 FIA(국제자동차연맹)가 주최하는 세계 최고의 자동차 경주대회이다. '분데스리가Bundesliga'(연방 리그라는 뜻)는 독일에서 리그 형식으로 열리는 운동경기를 말한다. 축구, 농구, 배구 등이 '분데스리가'를 운영한다.

** Bitburger 1817년에 설립된 독일의 맥주회사. 프랑스 국경에서 가까운 라인란트팔츠 지방의 비트부르크Bitburg라는 도시에 세워져 '비트부르거'라는 이름을 얻었다. 현재 연간 생산량 1억 2,000만 리터로, 규모로는 독일 맥주 시장의 선두주자이다.

는 맥주회사로서는 최초로 '커뮤니케이션 센터'를 건립했다. 여기서 방문객은 맥주 제조 과정을 견학하는 것은 물론이고, 크게 볼 때 맥주를 마시는 게 우리 몸에 어떻게 좋은지, 세밀하게는 '비트부르거'라는 상표가 어떤 특징을 갖는지 따위의 설명을 듣는다. 요즘은 이런 호사를 '디벨스Diebels'나 '롤링크스Rolincks' 같은 작은 양조업체에서도 벌이고 있다. 맥주 박물관을 세운다든지 맥주 책을 쓰는 것도 유사한 움직임이다.

교회의 품으로 들어간 맥주

오늘날까지 전 세계적으로 맥주가 폭넓은 사랑을 받는 이유가 광고를 열심히 하는 데 있는 것만은 아니다. 우주에서 효모 실험을 했다고 해서 사람들이 맥주를 더 찾는 것도 아니리라. 1993년 맥주회사 '벡스 앤드 코'*는 'D-2 미션'**의 일환으로 궤도를 따라 우주 공간을 운행 중인 우주선에서 효모 실험을 했다. 우주의 자장과 무중력 상태가 효모에 어떤 영향을 미치는지 알아보기 위한 실험이었다. 이 사건은 벡

---

* Beck's & Co. 1873년에 독일 브레멘에 설립된 맥주회사. 수출에 주력하는 회사로 현재는 벨기에 양조회사 인베프InBev가 소유주이다. 양조장은 여전히 브레멘에 있으며, 생산량은 2006년 기준으로 3억 600만 리터에 이른다고 한다.

** STS-55 미국 우주선 컬럼비아Columbia호가 수행했던 과업을 이르는 약칭. 'Space Transportation System'의 약자이다. 1993년 4월에 출발해 5월에 귀환했다. 여기에 독일이 두 번째로 참가해 'D-2 Mission'이라는 명칭이 붙었다.

스의 병맥주 상표에 곧바로 광고문구로 들어갔다. 한동안 벡스 맥주를 마시면서 "우주에서 'D-2 미션'의 효모 실험에 참가하다!"라는 문구를 볼 수 있었다.

또한 맥주를 고상해 보이게 하려고 비싼 돈을 들여 테니스 경기장의 광고판을 사들이는 건 아닐 것이다. '분데스리가'를 통째로 사들일 정도로 맥주업계의 재력이 넘쳐나지도 않는다('벨틴스'와 농구). 스포츠가 맥주의 명성을 높여줄 리도 없고, 스포츠 행사를 통해 캠페인을 벌인다고 해서 맥주맛이 더 좋아지는 것도 아니리라. '벨틴스'와 '크롬바허'가 축구 자선경기를 후원하면서 선수 운동복과 광고판에 "마약을 근절하자!"라는 약간 어리둥절한 광고를 집중적으로 하는 것이야 기업 이미지를 높이려는 전략일 뿐이다.

맥주를 맥주답게 만드는 것은 어떤 상황에서든 기꺼이 맥주를 찾는 사람들의 입맛이리라. 화보 잡지의 화려한 사진이나, 맥주 만드는 것을 대학의 전공학과로까지 격상시키는, 그 진의가 무엇인지 자못 의심스러운 호들갑은 사실 맥주의 본질과는 거리가 먼 것이다. 수백 년 전에 이미 맥주가 신의 은총을 받은 술로 자리매김하게 된 것은 오로지 그 혈통에 충실하게 정통으로 만들었기 때문이다.

'두 가지 법들의 박사' 하인리히 크나우스트*는 1575년 당시로 볼 때 아주 보기 드문 책을 써냈다. 수메르나 이집

---

* Dr. u. i. Henrich Knaust 1520~1580 독일의 법학자이자 교육자, 극작가, 신학자이다. 라틴어로 많은 작품을 썼다. 여기서 '두 가지 법들의 박사'라는 표현은 중세 유럽에서 법학박사에게 부여하는 칭호로, 세속의 법과 교회법을 두루 섭렵했다는 뜻이다.

트, 그리스, 로마와 고대 게르만족은 물론이고 오늘날의 스포츠 매니저까지 한결같이 동의할 주제를 본격적으로 책으로 쓴 것이다. 즉, 맥주는 신이 허락한 "기적의 선물"이라는 것이다. 크나우스트 박사는 맥주를 마침내 기독교의 종교사로 끌어들이는 초유의 업적을 남긴 셈이다. 《신이 내린 고결한 선물인 맥주를 빚는 기적적인 기술을 철학적으로 다룬 다섯 권의 책. 독일 전체에서 가장 뛰어난 맥주의 이름과 그 본성, 특질, 품질과 특징, 건강한가 건강하지 않은가, 재료가 밀인가 보리인가, 맑은가 붉은색인가, 향료를 넣었는가 아닌가 하는 문제들을 두루 새롭게 살피고 예전 것과 다각적으로 비교하고 개선했다Fünff Bücher von der göttlichen und edlen Gabe, der philosophisch hochwerthen und wunderbaren Kunst, Bier zu brawen. Auch von Namen der vornempsten Biere in ganz Teudschlanden und von deren Naturen, Temperamenten, Qualiteten Art und Eigenschafft, Gesundheit und ungesundheit, sie sein Weizen-oder Gersten-, Weisse oder rotte Biere, Gewürzet oder ungewürzet. Auffs newe übersehen und in viel wege vber vörige edition gemehrt und gebessert》라는 장문의 제목을 가진 책에서 크나우스트 박사는 다음과 같이 쓰고 있다. "신이 인간을 빚으신 본성 그대로 우리는 먹는 것 외에도 마셔야만 한다. 훌륭하시고 자비로우신 주님은 세상의 첫 인간들에게 샘에서 솟아나는 물과 땅 속 우물에서 길어 올린 것을 마시도록 이르셨다. 오늘날 프랑켄 땅이나 라인 강변의 땅에 사는 가난한 사람들은 맥주는 구경도 할 수 없고 천박한 와인만 마셔야 하니 여전히 물이 최고의 음료이다. 와인만으로는 목마름을 풀 수 없는 탓이다. …… 신이 온 세상의 물을 더럽히시고 몰락케 하시기까지 그들은 물만 마셔야 하리라. 그러나 홍수를 일으킨 다음, 신은 그 은혜로운 얼굴을 다시 인간에게 돌리셔서 바다의 물고기를 베푸시고 물을 마시게 허락하셨으며, 허공을 나는 새와 땅 위의 고기도 먹게 하셨다. …… 논밭에 곡식을 심게 하시고 그것으로 빵을 빚도록 하시며, 좋은 포도열매가 익게 하셨다. 이 모든 것을 다루는 최고의 기술은 주님이 아시니, 인간은 그 가르침에 따라 훌륭한 빵과 와인을 빚을지라. 이로써 인간은 홍수 이후 다시 좋은 먹을거리와 마실 것을 즐길 수 있게 되었다. …… 그렇지만 이후 사람들이 많아지자 뭍으로 올라가 먹고 마실 것을 다시 나눠야만 했다. 이 땅 위 어디에서나 포도가 자라는 것은 아니었기에, 와인을 마실 수 없는 사람들을 잊지 않으시고 신은 그들에게 포도와 와인 대신 홍수 이후에도 누릴 수 있는 다른 것을 허락하셨다. 조상들이 홍수 이전에 누리던 바로 그것을 말이다. 그래서 신은 인간에게 밀과 보리를 가지고 몸에 좋은 술을 만드는 법을 가르치셨다. 이로써 인간이 와인을 마시는 것 못지않게 건강을 누릴 수 있게 되었다. 그래서 와인과 맥주라는 신의 고결하고도 기적 같은 선물은 심약한 인간에게 커다란 도움이 되었다. 이는 우리의 주님이 은총을 베푸신 것임을 잊지 말아야 한다."[61]

홍수가 일어난 역사의 시점을 언제로 보든 간에, 와인이든 맥주든 적어도 그 기본 재료인 물만 놓고 본다면, 상관

수도사들에게 맥주는 주식이나 다름없었다. 특히 금식기간 동안에는 맥주만 마실 수 있었다.

관계를 이야기하는 것은 얼마든지 수긍이 간다. 오늘날에
도 민중은 물 외에도 맥주의 또 다른 두 가지 기본 재료는
신만이 해결할 수 있는 것이라고 말하지 않는가. "효모와 맥
아는 주님만 지켜주시네!" 한때 이교도나 마시던 술을 기독
교의 신이 흡족해하는 것으로 만들기까지 적지 않은 기여
를 한 것은 카롤링거 왕조* 시절의 수도원들이다.

"술 취한 수도사, 이는 한 점의 거짓도 없는 진실이다. 신
선한 맥주를 한 잔 손에 들기 전에 먼저 당신의 이마와 심
장 그리고 성기를 만져보라. 혹시 습관처럼 성호를 긋는 일

---

* Carolinger Dynasty 751년 피핀이 메로빙거 왕조를 무너뜨리고 세운 프랑크 왕국
의 두 번째 왕조. 987년 카페Capet 왕조에 의해 무너졌다.

은 없어야 한다. 이건 신과 관련된 문제가 아니니까. 이마와 심장과 성기는 우상일 뿐, 이들이 가장 즐기는 일은 술기운에 살포시 젖는 것이다. 신은 술을 마시지 않는다. 오줌을 눌 성기가 없으므로. 그렇다고 술을 마시기 전에 당신 자신의 성기를 너무 오래 만지지는 마라. 그랬다가는 맥주가 김이 빠지고 말리니. 신은 수도사들에게 이르셨다. '마셔라, 너희 물건이 버틸 때까지! 너희의 자지가 언제나 취해 있도록! 그저 오줌 누는 일밖에는 모르는 사람들을 위해서! 머리가 이제는 뭔가 생각해야 할 때라고 고집을 부리거든 당장 거품을 불며 외쳐라. 잡생각이 깨끗이 비워지도록! 독일은 내 마음에 드는 나라다. 인간이 싸질러놓은 오줌과 똥으로 가득하니까. 오물로 넘쳐흐르니까. 여기서 바이에른은 수영장 인명구조원 노릇을 해야 한다. 독일인들이 술에 빠져 익사하지 않고, 찰랑거리고 촐랑이면서 흠씬 취한 채 즐겁고 행복하게 이 비루한 땅을 살다가 생애의 마지막 날을 맞이하도록! 수도사들은 신이 명한 그대로 하리라. 그들이야말로 신이 거느린 최고의 병사들이기에 시키지 않아도 스스로 맥주를 빚으리라. 그것도 아주 강한 것으로……."[62]

맥주 판매는 교회 권력이 세속으로부터 거둬들이는 중요한 수입원으로 부상했다. 수도사들이야말로 품질 좋은 맥주를, 그것도 다양한 종류로 빚는 법을 터득한 최초의 사람들이었다. 하지만 교회가 갈수록 맥주에 커다란 관심을 갖게 된 인간적인 배경은 금식 때문이라고 할 수 있다. 수도사들은 맥주에서 '흐르는 빵'을 발견했다(이는 재발견이라고도 할 수 있다). "물처럼 흐르는 것을 먹는 일은 금식을 깨는 게 아니다." 수도사들은 40일 동안 하루에 단 한 차례의 조촐한 식사 외에는 '흐르는 것'만 섭취할 수 있었다. 오늘날에도 몇몇 수도원에서는 전통적인 양조법과 함께 그 수도원만의 특별한 맥주가 전해져 내려온다. 이를테면 플랑드르 지방의 '트라피스트 맥주'*나 바이에른 수도원이 빚는 '독한 맥주'가 그것이다. 수도사들이 맥주맛에 심취한 것은 어느 모로 보나 분명한 사실이다. "맥주에 취해 잠언을 흥얼거리는 성직자는 열이틀 동안 빵과 물로만 살아야 했다. 아주 만취해서 구토를 했다면, 30일 동안 참회를 올려야 했다. 주교가 취해서 성체에 대고 오물을 토하면 90일 동안 회개의 눈물을 흘려야 했다."63)

교회가 오늘날에도 인간적인 문제와 웃고 즐기는 것에 대해서는 이중적인 태도를 취한다는 걸 누가 부정할 수 있을까? 한편에서는 꾸짖고 비난하면서도, 다른 한편으로는 어르고 달래는 태도는 세속과 거리를 두되, 범속을 끌어안을 수밖에 없는 종교의 처지를 웅변한다. 그러나 여기에도 예외가 하나 있다. 바로 맥주이다. 그것도 아주 특별한 의미에서! 이런 사정은 지역 신문의 기사를 뒷장까지 꼼꼼히 읽

---

* Trappiste 1664년 프랑스 노르망디 주의 라 트라프La Trappe 수도원이 세운 분파. 플랑드르 지방에 주로 있으며, 수도원이나 인근 양조장에서 특별한 기법으로 맥주를 빚어 판매한다. 트라피스트 소속의 수도사들은 치즈와 빵, 야채, 물 그리고 맥주만 먹고 마실 수 있다. 엄격한 기준으로 만들어지는 맥주는 6~12도에 이르는 강한 도수를 자랑하며, 자연 효모가 살아 있는 특별한 제품이다. 냉장하지 않고 실내온도가 12~15도 정도 되는 지하실에 저장해두고 마신다. 맥주를 팔아 얻은 수익은 봉사활동에 쓴다고 한다.

어보면 확연히 드러난다.

"성령의 술, 맥주: 맥주통 꼭지 옆에 선 교구 감독. 금요일 저녁 니콜라우스베르크Nikolausberg의 공동체 회관에 모인 약 50명가량의 목마른 손님들 앞에서 '니코-보크NicoBock*'의 첫 통이 열렬한 박수갈채와 함께 개봉되었다. 교구 총감독 힌리히 부스Hinrich Buß는 나무망치로 네 번 힘차게 두들겨 맥주 뽑는 꼭지를 통에 박았다. 검은 빛깔의 흑맥주가 힘차게 쏟아져 나왔다. 주변에 둘러서 있던 사람들은 성직자의 아주 멋진 개통이라며 환호성을 질렀다. 부스가 특별히 주문 제작한 '니콜라우스'** 맥주잔에 맥주를 따라 돼지기름을 발라 구운 빵과 함께 하인츠 베렌트Heinz Behrend 목사에게 건넸다. 이 자리에 참석한 교회 운영위원회의 장로 클라우스 쥐르만Klaus Sürmann은 교회 행사에서 술을 마신다는 게 너무한 일은 아닐까 하던 걱정을 싹 씻어버렸다. '맥주는 영양이 풍부한 성령의 음료지요. 적절하게 마시면 건강에 커다란 보탬이 됩니다.'"(《괴팅겐 일간지Göttinger Tageblatt》, 1999년 11월 29일자)

맥주를 둘러싼 이런 믿음을 과시라도 하려는 듯 매년 12

---

* Bockbier 알코올 도수가 최고 12도에 이르는 독한 맥주. 될 수 있는 한 물의 양을 줄이고 맥아와 홉을 위주로 빚는다. 사육제가 끝나고 부활절이 시작되기 전 금식기간 동안 수도사들이 주로 마셨다고 해서 마이보크Maibock(5월 보크)라는 이름으로도 불린다. 여기서 'Bock'는 숫양을 뜻하는 단어로 강인함의 상징이다.

** Nikolaus ?~350 소아시아 미라의 주교. 불행한 소녀와 난파당한 선원들을 구했다는 기적의 전설이 전해지며, 산타클로스의 유래가 된 성자이다. 전통 기독교 국가인 독일은 지역 이름을 성자에게서 따오는 경우가 많다.

월 6일이 되면 집집마다 사람들은 유리로 만든 장화 맥주잔을 문 앞에 세워두고 선물을 들고 찾아올 니콜라우스를 기다린다.*

가벼운 중간 촌평

지금껏 맥주의 역사에 관해 읽은 것은 대부분 잊어도 좋다. 엄격하게 따지고 드는 역사학자들 가운데에는 맥주가 19세기 초에 수도사들이 발명한 것이라고 강조하는 이들이 적지 않다. 이는 아주 틀렸다고 보기 힘든 주장이다. 수도원에서 개발해낸 방법이 분명한 효모 첨가를 기준으로 생각할 때 이전의 것은 이들이 보기에 "같은 맥주"라고 보기 힘들며, 오히려 '세레비시아'**에 가깝다나. 말인즉 팥소가 들어가지 않은 찐빵이요, 테가 없는 중절모라는 이야기이다. 효모를 첨가해 맥주를 만들었다는 가장 오래된 기록은 19세기의 것이다.

　나로서는 이처럼 설득력 있는 주장을 무조건 무시할 수만은 없는 노릇이다. 하지만 그렇게 되면 첫째, 이 책의 서두에서 내가 쓴 이야기는 아무것도 아닌 게 되고 만다. 둘째, 실질을 중시하는 엄격주의 역사가들은 그들이 즐겨 마시는

---

* 독일에서는 산타클로스를 니콜라우스라 부르며, 성탄절 전야가 아닌 12월 6일을 '니콜라우스 날'로 섬겨오고 있다.

** Cerevisia 맥주를 뜻하는 라틴어에서 나온 말. 지금은 전의가 되어 대학교 학생회 임원이 쓰는 테가 없는 모자를 가리킨다.

'플렌스부르거'*나 '예버'**가 탄생하기 이전에는 맥주의 발명을 이야기할 수 없다는 굳은 신념에 차 있다.

그러나 맥주는 맥주일 뿐이지 않을까? 저 고대의 맥주가 오늘날의 맥주와 많은 공통점을 갖지 않는 것은 사실이다. 하지만, 솔직히 뭐가 그리 다를까? 물론 곰이나 돼지나 마찬가지라고 할 수 있는 경우는 스테이크일 때뿐이다. 탈것이라고 해서 마차와 자동차를 똑같다고 볼 수는 없으니까. 그러나 일반적으로 말해서 고대의 맥주가 맥주의 선조인 것은 확실하지 않을까? 엄밀하게 따진다면야 다른 게 틀림없지만 말이다. 수학에서는 사과와 배를 같은 집합 요소로 묶을 수 없지만, 점심상에 입가심용으로 오른 사과와 배는 얼마든지 같은 매력으로 입맛을 자극할 수 있지 않을까?! 그러니까 옛 맥주와 지금의 맥주를 구별하는 일은 내버려두자.

그 대신 잠깐 거칠게나마 역사의 흐름을 짚어보자. 당시 교회의 성직자들은 세속의 권력에 매달렸고 권력은 갈수록 도시로 집중되는 경향을 보였다. 기사 계급이 몰락하고 시민 계급이 부상했다. 상공업자들의 길드는 어떻게든 귀족의 영역으로 치고 들어가려 안간힘을 썼다. 시민 계급은 자의식의 확장과 함께 소비 주체이자 예술의 보호자로 전면에

---

* Flensburger 독일의 가장 북쪽에 있는 작은 항구도시 플렌스부르크에서 생산되는 맥주 상표. 1888년부터 생산되기 시작했다. 맥주 마개를 딸 때 '퐁' 소리가 나는 독특한 병맥주로, 톡 쏘는 향이 일품이다. 맥주 종류 중에서 필젠에 해당한다.

** Jever 프리슬란트라는 도시에서 생산되는 맥주. 역시 필젠으로, 홉을 많이 넣어 쌉쌀하면서도 향긋한 맛을 자랑한다. 1848년부터 만들어졌다.

나서기 시작했다. 기존 질서가 흔들리면서 사회는 세계 종말의 분위기에 휩싸였다. 이런 분위기는 기독교에 사로잡혀 있던 중세의 멱살을 잡고 숨통을 조였다. 인생 뭐 있냐며 즐기고 보자는 쾌락과 퇴폐 풍조가 고개를 든 순간이다. 물론 사정이 이렇게 된 데에는 페스트와 기근도 한몫 단단히 거들었다. 이때 홀연히 나선 토마스 아퀴나스*는 인간의 감각과 경험의 독립을 선포했다. 말하자면 불이 붙은 것처럼 날로 커져만 가던 인간의 자의식에 기름을 부은 것이다.

이런 주장이 과학적인지 증명하기는 쉽지 않은 일이지만, "많은 사람들은 신화에서 위안을 구했다. 신화Myth os라는 말은 원래 그리스어 뮈에인myein, 즉 '눈을 감다'라는 말에서 비롯된 것이다. 신화는 눈을 감은 인간의 귀에 속삭였다. 신성神性은 바로 네 내면에 있는 것이라고! 이로써 인간은 현세의 고민을 잊으려 했다. 몸은 문제가 되지 않았다. 사람들은 뇌까렸다. 원래 물주머니에 지나지 않는 몸을 영혼이 이리저리 끌고 다니는 게 괴로울 따름이라고! 여기서 구원의 방법은 단 한 가지뿐. 껍데기가 떨어져 나가도록 자기 자신을 흠씬 두들겨 패는 것이다."64) …… 아니면 의식이 혼미해질 때까지 퍼마시거나.

이런 사정을 증언하는 기록은 아주 많다. 특히 수도원에

---

* Thomas Aquinas 1125~1174 중세를 대표하는 신학자이자 철학자. 스콜라철학을 대변하는 인물로, 신 중심의 세계관에 인간의 이성을 조화시키려 노력한 인물이다. 이로써 신에만 매달리던 인간의 의식이 일대 변혁을 맞이하는 데 물꼬를 텄다. 본문에서 인간의 감각과 경험을 중시하게 되었다는 표현은 이런 맥락을 염두에 둔 것이다. 대표 저서로 《신학대전Summa theologiae》이 있다.

서 나온 글들을 보면 깜짝 놀랄 때가 한두 번이 아니다. 아무래도 인간은 훗날 천국에서 누릴 기쁨에 기대를 걸고 글만 배우고 읽기에는 피가 너무 뜨거웠던 게 아닐까. 초창기의 수도사와 수녀는 그들에게 지워진 금욕의 굴레에서 벗어나 도피처를 찾는 데 별로 부끄러움을 타지 않았다. 잉글랜드의 수도원 기록을 보면 잠자리 상대로 소년을 끌어들인 이야기가 아무렇지도 않게 등장하며, 수녀원의 수녀들은 서로 육체를 애무하며 위안을 얻었고, 13세기의 성직자는 여성 신도들 가운데 함께 잠을 잘 상대를 고르곤 했다. 이도 저도 아니면 맥주를 만들어 마셨다.

수도원에서 맥주를 만든 것은 중세 유럽이 식수로서 물을 못 미더워했다는 사실과 맞아떨어진다. 그럴 만한 이유

중세에 맥주가 우물에서 길어 올린 물보다 건강에 좋았던 것은 수도사들에게만 해당하는 이야기가 아니다.

는 충분했다. 우선 상수도 시설이 턱없이 부족했던 것만 생각해봐도 십분 이해가 간다. 더욱이 맥주를 즐기는 사람은 물만 마시는 사람에 비해 전염병에 대한 저항력이 훨씬 강했다(이른바 '페스트 맥주'라는 게 나온 이유다). 게다가 당시 수도사들은 일반 평민에 비해 상당히 진보적이고 개방적이었으며 호기심도 남달랐다. 더 나아가 수도원은 충분한 재산과 더불어 시간도 넘쳐났으며 교양 수준도 뛰어났다. 한마디로, 수도원과 맥주의 만남은 우연이 아니었다. 높은 알코올 함량에도 맥주는 '센 술'이라고 욕먹지 않았으며, 더없이 좋은 양식으로 대접받았다.

심지어 극빈층도 맥주를 마셨다. 예를 들어 고고학자들이 폴란드의 엘프라크*라는 곳에서 발굴한 유물을 재구성해본 결과에 따르면, 공공우물에서 나는 물을 믿을 수가 없어서 이른바 '약한 맥주'를 만들어 마신 것으로 확인되었다. 역사가들은 독일 기사단이 "엘빙Elbing"이라는 이름으로 세웠던 이 도시에 1417년경 최소한 65명의 맥주 양조 기술자들이 있었을 것으로 추정한다. 이에 반해 빵 만드는 직공은 22명, 고기를 다루는 푸주한은 13명에 지나지 않았다.

맥주가 기독교 세계에 받아들여지면서 폭넓은 변화가 일어났다. 무엇보다도 맥주 만드는 기술은 6세기부터 수도원의 주도 아래 예술의 경지로 올라섰다. 물론 여기에는 세금을 거둬들이는 도시와 지역 당국의 '후원'이 결정적인 역

*** Elblạg 폴란드 북쪽 발트 해 연안에 있는 도시. 1237년 독일 땅에 속했을 당시 독일 기사단에 의해 만들어진 도시이다. 독일어 명칭은 '엘빙Elbing'이다.

할을 했다. 맥주를 둘러싸고 특별한 공적을 쌓은 쪽은 베네딕트 수도회와 시토 수도회이다. 풍부한 지식과 시간 덕분에 성직자들은 분업이라는 여러모로 세련되고 정교한 체계를 이룰 수 있었다. 이들은 무엇보다도 글을 읽고 쓸 줄 알았다. 대개 원장 형제는 고대 문헌에서 맥주 원료의 비밀을 취해, 양조를 책임진 수사 형제에게 전파해주었다. 수도원이라는 잘 조직된 체계는 일반인은 상상조차 할 수 없는 높은 수준의 곡물 농작과 그 처리를 가능하게 했다. 맥주 기능공의 수호성자가 11세기의 베네딕트 수도원 원장 아르놀트(아르눌프라고도 한다)*라는 점은 이런 사정을 더욱 두드러지게 강조해준다.

기독교가 맥주와 굳건한 관계를 유지한 또 하나의 사례는 프랑스 메스Metz의 성당 유리창에 새겨진 문구이다. 16세기에 만들어졌다는 이 스테인드글라스 문구는 《미식가를 위한 프랑스 가이드Guide Gourmand de la France》에 인용되기도 했다. "거룩하신 아르눌프여, 훌륭하신 우리 아버지여, 이렇게 청하노니 제가 당신의 맥주를 마시는 게 당신 마음에 들기를 간절히 원하나이다. 제가 당신의 맥주를 마시는 한, 제가 살아 누리는 모든 날에 걸쳐 당신을 섬기겠나이다." 기독교에서 원장을 성자로 추대한 것을 혹시 내가 **빼먹고** 이야기하지 않았던가? 그랬다면 독자 여러분의 용서를 구한다.

---

* **Arnoul de Metz** ?582~640 메스의 대주교를 지낸 인물. 아무래도 저자는 다른 사람과 착각한 것 같다. 맥주의 수호성자는 11세기가 아닌, 7세기의 인물이기 때문이다. 영어권에 아르놀트Arnould라든지 아르눌프Arnoulf라는 이름으로 알려져 있다.

아무튼 맥주의 가치를 높이 사는 일은 이처럼 다양하기만 했다.

맥주, 수도원을 먹여 살리다

중간 결산을 해보자. 맥주는 언제나 상반된 평가에 시달려 왔다. 한쪽에서는 '건강을 돕는 음료'라고 침이 마르도록 칭찬했지만, 다른 한쪽에서는 음료로 마시기에는 '알코올이 너무 강한 술'이라고 고개를 절레절레 저었다. 중세의 수도원 맥주는 알코올 농도가 10%를 상회했다. 세속의 맥주 제조자는 권력자의 명령으로 맥주에 물을 섞어 3도에서 6도까지 도수를 낮춘 제품만 내놓을 수 있었다. 맥주는 이집트에서부터 중세 기독교를 거쳐 오늘날 바이에른의 상류층 시민 계급에 이르기까지 언제나 공적으로 문화적 품격을 인정받는 특별한 것이었다. 동시에 맥주는 일종의 중독성 약물이자, '가난한 소시민'이 큰 부담 없이 즐길 수 있는 술이기도 했다.

프랑스의 코르비Corbie 수도원은 정원사나 그 밖의 가난한 사람들에게 이른바 '형제 맥주'라는 것을 두 잔 무상으로 선사하는 규칙을 지켜왔다. 그러나 맥주를 마시지 않는, 하지만 와인과 달리 원한다면 얼마든지 즐길 여유를 가진 사람들에게는 늘 '야만' 혹은 '돈 없는 거지', '노동자' 또는 '프롤레타리아'의 음료라는 평판을 받는 데서 벗어나지 못했다.

신을 섬긴다는 남자들의 폭음은 굶주리는 민중에게 분노와 화를 안겨주었으며 비웃음과 환멸의 표적이었다. 페터 플뢰트너*의 이 목판화(성당 봉헌식, 1536)를 보면 너무 퍼먹고 마셔댄 나머지 산만 한 몸집을 한 신부와 이를 보고 구역질을 하는 평민의 모습이 묘한 대조를 이룬다.

하긴 사회가 전반적으로 먹을 게 부족해 굶주림에 시달려야만 했던, 그래서 가난한 사람들이 맥주를 거르고 남은 술찌끼로 끓인 죽만 해도 황공해하던 역사의 그늘이 얼마나 길었던가.

이런 사회적 오명을 씻을 수 있게 해준 것은 알코올의 힘이었다. 사람들은 꾹 참고 사느라 가슴에 맺힌 응어리를 맥주를 마시면서 알코올 속에 녹였다. 마침내 맥주라는 음료는 '아웃사이더'의 울화를 풀어주는 술로 자리를 잡았으며, '버르장머리 없고 파렴치한 한량'의 어디로 튈지 모르는 '홍두깨'가 되었다. 또한, 술에 취하는 것을 경계하고 혐오한 기독교의 기본 태도는 흔들림 없이 이어져왔지만 그럼에도 중세의 수도사는 낮이든 밤이든 갈증을 푸는 수단으로 물과 맥주 가운데 하나를 선택할 수 있었다. 이 무슨 말도 안 되는 갈팡질팡 제멋대로 구는 논리냐고? 앞과 뒤가 들어맞지

---

* Peter Flötner 1490~1546 중세 독일의 건축가이자 조각가, 금세공사, 화가. 뉘른베르크에 많은 걸작을 남겼다.

않는 것은 분명하다(사실 기독교 어디에도 술을 명시적으로 금지하고 있진 않다). 그러나 정치적인 상황으로 미루어보자면 맥주가 갖는 양면성을 이해 못할 바도 아니다. 오늘날 마약을 두고 벌어지는 논란의 뿌리도 이와 같은 게 아닐까.

중세 기독교가 이룩한 체계적인 건축 기술과 맥주 제조 예술을 가장 잘 확인할 수 있는 예는 720년에 세워진 도시 장크트갈렌*이리라. 여기는 세 곳의 양조장과 하나의 곡물 창고를 갖춘, 완전한 자족체계의 수도원 도시로 설계되었다. 이 수도원은 유럽에서 최초로 맥주를 전문적으로 생산하기 시작한 곳이다. 100여 명이 넘는 수도사들이 세 곳의 양조장에 나뉘어 부지런히 맥주를 빚었으며, 각각 특별한 고객을 위한 특수 품질의 맥주를 자랑했다. 우선 고위 성직자를 위해 아주 강하고 톡 쏘는 맛이 일품인 '셀리아Celia'를, 일반 수도사와 손님을 위해서는 일상적인 귀리맥주인 '세르비시아Cervisia' 그리고 걸인과 빈민에게는 아주 약한 맥주인 '콘벤투스Conventus'를 제공했다.

공동으로 쓰는 곡물창고를 건축가는 십자가 모양으로 지어놓았다. 신의 은총을 가득 담겠다는 의지의 표현일까. 창고는 저장만이 아니라, 곡물의 싹을 틔울 수 있도록 항상 적절한 습도가 유지될 수 있게 설계했다. 또한 수도원에는 커다란 건조 공간도 하나 있었다. 이곳은 귀리를 말려 엿기

---

* Sankt Gallen 스위스 보덴 호와 취리히 호 사이에 있는 도시. 중세의 향기를 물씬 맡을 수 있는 유서 깊은 도시로, 수도원을 중심으로 환형으로 이뤄져 있다. 특산물로 자수품이 특히 유명하다.

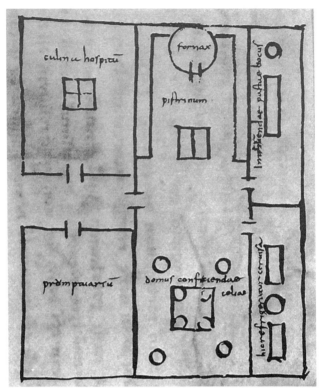

장크트갈렌의 수도원 맥주공장의 거대한 설계도 가운데 한 단면. 술을 빚는 공간과 냉장 공간을 둘러싸고 각각 주방(귀한 손님을 위한 곳)과 빵 굽는 곳 그리고 식당이 자리 잡고 있다.

름으로 만드는 장소이다(촉촉한 곳에서 발아한 곡물을 말린 뒤 빻아서 엿기름을 냈다). 세 곳의 양조장은 각각 삶는 공간, 발효 공간, 서늘하게 보관할 수 있는 저장고를 갖추었다. 그러나 양조장에서 본격적으로 저장고를 만든 것은 12세기에 이르러서다. 그때까지 맥주는 빚는 대로, 곧장 마셔야만 했다.

성자 콜룸바의 후계자는 수도사들이 다음과 같이 맥주를 빚었다는 증언을 하고 있다. "그들은 곡물로 맥주를 빚거나 보리를 압착해 얻은 즙으로 음료를 만들었다. 이는 당시 스코르디스키족*과 다르다니족**뿐만 아니라 갈리아, 브리타니아, 아일랜드, 게르만 및 이들과 혈연관계에 있는 민족들에게서도 볼 수 있는 풍습이었다."[65]

수고하고 무거운 짐 진 자들에게 목을 축여 위로를 줘야 한다는 의무감은 수도원 맥주가 빠른 속도로 전파되는 결과를 낳았다. 이런 호황으로 중세 중기에 약 500여 곳의 수도원 양조장이 생겨났다.

호기심에 찬 수도사들은 맥주에 그 당시 생각할 수 있는 모든 첨가물을 넣어보는 실험을 즐겼다. 베르무트***를 섞는가 하면 벚꽃가루를 풀거나 소의 쓸개즙을 타기도 했다. 최종적으로 선택한 것은 맥주를 좀 더 오래 보관할 수 있게 해주는 '홉'이었다. 물론 나라와 민족마다 사정은 조금씩 달랐다. 앵글로색슨의 경우, 16세기 에식스Essex 왕이 선포한 법령은 홉을 넣는 것을 맥주의 변조와 위조로 처벌했다. 반면 중세 프랑스의 기록에 따르면 옥수수에 이르기까지 모든 곡물을 맥주에 적합한 것으로 인정했을 뿐만 아니라 심지

---

* Scordisci 켈트족의 한 분파. 옛 유고슬라비아 지역에 거주한 민족이다.

** Dardani 고대에 발칸 반도에서 살았던 민족.

*** Wermut (영 vermouth) 포도주에 향료를 넣어 우려 만든 술. 칵테일을 만드는 데 흔히 쓴다.

어 반기기까지 했다.

홉이 맥주에 꼭 필요한 첨가물이라는 학술 기록이 처음 등장하는 것은 12세기의 일이다. 다름 아닌 전설의 여성 수도원장 힐데가르디스 폰 빙겐*이 쓴 《약초의 역사Historia rei herbariae》라는 책에서 홉의 효능을 언급한 것이다. 이 책에서 홉은 비록 인간을 우울하게 만드는 성분이 있기는 하지만, 내장을 깨끗이 청소해주는 기능과 더불어, 음료를 더욱 오래 보관할 수 있게 해주는 효과가 있는 것으로 설명되어 있다. 힐데가르디스는 맥주를 아주 높게 평가했다. "맥주는 …… 사람의 몸을 깨끗이 씻어주며 곡물즙의 힘과 효능으로 안색에 광채가 나게 한다."

독일 땅에서 기록으로 남은 첫 홉 재배지가 모두 수도원 인근인 것은 당연한 일이다. 768년 프랑크 왕국의 피핀** 왕이 작성한 증서에는 바이에른 프라이징Fraysing 수도원***에 홉을 재배하는 밭이 있다는 언급이 나온다. 여기서 나는 홉을 가지고 맥주를 빚을 권리는 나중에, 그러니까 1143년 '공

---

* Hildegardis von Bingen 1098~1179 원래 독일어 이름은 '힐데가르트Hildegard'이며 '힐데가르디스는 라틴어 표기이다. 여성으로서는 최초로 베네딕트 수도회의 책임 있는 자리를 맡았다. 중세에 이런 자리에 오를 수 있었던 것은 그녀의 예지 능력이 워낙 탁월했기 때문이다. 종교, 음악 등의 분야뿐만 아니라 의학에서도 괄목할 만한 성과를 일구어냈다. 로마 가톨릭 교회로부터 성자로 추대를 받았다.

** Pippin 714~768 프랑크 왕국 카롤링거 왕조의 제1대 왕. 재위기간은 751~768년이다.

*** 오늘날의 표기는 '프라이징Freising'으로 뮌헨 북쪽에 있는 대학 도시이다. 옛 수도원 시설을 그대로 이용하는 '바이헨슈테판 농대'에서는 세계 최고의 역사를 자랑하는 맥주학과를 운영하고 있다. 기록으로 증명된, 세계에서 가장 오래된 양조장이라는 자부심이 대단한 곳이다.

식 허가'를 취득한 바이헨슈테판Weihenstephan 수도원으로 넘어갔다. 그러나 이 권리는 원래 이보다 100여 년 전인 1050년에 도나우 강가의 벨텐부르크Weltenburg 수도원*이 가지고 있던 것이다. 맥주 빚는 기술과 노동력의 집중으로 도시에 비해 더욱 큰 강점을 가지고 있던 수도원들은 직접 술집을 운영하기도 했다.

1321년에는 니더알트아이히Niederaltaich**와 메텐Metten*** 수도원도 그들이 직접 빚은 맥주를 무제한 판매할 수 있는 허가를 얻었다. 시토 수도회는 12세기부터 직속 수도원이 있는 곳이면 어디나 술을 팔 수 있게 했다. 물론 나중에는 지점 양조장을 늘리면서 판매망을 더욱 넓혔다. 양조장 주인들은 그들이 직접 빚은 맥주만 판매할 수 있었다. 당시 종교단체 직속의 술집은 수도원 경내에 있어서는 안 되며, 그곳에서 노름을 해서도 안 된다는 제한도 있었으나, 이는 거의 지켜지지 않았다.

그 사이 경쟁이 잠만 자고 있을 턱이 없었다. 경쟁으로 말미암아 시에서 직영하는 시설은 왕왕 치명타를 입었다. 게다가 경쟁 상대는 수도원 양조장과 맥주 기능공 길드만이 아니었다. 제일 곤란한 상대는 이른바 '연립 양조장'이었다.

---

* 베네딕트 수도회에서 운영하는 수도원. 도나우 강변에 자리 잡은 아주 아름다운 수도원이다. 617년에 세워졌으며 바이에른에서 가장 오래된 역사를 자랑한다.

** 바이에른에서 오스트리아와 체코의 접경 지역에 있는 수도원. 역시 도나우 강가에 있다.

*** '니더알트아이히'에서 가까운 수도원.

각 가정에서 앞다퉈 맥주를 빚다 보니 불이 나는 사고가 심심찮게 일어나, 행정 책임자는 집에서 술을 빚는 것을 금지하고 석재로 지은 양조장만 허락해주었다. 이렇게 해서 돌로 지은 양조장이 줄을 지어 들어서면서 연립 양조장이라는 표현이 생겨났다.

도시 시민들은 저마다 양조장을 짓고 술을 빚느라 열을 올렸다. 사정이 이렇다 보니 양조장 허가권을 둘러싼 다툼과 갈등이 갈 때까지 가는 경우가 허다했다. 결국 지방 영주가 진화에 나섰지만, 문제가 결코 간단치 않았다. 도시의 연립 양조장에게 유리하도록 수도원의 맥주 제조와 판매를 제한하면, 이번에는 양조장 길드 쪽에서 가만있지 않았다. 바로 이웃에서 돌집 아궁이에 솥을 걸어놓고 아무나 맥주를 빚어대는 통에 손해가 막심했기 때문이다.

수도원과 성당 신부들은 맥주 양조와 판매 권리를 놓고 한 치의 양보도 하지 않았다. 심지어 가뭄에 농사가 흉작이어서 영주가 주조 금지령을 발동했을 때조차 성직자들은 보란 듯이 맥주를 빚어 팔았다. 교회 세력은 질 좋은 노동력을 값싸게 심지어는 공짜로 부리며, 속세의 양조업자들은 꿈도 꿀 수 없는 경쟁력을 자랑했다. 게다가 세금도 경쟁자들에 비해 훨씬 적게 내는 특권까지 누렸다. 하지만 성직자들은 특권에 걸맞은 행동은커녕 감면받은 세금조차 내지 않으려 했다.

"우리 지역의 몇몇 성직자들이 자신들의 집 안팎에서 와인과 맥주를 마음대로 퍼주고 팔아 시민의 생업을 위협할 뿐만 아니라, 세금까지 내지 않는 통에 이루 말할 수 없이 불편하다는 것을 알아주었으면 좋겠다. 성직자의 그같이 무책임한 행동을 더는 묵과할 수 없는 탓에 우리는 최대한 너그러움을 가지고 명하노니, 이제 우리 지역에서 성직자들은 맥주와 와인을 거래하는 일을 하지 말아야 한다. 이를 어길 시에는 엄한 벌로 다스릴지라."66)

종교개혁과 30년 전쟁*을 거쳐 19세기에 마침내 교회 재산의 국유화 조치가 이루어졌다. 수도원 직영 양조장과 술집의 수는 현격하게 줄어들었다(이름만 그대로 남은 예로는 '아우구스티너 비어Augustiner Bier' **, '파울라너 비어Paulaner Bier', '잘바토르 비어Salvator Bier'*** 등을 꼽을 수 있다). 이들은 대부분 민간업자의 손에 넘어가거나 화마에 불타버렸다.

---

* Dreißigjähriger Krieg 1618년에서 1648년까지 독일을 중심으로 유럽의 여러 나라 사이에 일어난 종교전쟁. 합스부르크가의 구교에 의한 독일 통일 정책에 대해 신교의 대제후들이 반란을 일으킨 것이 시초가 되어 여러 나라로 전쟁이 번졌다가, 베스트팔렌 조약에 의해 프랑스의 승리로 끝났다. 그 결과 네덜란드와 스위스가 독립했으며, 독일의 신·구 양교는 동등한 권리를 획득했다.

** 아우구스티누스 수도회Augustinian(성 아우구스티누스의 수도회칙을 지키는 로마 가톨릭 교회의 남녀 수도회) 소속의 수도사들이 바이에른 공작의 요청을 받아들여 뮌헨에 1294년에 세운 수도원. 1328년부터 맥주를 빚기 시작했다. 1803년 교회 재산을 국유화했다가, 곧 개인 소유로 넘겨 1829년부터 바그너Wagner 가문이 경영하는 맥주회사가 되었다. 전부 여덟 종의 맥주를 생산하는데, 그 가운데서도 '에델슈토프Edelstoff'(귀한 재료)는 독일인들이 최고로 치는 진품이다. 쌉쌀한 향과 함께 목 넘김이 무척 부드럽다. 맥주를 즐기는 옮긴이의 경험으로도 최상급이라 추천할 수 있다.

*** '파울라너'는 프란츠 폰 파올라Franz von Paola(1436~1507)라는 성자가 세운 수도원 이름이며, 지금도 '파울라너 비어'의 맥주 상표에는 프란츠 폰 파올라의 얼굴이 들어가 있다. 1634년부터 주로 '보크 비어Bock Bier'를 생산한다. '잘바토르'는 파울라너 제품 가운데서도 가장 독한 맥주이다.

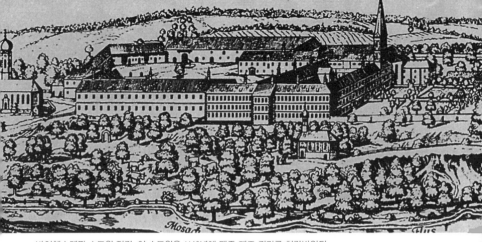

바이헨슈테판 수도원 전경. 이 수도원은 1143년에 맥주 제조 권리를 허락받았다.

한때 500여 곳이 넘던 수도원 양조장들 가운데 이제 남은
것은 '에탈Ettal'*과 '안덱스Andechs'** 정도이다.

소 쓸개즙과 맥주 순수법

뿌린 대로 거두는 법. 맥주 양조의 유서 깊은 전통을 대변
하는 표현이다. 19세기 초만 하더라도 독일제국의 북쪽 지역
에서는 맥주의 순수함과 품질을 둘러싼 근심과 걱정이 하

---

* 바이에른 남부, 그러니까 알프스 산맥 발치의 에탈이라는 작은 도시에 세워진 수도
원. 베네딕투스 수도회 소속이다. 1330년 바이에른의 왕 루트비히Ludwig에 의해 세워
졌다. 고딕 양식의 성당이 무척 아름다운 곳이다.

** 역시 독일 남부 알프스 발치의 암머Ammer 호수 앞의 언덕 위에 세워진 수도원. 베
네딕투스 수도회 소속이며, 로코코 양식의 소담하고 아름다운 성당을 자랑한다. 유럽
사람들의 성지 순례지 가운데 한 곳으로, 이곳에서 생산되는 맥주는 가히 세계 최고
수준의 맛을 자랑한다. 매년 1,000만 리터 정도만 생산하며, 품질 관리에 엄격하다.

늘을 찌를 지경이었다. 오죽했으면 이런 포고령까지 있었을까. "이는 시장의 명령이다. 토요일과 일요일에는 시냇가에서 똥을 누지 마라. 월요일이면 맥주를 빚느니라."[67] 오물을 뿌린 자는 오물을 마시게 마련이니까.

경쟁은 날로 치열해졌지만, 중세 초 별로 길들여지지 않은 입맛에도 맥주 품질은 그다지 만족할 만한 수준이 아니었다. 너무 경쟁이 심한 데에도 그 원인이 있었으리라. 아무튼 시장에서 저절로 품질이 조절되는 게 아닌 것만은 분명하다. 물을 타면 혹독한 형벌을 받게 되는데도 500년 전 낙천적이기 그지없는 양조 기술자는 맥주에 온갖 첨가물을 섞었다. 어찌나 심한지 사람들이 다시는 맥주를 찾지 않을 지경이었다. 역청이나 소 쓸개즙, 뱀 껍질, 삶은 달걀, 그을음, 심지어는 백묵가루까지 넣어 시큼한 맥주맛을 어떻게든 가리려 안간힘을 썼다. 오죽했으면 독일의 가장 오래된 도시 법전에 맥주 제조에 관한 내용이 한 장章을 차지하고 있겠는가? 1156년 바르바로사* 황제는 이 법전을 아우크스부르크에 하사하면서 다음과 같이 덧붙였다. "만약 술집 주인이 나쁜 맥주를 팔거나 정량을 속이면, 가차 없이 처벌할지라. 더 나아가 맥주는 시궁창에 버리거나 가난한 사람들에게 공짜(!)로 나누어줄 것이다."(빈민을 독살하려 한 것일까, 도우려 한 것일까? 아리송한 대목이 아닐 수 없다.)

13세기에는 심한 경우 생명까지 위협할 수 있는 맥주에

---

* Kaiser Barbarossa 1122~1190 신성로마제국의 황제. 원래 이름은 프리드리히 1세이며 바르바로사는 '붉은 수염'이라는 뜻의 별명이다.

대해 근심과 분노가 들끓으면서 관계 법령과 통제가 심해졌다. 1293년 뉘른베르크 시 당국은 맥주를 충분히 발효시킬 시간을 보장해주기 위해 다음과 같은 포고령을 내렸다. "어떤 양조장이든 맥주를 빚어 여드레가 되기 전에 판매해서는 안 된다." 1453년 레겐스부르크의 시 공의公議는 진지한 연구 끝에, 맥주에 "씨앗이나 향료 혹은 잡풀 따위"를 첨가하면 건강을 위협할 수 있다는 결론을 내렸다.

최초로 임명된 맥주 제조 감독은 질 좋은 맥주를 만들기 위해 다음과 같은 규정을 지킬 것을 요구했다. "맥주를 끓이는 단계부터 똑같은 과정을 밟아야 한다. 그리고 맥주는 오로지 보리와 홉 그리고 물만 가지고 빚어라. 다른 어떤 것도 들어가서는 안 된다. 그런 짓은 형벌로 다스릴지라."68)

이런 법령이 독일 남부에서 주로 포고된 데에는 충분히 그럴 만한 이유가 있었다. 남부 독일의 맥주가 그만큼 열악했던 것이다. "엄한 법으로 괜스레 불필요한 트집을 잡으려는 게 아니다. 1800년 바이에른 남부의 파르키르헨Pfarrkirchen이라는 도시에서 일어난 끔찍한 사고로 엄격한 규제와 관리가 꼭 필요해졌다. 신문 보도에 따르면 당시 13명이 죽었으며, 많은 사람들이 몸져누웠다. 사냥 축제 때 상한 맥주를 마신 탓이다. 맥주를 빚은 노예가 사망자 가운데 끼어 있어서 대체 무엇을 넣었는지 그리고 재료는 누가 배달했는지, 알아낼 길이 없다."69)

지방의 공국 영주가 직접 법을 만들어 관리하게 되면서 이제 맥주는 시 당국이나 길드의 손을 떠났다. 공국 전역에

지금까지 독일 맥주 양조 기술자를 묘사한 가장 오래된 그림으로 추정된다. 1430년 뉘른베르크에 있는
'멘델 형제의 집Mendellsches Bruderhaus'에서 맥주를 빚느라 바쁜 '피르프류Pyrprew' 헤르텔Herttel을 그린
것이다. 여기서 '형제의 집'이란 수도원 부속의 자선기관을 말한다. 'Pyrprew'는 맥주 양조 기술자를 나타
내는 독일의 고어이다. 헤르텔은 형제의 집 소속의 수도사였던 것으로 보인다. 왼쪽 상단에 보이는, 유대
인의 상징 다윗의 별을 연상시키는 표지는 이곳에서 맥주를 마실 수 있다는 간판 같은 것이다.

Das büch der gemeinen lanndpot. Lanndsordnung. Satzung/vnd Gebreuch/des Furstenthombs/in Oberen/vnd Nidern Bairn/im funftzehenhundert vnnd Sechtzehendem Jar aufgericht.

전설적인 '맥주 순수법'. 1516년 4월 23일 바이에른의 공작 빌헬름 4세*가 공포한 것이다. 핵심 문구는 "보리, 홉, 물 이외에 다른 것을 넣은 술은 맥주로 볼 수 없다"라는 것이다.
(표지 글은 고어체로 되어 있어 알아보기 어려우나, "바이에른 공국의 통치를 위해 발포한 법령집, 1516년 공표"라고 되어 있다.)

Wie das Pier summer vñ winter auf dem Land sol geschenckt vnd prauen werden

Item Wir ordnen/setzen/vnnd wöllen/ mit Rathe vnnser
Lanndtschafft / das für an allennthalben in dem Fürsten⸗
thûmb Bayrñ/auff dem lande/ auch in vnsern Stettñ vñ
Märckthen/da deßhalb hieuor kain sonndere ordnung ist /
von Michaelis biß auff Georÿ / ain maß oder kopffpiers
über ainen pfenning Müncher werung/ vñ von sant Jor⸗
gentag/biß auff Michaelis / die maß über zwen pfenning
derselben werung / vnd derenden der kopff ist / über drey
haller/bey nachgesetzter Pene/nicht gegeben noch auß ge⸗
schenckht sol werden. Wo auch ainer nit Mertzñ / sonder
annder Pier prawen/oder sonst haben würde/sol Er d och
das/Kains wegs höher/dann die maß vmb ainen pfenning
schencken/vnd verkauffen. Wir wöllen auch sonderlichen/
das für an allenthalben in vnsern Stetten/Märckthen/vñ
auff dem Lannde/zu kainem Pier/ merer stückh / dañ al⸗
lain Gersten /Hopffen/vñ wasser/genomen vñ geprauecht
sölle werdñ. Welher aber dise vnsere Ordnung wissentlich
überfaren vnnd nit hallten wurde / dem sol von seiner ge⸗
richtzöbrigkait / dasselbig vas Pier/ zustraff vnnachläß⸗
lich/ so offt es geschicht / genommen werden . Jedoch wo
ain Geüwirt von ainem Pierprewen in vnnsern Stettñ/
Märckten/oder auf m lande/ye zu zeitñ ainen Emer piers/
zwen oder drey/kauffen / vnd wider vnntter den gemayn⸗
nen Pawrsuolck außschenncken würde/ dem selben allain/
aber sonnst nyemandts/sol dye maß / oder der kopffpiers/
vmb ainen haller höher dann oben gesetzt ist/ ze geben/ vñ/
außzeschencken erlaubt vnnd vnuerpotñ .

---

* Wilhelm VI 1493~1550 바이에른 출신의 공작. 1508년에서 1550년까지 대공을 지냈다. 가톨릭 진영에
충실해 종교개혁을 반대했다.

18세기 도구를 가지고 맥주를 빚고 있는 기술자(마르틴 엥겔브레히트*의 판화).

---

* Martin Engelbrecht 1684~1756 바로크 시대의 판화 작가이자 예술품 수집가.

맥주 품질 검사의 원형 — 기다란 나무 의자에 맥주를 붓고 가죽바지를 입은 세 명의 남자가 그 위에 앉는다. 두 시간 동안 그 자세 그대로 기다린다. 마침내 시간이 지나 자리에서 일어설 때 의자가 바지에 딱 달라붙어 있으면, 맥주에 맥아가 충분히 들어 있다는 증거가 된다.

걸쳐 효력을 발휘하게 된 법 덕분에, 남부 독일의 맥주 산업은 북쪽의 경쟁자 못지않은 품질 향상을 이룰 수 있게 되었다. 그런데 30년 전쟁이 일어나 한창 활발하게 발전하던 양조 산업에 찬물을 끼얹었다. 오랜 기간에 걸친 싸움은 북부의 주도적인 맥주 주조는 물론, 남부의 와인문화까지 초토화했다. 이러한 상황은 이후 남부의 바이에른이 맥주를 대표하는 공국으로 발돋움하는 배경이 되었다. 바이에른의 부상은 독일 북부 지역의 맥주 길드가 상업용 맥주의 품질을 일정 수준으로 끌어올리도록 강제하는 역할도 했다. 이렇게 해서 15세기에 이르자 맥주는 독일 경제에서 빼놓을 수 없는 주요 동력으로 자리를 잡았다. 여기에는 특히 한자동맹*의 역할이 컸다.

맥주의 품질을 지키려는 노력은 마침내 1516년 4월 23일 '독일 맥주 순수법'으로 결실을 보았다. 아쉽게도 맥주 가격 (1페니히)을 묶어놓은 결정은 오늘날 자취도 없이 사라지고 말았지만, 보리와 홉과 물로만 맥주를 빚을 수 있을 뿐 그 밖에 다른 어떤 첨가물도 넣어서는 안 된다는 규정만큼은 고맙게도 지켜지고 있다.

수메르 사람들이 겨울에 추운 땅에서
맥주를 빚어 마시듯, 우리 역시 정확한
질서와 기준으로 / 우리 땅에서 나는 그대로 /
바이에른 공국의 모든 곳을 위해 /
농촌이든 / 도시의 시장이든 /
정갈하고 맛난 맥주를 빚어 마셨으면 하는 게 간절한 소
망이라. /
그러나 아직까지 특별한 법이 없었던 터라 /
미하엘리스Michaelis에서 게오르기Georij까지는** /
큰 잔***으로 하나나 한 대접의 맥주를 1페니히를 받고
팔았으며 /

---

* Hansa 13~15세기에 독일 북부 연안과 발트 해 연안의 여러 도시 사이에 이뤄진 도시연맹. 상권의 확보와 해상 교통의 안전 보장, 외적에 대한 공동 방어 등을 목적으로 결성되었다.

** 여기서 미하엘리스는 성 미하엘St. Michael의 축일(9월 29일)을, 게오르기는 성 게오르크St. Georg의 축일(4월 23일)을 각각 가리킨다. 성 요르겐 축일은 성 게오르크 축일의 다른 표현이다.

*** 여기서 '큰 잔'이란 약 1,000cc 잔을 가리킨다.

성 요르겐Sant Jorgen의 축일에서 미하엘리스까지는 /
같은 양의 맥주를 똑같은 돈 2페니히를 받고 팔더라.
한 대접의 맥주를 반 페니히 이상 받고 파는 것은
형벌로 다스려야 할 죄이니 더는 그런 일이 없어야
할지라. / 맥아가 아닌 다른 것으로 맥주를 빚거나 /
여타의 방법으로 조달한 것을 큰 잔에 1페니히 이상을
받고 팔아서는 안 된다. / 바로 그래서 우리는 도시나
시장이나 농촌 어디에서도 / 보리와 홉과 물로만
만든 것을 구입하고 마실 수 있기를 원하노라.
우리의 이 법을 일부러 무시하거나 지키지 않을 경우 /
법을 지키는 최고의 권력자는 그런 맥주를 빚은
자들을 가차 없이 처벌하고 압수할 것이다.
술집 주인이 도시나 시장 혹은 농촌에서 두세 통의
맥주를 가난한 농부들에게 팔 때에는 큰 잔이든
대접이든 1페니히 이상을 받아서는 안 된다. 이는
누구에게도 허락된 일이 아니다.
— 바이에른 공국 북부와 남부를 아우른 공동 법전,
1516년에 공표함 70)

당대의 여러 기록에 따르면 '순수법'이 공표된 뒤에도 이
를 지키는 지역은 몇몇에 불과할 뿐, 이후로도 몇백 년 동안
맥주 품질은 아주 형편없었다고 한다. 그 열악함이 어느 정
도였는지 19세기에 정점을 찍은 평가가 나왔다. "갈수록 좋
다는 것은 다 빼버리는 바람에, 청량함에서 맥주는 물보다

나을 게 전혀 없으며, 심지어 맛과 영양에서도 물보다 훨씬 못 할 지경이다."71) 이 말은 단순히 맥주맛에 그치지 않고 그 이상의 뜻을 담고 있다.

맥주의 질이 개선된 데에는 무엇보다도 타협을 모르고 악착같이 밀어붙인 바이에른 공국의 노력이 결정적인 역할을 했다. 1906년 이후 독일 전역에서 순수법을 진지하게 지키게 되었는데, 이는 1918년 바이에른 공화국 선포 당시 다른 주들이 공화국에 들어오는 조건으로 맥주 순수법의 준수를 강제했기 때문이다.

그런데 묘한 것은 이러한 상황이 나중에 바이에른이 망신을 당하게 되는 배경이 된다는 점이다. 1999년 튀링겐의 역사학자 미하엘 키르슈라거Michael Kirschlager가 맥주 순수법의 저작권이 튀링겐*에 있음을 천명하고 나섰다. 키르슈라거는 바이에른의 공작 빌헬름 4세가 맥주 순수법을 제정하기 82년 전에 이미 튀링겐의 바이센제Weißensee라는 도시에서 같은 내용의 법이 발효된 사실을 밝혀냈다(독일 통일을 이런 쪽으로 생각해보지 않았을 바이에른 사람들에게는 미안한 일이나 기록으로 확인된 사실인 것을 어쩌랴. 물론 13세기와 14세기에도 비슷한 법들이 없지는 않았다). 이 법의 이름은 '슈타투타 타베르나Statuta thaberna'**이다. 법령을 자구

홉 꽃차례의
모양

---

* Thüringen 독일 중부에 자리 잡은 주 이름. 16세기 종교개혁의 중심지이며, 전통적으로 산업이 활발했던 곳이다. 주도는 에르푸르트Erfurt이다. 옛 동독 지역에 속하며 상당히 낙후되었다.

** "술집에 관한 법령"이라는 뜻.

그대로 옮기면 다음과 같다. "맥주에는 송진이나 다른 그 어떤 첨가물도 넣어서는 안 된다. 오로지 홉과 맥아 그리고 물로만 빚어야 한다." 정말 바이에른이 베낀 것일까?

이러한 폭로에 상처받았어야 할 바이에른 백성의 영혼은 아주 침착했다. 튀링겐 사람들이 순수법을 가지고 내세울 게 그리 많지 않았기 때문이다. 또 튀링겐 사람들 역시 이 법에 별 의미를 두지 않았다. 그게 아니라면 벌써부터 튀링겐은 순수법으로 주목을 끌었으리라. 결정적인 시기에, 그러니까 20세기 초에 공화국 가입 문제를 놓고 옥신각신할 때에도 튀링겐은 자기네 법안을 특별히 내세우지 않았다. 그런 법령이 있다는 사실에 만족했는지도 의심스럽다. 아무려나 튀링겐 사람들에게 법령의 존재는 미미하기만 했다. 그들은 어떤 대가를 치르고서라도 공화국에 가입하려고 했으며, 자신들이 기득권을 가진 법을 강제받고도 아무 말을 하지 않았다. 나중에 배 아파한들 무슨 소용이랴. 반면, 바이에른 국민은 순수법의 중요성을 일찌감치 간파했다는 점, 이것이 결정적인 차이가 아닐까. "오인스, 츠보이, 게주파!"*

이렇게 해서 바이에른의 맥주 순수법은 오늘날까지 그 효력을 자랑하게 되었다. 물론 제약이 아주 없는 것은 아니다. 3년여에 걸친 법정 다툼 끝에 유럽공동체 헌법재판소는 1987년 3월 12일, 독일에서 1918년부터 예외 없이 적용되고

보리

---

* Oins, zwoi, gesuffa! "하나, 둘, 건배!"라는 뜻의 바이에른 사투리. '옥토버페스트'에 가면 우렁찬 밴드 소리와 함께 이런 외침이 곳곳에서 울려 퍼진다.

있는 맥주 순수법이 독일산 맥주에만 해당될 뿐, 독일로 수입된 외국산 맥주에는 일체 효력을 갖지 않는다는 판결을 내렸다. 이후 독일 시장에서는 이른바 '자연산 재료', 그러니까 쌀, 기장, 콩 따위의 첨가물을 넣은 맥주도 판매할 수 있게 되었다.

유럽 헌법재판소는 독일의 맥주 순수법이 로마 협약* 제 30조 "유럽공동체 회원국 사이의 무역장벽은 제거되어야 한다"라는 내용에 위배된다고 보았다. 독일 측 입장을 대변한 변호인단이 맥주 순수법은 독일 식품관리법의 일부이며, 모든 생산자에게 적용된다는 취지로 열심히 반론을 펼쳤으나, 유럽 헌법재판소 재판관들을 설득할 수는 없었다. 판결과 더불어 독일 땅에는 무장해제의 열풍이 불어닥친 것만 같았다. 이러다가 독일 문화가 유럽 야만인 무리의 습격에 몰락하는 것은 아닐까 하는 우려의 목소리까지 있었다. 말하자면 현대판 훈족의 약탈이랄까. 그러나 그 결과는 미미하기만 했다. 외국산 맥주의 시장 점유율은 구태여 말하기조차 번거로울 정도로 보잘것없었다. '진짜 독일 맥주', 곧 '순수 맥주'와 경쟁이 되지 않았던 것이다.

어쨌거나 이후 독일 주조회사들은 다른 나라 제품들과 경쟁을 벌여야만 했다. 예나 지금이나 이런 경쟁에는 장애물이 곳곳에서 나타나게 마련이다. 판결을 둘러싼 분노의 물결은 외국 회사일지라도 순수법을 무시한 제품을 독일 시

---

* Römische Verträge 1957년 3월 25일 벨기에, 독일, 프랑스, 이탈리아, 룩셈부르크, 네덜란드 등의 대표가 로마에 모여 맺은 협약. 유럽공동체의 근간이 되었다.

장에 내놓지 못하게 만들었다. 게다가 어떤 공급자든 맥주에 무엇을 섞었는지 명확히 표기해야 할 의무를 피할 수 없었다. 쌀이나 옥수수, 아스코르브산은 물론이고 심지어 경악스럽게도 이산화황*까지 무작스럽게 넣은 뻔뻔한 독극물도 있다. 독일 맥주회사들은 순수법을 지키고 있다는 내용을 강조하는 광고로 대응하는 전략을 구사했다.

외국 업체들에게 독일 시장은 결코 녹록한 곳이 아니다. 우선 술집을 열 때 특정 회사 상품을 독점판매하는 조건으로 투자비의 상당 부분을 지원받는 체제는 해외 업체에게 상당한 걸림돌이다. 게다가 독일의 맥주 소비자들은 워낙 브랜드 충성도가 높은 탓에 지금껏 마셔오던 것을 계속 마시려고 한다. 외국의 좋은 제품이라 할지라도 독일인의 취향과 시장 상황에 맞추지 않는 한, 앞으로도 외국 업체는 독일 시장에서 별다른 기회를 잡을 수 없으리라.

독일에서 맥주 순수법은 앞서도 언급했듯 지극히 다양한 형태로 이미 13세기부터 효력을 발휘해왔다. 16세기 바이에른의 공작들이 이 법을 특별히 강조한 데에는 분명 경제적인 계산이 크게 작용했다. 이들은 무엇보다도 홉의 독점권을 확보하고 싶었던 것이다. 1516년의 저 유명한 맥주 순수법에서 굳이 홉을 새롭게 언급한 이유가 달리 있을까? 그런데 순수법에 따라 빚은 맥주라 할지라도 옛날이나 지금이나 실제로 "순수"한 것은 아니다. 주된 원료가 되는 물의 수

---

* 방부제 역할을 하는 이산화황이 외국 제품에서 심심찮게 발견된다고 한다.

질(질산 농도라든가 높은 석회 함유량 때문에 이온 교환기나 능동형 탄소필터까지 등장하는 실정이다)은 물론이고, 홉(유전공학에 의한 생산과 인공 추출물로 예전의 자연산이 아니다)과 곡물(살충제의 살포) 등에 관해 법령에는 아무런 언급도 없지 않은가? 물론 이게 맥주에만 국한된 이야기는 아니다. 독일 대통령을 역임한 리하르트 폰 바이츠제커*는 이런 말을 한 적이 있다. "공기가 맥주만큼이나 깨끗할 수 있다면 얼마나 좋으랴." 이도 저도 '순수'하지 않다는 현명한 지적이 아닐까.

아무나 빚고 모든 이와 다투다

수백 년에 걸친 민족 대이동에서부터 수도원이 마침내 맥주를 빚기 시작한 천상의 시절에 이르기까지, 맥주를 마시고픈 사람들은 집에서 직접 빚어 마셨다. 그리고 옛날에는 자기가 마실 만큼은 충분히 충당할 수 있었다. 혼자 마시고도 남을 경우에는 공개적으로 처신했다. 내게 맥주가 남았으니 함께 나누어 먹자고 선심을 쓴 것이다. 나중에는 문 앞에 푸줏간처럼 깃발을 단 장대를 세워놓기도 했다(사실 가축을 잡아 고기를 나누어 먹는 것이나 맥주를 빚어 함께 마시는 일은 그 성격상 비슷하다. 고기나 술이나 빨리 먹어치우지

---

* Richard von Weizsäcker 1920년에 출생한 독일의 정치가. 변호사 출신으로 베를린 시장 등 주요 요직을 거쳤다. 독일 통일에 주도적 역할을 한 인물로 평가받고 있다.

않으면 쉬 상하지 않던가. 아무려나 맛나게 드시길!). 그러다가 근세가 동이 클 무렵부터 음식점과 술집 그리고 가정집이 엄격하게 구분되기 시작했다.

20세기에 이르기까지 가정에서 술을 빚는 일은 아주 흔했다. 또 시민은 자기 집에서 얼마든지 술을 빚을 권리를 가지고 있었다(상속권을 가진 개인 소유의 사유지에서 주인이 하고 싶은 대로 하는 것을 누가 뭐라고 하랴). 더욱이 일렬로 늘어선 연립 주조장은 개인의 사유재산권의 실체를 가감 없이 보여주면서, 도시의 매력적인 볼거리가 되었다.

무엇보다도 맥주는 결속을 다지는 데 힘을 발휘했다. 한 양조장의 술만 도시에 공급되니 같은 맥주를 마신다는 동지 의식이 생겨났다. 함께 어울려 마셔도 술이 떨어지는 일은 없었다. 각 가정에서 빚은 맥주를 마시면 됐기 때문이다. 도시에는 맥주가 익을 적당한 시간을 앞두고 언제 맥주를 빚는지 공고가 붙었다. 모두 술이 익을 그날만 손꼽아 기다리며, 생각만 해도 즐거운 탓에 미소를 나누기도 했다.

맥주는 사랑받는 주식이었다. "양조장이 있는 곳이면 빵집이 따로 필요 없지." 빵을 굽는 일과 술을 빚는 작업은 원래 크게 다르지 않았다. 양쪽 기능공들은 길드와 조합의 발달과 더불어 13세기부터 아주 밀접한 관계에 있었다. 그림 형제의 동화 〈룸펠슈틸츠헨〉*에는 그들의 오랜 동질감과 동

---

* Rumpelstilzchen 그림 형제의 대표작 가운데 하나. 전래동화를 각색한 것으로 1812년에 발표했다. 덜컹덜컹 하는 소리를 내는 시끄러운 난쟁이라는 뜻의 '룸펠슈틸츠헨'은 살림살이의 고단함을 상징하는 캐릭터이다.

"적당히 즐길 줄만 안다면, 난 아주 현명한 거지."

지의식이 잘 나타나 있다. 동화에서 난쟁이 요술쟁이가 이런 노래를 부른다. "오늘은 빵을 굽고 내일은 술을 빚으려네. 모레는 왕비를 찾아가 아기를 데리고 와야지. 아무도 내 이름이 룸펠슈틸츠헨이라는 걸 모르니 얼마나 좋아." 이 노래의 가사를 차분히 새겨보면, 사람이 살아가는 일을 먹고 마시는 것으로 압축하면서 그 고단함을 넌지시 피하고픈 마음을 드러내고 있음을 알 수 있다(왕의 아기를 데리고 오는 것을 빼놓고 생각한다면 말이다).

　햇살이 가득한 남쪽 땅에서는 30년 전쟁으로 분위기 전환이 이루어지기 전까지 와인을 주로 마셨다. 판매용 맥주를 빚으려면 따로 당국의 양조 사업 허가를 얻어야만 했다. 맥주 혹은 경우에 따라 '그루트'* 맥주를 빚는 데는 지켜야 할 법이 아주 많았다. 주로 개밀과 감초와 고구마 줄기 따위를 섞어 만드는 그루트는 오랜 동안 맥주의 기본 재료로 쓰였다. 맛을 더 좋게 하기 위해 그루트에 홉을 섞어 아주 특별한 맥주 향료를 만들기도 했다. 맥주를 빚을 때 이런 재료를 썼다는 마지막 기록은 1643년 네덜란드 스헤르토헨보스's-Hertogenbosch에서 작성된 것이다.

　맥주에 홉을 사용하게 되면서 경작지 임대와 홉 판매로 수익이 발생하자 맥주 양조 사업권은 중요한 문제가 되었다. 대부분의 도시에서는 시민이라면 모두 맥주를 빚을 권리가 있었지만, 극소수의 선택받은 시민만 권리를 가진 도시도

---

* Grut 여러 가지 허브를 섞은 것으로 옛날에 홉 대신 맥주에 넣던 향료.

적지 않았다. 이 때문에 도시와 영주 사이에는 갈등이 끊이질 않았다. 일단 시 당국으로부터 허가를 받은 시민은 자신의 권리를 고집하면서 영주에게 따로 공세를 바치지 않으려고 했다. 시 당국의 허가대로 도시 반경 1.7킬로미터 안에서는 간섭받지 않고 맥주를 팔 권리가 있다고 목청을 높이기도 했다. 자신이 거두어들일 세금 자루를 생각하는 영주로서는 분통이 터질 노릇이었다. 그러니까 오늘날 지방자치단체와 중앙정부 사이의 갈등을 떠올리면 이해가 쉬우리라. 다만, 당시는 그 갈등이 좀 더 거칠었을 따름이다. 시대가 바뀌었다고 해서 근본까지 달라지는 것은 아닌 게 틀림없다.

13세기 중반 결국 시민들은 영주를 상대로 '맥주 전매권'을 따내는 데 성공했다. 이는 도시의 관할 구역 안에서는 그 도시에서 생산된 맥주만 제공하고 판매할 수 있다는 것을 뜻했다. 이 때문에 일반 시민들도 앞다퉈 맥주 사업에 뛰어들자 경쟁을 감당할 수 없던 업자들이 처음으로 길드Guilde를 조직했다(원래 '길드'라는 말은 독일 북부에서 거래의 성사를 축하하기 위한 술자리를 뜻했는데, '조합'으로 탈바꿈한 것이다).

"적이 많을수록 명예도 높다." 짐작이 가고도 남는 일이다. 어쨌거나 툭하면 살인이었고, 죽도록 치고받는 일도 심심찮게 벌어졌다. 서로 치열한 경쟁관계에 있던 도시들은 전쟁까지 불사하며, 이웃 도시의 맥주 수송 마차에 대고 총질을 해대기 일쑤였다. 상대편 시민을 다치게 하거나 죽이지는 않는다 하더라도 그들의 맥주통만큼은 가만두지 않았다.

최소한 맥주통에 구멍이라도 뚫어 맥주가 새게 만들었다. 그러다가 상대방에게 사로잡히는 날이면 혹독한 형벌을 감수하지 않을 수 없었다. 아예 맥주에 빠뜨려 죽이는 경우까지 있었다. 이처럼 맥주 판매 지역의 경계를 다투는 중세의 싸움은 경계라고는 몰랐다.

그럼 영주는 자신의 이익을 관철하기 위해 어떤 선택을 했을까? 그는 도덕이라는 이름의 몽둥이를 휘둘러댔다. 역사적으로 잘 알려져 있는 관청의 불신이 싸움터에 고개를 들이밀었다. "자신이 직접 빚은 맥주를 파는 시민은 아예 맥주를 끌어안고 살아라. 맥주 장사를 할 노릇이면 그 일에만 충실해야지 어쩌자고 생업을 팽개치는가? 맥주나 퍼마시면서 난잡한 인생이나 살기 바란다. 그래서 말이지만 맥주를 제공하고 판매하는 일은 전문 업체에게 맡겨두는 게 시민에게는 훨씬 더 좋고 유익하리라."72)

도시와 농촌도 맥주 사업권을 둘러싸고 치열한 다툼을 벌였다. 도시 반경 운운하는 전매 권리는 도시 장사꾼들에게만 이득을 주었다. 도시에서 특정 거리 안에 있는 면과 읍은 자기네 맥주를 빚을 수 없었기 때문이다. 결국 울며 겨자 먹기로 도시의 맥주를 소비해야만 하는 시골 사람들의 불만이 하늘을 찔렀다.

맥주 사업권을 둘러싼 도시와 농촌의 싸움은 결국 폭력 행사로까지 이어졌다. 가장 유명한 사례로 15세기에 괴를리츠Görlitz 시가 인근 마을 치타우Zittau 읍과 벌인 분쟁을 꼽을 수 있다. 이 사건은 당시 성직자와 맥주의 관계에 대해서도 환히 보여준다. "괴를리츠 시 당국이 성직자들을 상대로 벌인 맥주 재판은 대중의 이목을 집중시켰다. 성직자들은 비열하게도 사제관 앞뜰에서 맥주를 팔며 노름장까지 개설하는 만행을 서슴지 않았다. 여기서 신부들은 시민과 함께 노름을 즐기며 카드, 구슬치기, 보드게임 등으로 시민의 주머니를 털었다. 이는 1474년 슈보프하임Schwoffheim이라는 이름의 신부가 대규모로 벌이기 시작한 사행사업이다. …… 그는 음탕한 농담과 노름으로 시민들을 유혹했으며, 사람들은 앞다퉈 그에게 달려갔다."

참으로 놀라운 일이 아닐 수 없다. 그런데 이야기는 여기서 그치지 않는다. "그래서 술집 주인이 신부를 시 당국에 고발했다. …… 결국 1498년 시 당국은 신부가 마이센 주교의 지원을 받고 있음에도 그를 벌금형에 처했다. 적어도 도시에서 만든 게 아닌, 다른 곳에서 생산된 맥주는 팔지 못하게 하려는 조처였다. 시 당국은 노름은 상관 않고 맥주에만 관심을 가졌다. 맥주는 큰 이득을 가져다주는 상품이었기에, 여기서 나오는 세금 수입을 포기할 수 없었던 것이다. 또한, 이러한 조처는 당시 괴를리츠 시가 치타우와 벌이던 맥주 분쟁과 밀접한 연관이 있었다. 괴를리츠 시는 제한구역에만 만족하지 않고, 도시의 경계 바깥으로 많은 맥주를 수출했다. 그런데 1490년 치타우 읍에서 그들이 만든 맥주를 괴를리츠 시 안으로 들여놓은 것이다. 맥주 사업권을 가진 시민과 업자들은 손수 팔을 걷어붙이고 나서서 치타우의 맥주 수송 마차를 공격했다. 마부를 흠씬 두들겨 패고,

맥주통을 땅바닥에 팽개쳤다(말 그대로 통으로 땅바닥을 때렸다. 당연히 맥주가 강물처럼 흘러내렸다. 사건이 일어난 장소는 오늘날에도 '맥주 웅덩이Bierpfütze'라는 지명을 가지고 있다). 이로써 괴를리츠와 치타우 사이에 본격적인 싸움의 막이 올랐다. 이번에는 치타우 사람들이 무기로 무장을 하고 괴를리츠 영역으로 쳐들어갔다."73)

막간 정보, 맥주 빚는 법

맥주를 (집에서) 빚기 위해 반드시 전문 교육을 받아야 하는 것은 아니지만, 적어도 탁월한 정확성과 꼼꼼함, 기술이 뭔지 이해할 줄 아는 감각 그리고 특히 인내심은 꼭 필요하다. 집에서 맥주를 빚을 때에는 자세한 안내서를 참고하도록 추천하고 싶다. 시중에 책들이 많이 나와 있으니 참고하기 바란다(이를테면 1995년 쥐트베스트Südwest 출판사에서 펴낸 우도 크라우제Udo Krause의 《모든 종류의 맥주를 위한 레시피Mit einer Vielzahl an Rezepten für alle Biersorten》가 있다). 그러나 문제는 여기서 그치지 않는다. 무엇보다도 세법을 지켜야 하며, 법에 정해진 양조량을 넘어서는 안 된다. 개인이 한 해에 200리터 이상의 맥주를 빚는 것은 허락되지 않으며, 많은 세금을 물어야 한다.

손수 맥주를 빚는 것은 그동안 별다른 관심을 끌지 못하는 일로 전락하고 말았다. 그도 그럴 것이 맥주를 만들 때면 이른바 '맥주 요괴'가 나타나 구토를 해야 한다거나 교수형을 당한 사람의 사지를 첨가해야 한다는 식의 이야기가 쑥 들어가버렸기 때문이다(이에 관해서는 앞으로 자세히 이야기하겠다). 게다가 마개를 꼭꼭 닫은 통 안에서 대부분의 과정이 이루어지다 보니 구경할 것도 별로 없다. 그래도 맥주가 어떤 원리에서 만들어지는지 살펴보기 위해 짤막하나마 과정을 설명해보겠다. 맥아('순수법'을 조심하자!)와 홉, 효모, 물, 이렇게만 있으면 된다.

조금 더 자세히 풀어보겠다. 촉촉하게 습기를 가해줘 발아하기 시작한 곡물('순수법'이 적용되는 지역에서는 보리나 밀만 쓸 수 있고, 그렇지 않은 곳에서는 쌀, 귀리, 기장 등 어떤 곡물이든 다 쓸 수 있다)을 가지고 맥아즙을 만든다. 곡물에 싹이 트면 곡물 알갱이에 들어 있는 녹말 성분이 당분으로 변한다. 이렇게 해서 생겨난 이른바 '푸른 맥아'*를 잘 '말린다'. 말리는 온도가 높을수록 완성된 맥주 색깔이 짙어진다.

건조된 맥아를 잘게 **빻은** 후 **빻은** 가루를 물에 풀어 끓인다. 맥아 가루와 물을 섞어놓은 것을 '맥아즙'이라고 부른다. 맥아즙 상태에서 시간이 지나면 맥아의 녹말 성분이 당분으로 변한다. 이 맥아즙을 필터로 걸러내면 '발효되기 이전의 맥주 원액'이 된다. 이제 홉이 등장할 차례다.

홉 열매에서 짜낸 즙은 맥주를 향긋하게 하며, 맥주의

---

* Grünmalz 보리나 밀을 가지고 엿기름을 낼 때, 발아한 곡물을 가리키는 이름이다. 엿기름을 만드는 중간 단계에 해당한다.

보존기간도 늘려준다. 맥주 원액을 홉 열매와 함께 끓여 다시 한 번 필터로 거른 다음 식힌다. 이제 마지막 성분인 효모를 넣을 차례다. 효모는 원액을 발효시키는 역할을 한다. 원액이 발효되면서 당분의 일부가 알코올과 탄산가스로 변한다. 예외가 있기는 하지만, 효모는 다시 맥주에서 걸러낸다(상면발효로 만드는 맥주는 효모를 걸러내며, 하면발효에서는 발효통의 바닥에 효모를 침전시킨다. 예외는 '헤페바이첸'*으로 효모를 그대로 둔다). 효모를 제거한 맥주는 약간의 시간을 두고 더 발효시킨다. 이 과정은 대개 병에 맥주를 넣은 뒤에 이루어진다. 자, 그럼 이제 완성이다.

미신, 목매달려 죽은 사람의 사지

"먹고 마시는 일이야말로 몸과 마음을 지탱해준다." 이 말은 흔히 민간에 떠도는 말이다. 물론 이것만으로는 영혼을 지탱해주는 게 무엇인지 확실하고도 충분한 설명이 되지는 않는다. 건강한 생명을 유지하기 위해서 몸의 미네랄 대사를 돕고 수분 함량을 조절해주는 액체 섭취가 필수적이라는 데 대해서는 재론의 여지가 없다. 하지만 뭔가 마신다는 것은 언제나 커다란 두려움을 수반했다. 입을 열면 영혼이 몸

---

* Hefeweizen '바이첸Weizen'은 밀로 빚은 맥주이며, 효모를 첨가한 것과 뺀 것이 있다. 밀가루가 '희다'는 뜻에서 '바이센Weißen'이라고도 부른다.

에서 빠져나간다고 믿는 사람들도 있다. 투아레그족*은 수건으로 입을 가리고서 물을 마신다. 그들은 양식을 먹고 바로 음료를 마시는 일은 악을 불러들이는 것이나 마찬가지라고 믿고 있다. 흐르는 액체가 양식에 담겨 있는 좋은 것을 빼앗아가기 때문이라는 것이다. 먹고 마시는 일에 큰 의미를 두기 때문에 생겨난 믿음일 것이다. 그래서일까? 짐승을 잡거나 적을 죽여 그 피를 마시는 행위는 상당히 많은 지역에서 공통적으로 볼 수 있는 문화이다. 물이 아닌 피에는 힘의 정수가 담겨져 있다고 보는 탓이다. 물과 맥주에 성모마리아 그림이나 코란에서 떼어낸 종이를 녹여 마시는 일도 흔했다(물론 코란의 경우에는 물에만 녹였다). 이렇게 하면 병을 예방하고 치유할 수 있다고 여겼던 것이다.

예로부터 사람들은 걸핏하면 맥주를 입에 올렸다. 홀슈타인Holstein에서는 안개가 자욱하게 낄 때마다 '여우가 맥주를 빚는다'라고 말한다. 오버팔츠Oberpfalz에서는 안개가 풍광을 감쌀 때, '산들이 맥주를 빚는다'라고 한다. 또 다른 지역에서는 비가 내릴 때마다 베드로가 '맥주 사당'을 뒤엎는 모양이라며 탄식한다. 터무니없는 생각이 아니다. 양조장 건물의 지하에는 맥주 빚는 기계와 함께 맥주를 운송할 배관이 묻혀 있으니 말이다. 술에 취해 흥청망청하는 인간들을 보고 분노한 베드로가 맥주라는 우상을 섬기는 사당을 뒤

---

* **Tuareg** 아프리카 사하라 사막의 유목민족. 가축을 몰고 목초지를 찾아 사막을 이리저리 유랑한다.

엎으면 물바다가 되는 것이야 당연한 일이 아닌가.

난쟁이, 산에 산다는 요정, 무당, 요괴, 백발의 신령, 유령, 땅굴 속에서 산다는 주정뱅이 그리고 영혼에 상처를 입은 사람까지 모두 생명수로 목을 축이기를 갈망했다. 소망을 풀어주면 목숨이라도 내줄 것처럼 고마워했다. 맥주가 마를 날이 없는 것은 정해진 이치였다. 혹여 맥주의 흐름을 막았다가는 처참하게 복수당할 각오를 해야만 했다.

맥주의 알코올은 배배 꼬인 경로를 거쳐 생겨난다. 맥주 양조 기술자의 복잡한 머릿속과 같다고 할까. 말하자면 맥주 요괴의 내장이 그것이다. 맥주 양조 기술자는 누구나 맥주 요괴를 한 명쯤 거느리고 있어서, 맥주에 요괴의 내장에서 나온 소화액을 타서 발효시킨다고 믿었다. 알코올을 자랑하는 맥주에 이르는 길을 양조 기술자는 생명 현상을 보고 베낀 셈이다. 맥주 요괴는 잘 끓여 식힌 맥아즙에 대고 구토를 한다. 이게 무슨 의미일까? 과학 지식이 일천했던 그 옛날에도 알코올을 생산하는 원리를 짐작하고 있었다는 이야기가 아닐까. 물론 그 과정을 낱낱이 알지는 못했겠지만 말이다.

맥주에 관한 한 상상과 두려움은 거칠 게 없었다. 맥주 통 바닥에 뱀 껍질을 넣은 맥주가 커다란 인기를 끌거나, 교수형당한 사람의 수족을 잘라 넣는 기괴함도 맥주 애호가들의 귀를 솔깃하게 만들었다. 1792년에 나온 〈새 분츨라우* 월보Neue Bunzlauische Monatsschrift〉를 보면 다음과 같은 기사가

---

* Bunzlau 독일 슐레지엔Schlesien 지방의 옛 이름.

있다. "교수형을 당한 사람의 손가락을 잘라 맥주통에 넣었더니 술이 아주 기가 막히게 익었더라." 미신에 사로잡힌 스위스 사람들은 이런 특별한 방법으로 빚은 맥주가 맛이 특히 뛰어나다고 침을 질질 흘렸다. 양조장 주인이 선택할 수 있는 신체 부위는 아주 많았다. 남자의 거시기나 '교수형을 당한 남자의 음경 껍데기' 따위도 더할 나위 없이 알맞은 것이었다. 최고의 솜씨를 자랑하는 주모, 이른바 '마녀'는 역시 맥줏집 여주인이었다. "마녀는 남편이 자신을 버리고 가면서 남겨준 것이라면서 죽은 사람의 손가락을 넣어 만든 맥주를 팔았다. 그러나 실상은 교수형을 당한 도둑의 손가락을 빼돌린 것이었다. 손가락을 맥주통에 넣으면 맛이 좋아지고, 발효가 왕성해 양도 더욱 늘어난다는 미신이 횡행했다. 교수형을 당한 사람의 손가락을, 그것도 무죄임에도 억울하게 처형당한 사람의 손가락을 맥주통 뚜껑의 이음새에 걸어놓아야 한다는 속설까지 있었다. 계몽의 세례를 받아 정신이 깨인 양조장 주인은 맥주량을 늘리기 위해 보다 합리적인 수단을 썼지만, 이렇게 만든 맥주는 싱겁기 짝이 없었다."(하인리히 하이네) 74)

홀레 아주머니* 역시 술을 즐겼으며, 맥주만 마셨다 하면 유쾌하기 짝이 없는 사람이 되었다. 되버리츠Döberitz의 부모는 어린 딸에게 보들레비츠Bodlewitz에서 맥주를 가져오

---

* Frau Holle 중세 유럽의 전설에 등장하는 유명한 캐릭터. 그림 형제의 동화에도 등장한다. 계모에게 시달리는 소녀에게 도움을 베풀어 행복한 삶을 누리게 했다.

라며 심부름을 보냈다. 홀레 아줌마는 들길을 가는 소녀의 등 뒤를 슬그머니 따라갔다. 잠깐 실랑이를 벌이다가 홀레는 소녀에게서 맥주로 가득 찬 잔을 빼앗았다. 울며 아우성치는 소녀 앞에서 홀레는 맥주를 단숨에 들이켰다. 소녀는 놀란 입을 다물지 못하고 집으로 돌아와 눈물로 그사이 당한 일을 하소연했다. 그러나 아무도 소녀의 말을 믿어주지 않으니 이를 어쩌면 좋단 말인가? 사실 믿어야 할 필요도 없었다. 맥주잔은 기적처럼 다시 채워져 있었다! 부모는 침대에 고꾸라질 때까지 맥주를 퍼마셨으나, 잔은 조금도 비지 않았다. 그야말로 기적이 일어난 것이다.

기적, 그것은 다음 날 아침이 밝을 때까지 계속되었네.
입이 있는 사람은 모두 물었지.
대체 잔이 어떻게 된 것이냐고?
조용히 숨어 있던 쥐들이 웃고 있네.
쥐들이 킥킥대며 중얼거리다가 마침내 찍찍대자
이내 잔은 말끔하게 말라버렸다네.

여길 보아라, 순진하고 충직한 얼굴을 한 아이들아!
아빠이자 선생이며 고위관리로서 하는 말이니
잘 듣고 정확히 지킬지라.
그래서 혀는 조심하느라 안간힘을 썼다네.
수다를 떠는 것은 위험해, 침묵이 좋아.
그러자 다시 잔에 맥주가 찼다네.[75]

맥주는 법적 효력을 확정하는 역할도 했다. 결혼 미사를 집전하는 신부님의 축복과, 성찬을 위해 마시는 와인에 앞서 이른바 '선포의 맥주'는 약혼이 법적으로 성립되었음을 알리는 의미를 가졌다(결혼식을 뜻하는 영어 브라이들bridal은 원래 브라이드bryd와 얼류ealu가 합쳐진 것으로, '신부新婦의 맥주'라는 뜻이다).

맥주를 둘러싼 미신에서 비롯된 풍습과 관례는 수천 년에 걸쳐 익숙해진 일이었음에도 권력자가 항상 이를 용인해준 것은 아니었다. "사육제와 5월 축제에 남녀가, 그것도 미혼의 혈기 방장한 처녀 총각이 한자리에 어울려 가면을 쓰고 며칠을 연이어 맥주를 퍼마시며 신을 두려워하지 않는 난장판을 벌이는 것은 이교도나 저지를 무식한 짓이라 개탄하지 않을 수 없다."[76]

맥주를 마시는 날은 기적이 미소를 흘리는 행운을 맛볼 수 있다. 유럽 중부 지역에서는 성탄절 전야에 맥주를 마시면 이듬해에 생기가 넘치며 눈부실 정도로 성장하게 된다는 믿음이 오랫동안 전해왔다. 독일 북서부의 베스트팔렌에서는 11월 11일 성 마르탱* 축일에 많이 먹고 마시면 한 해 내내 굶주리거나 목마를 일이 없다는 속설을 따르는 사람들이 많았다. 또한 12월 26일에 처녀와 함께 술집에 가서 맥주를 마시면 여성의 아름다움은 물론이고 남자의 힘까지 더

---

* Martin de Tours 316/317~397 오늘날 헝가리에 해당하는 지역인 판노니엔Pannonien에서 태어나 프랑스 투르 지역에서 주교를 지낸 인물. 가톨릭 교회에서 가장 유명한 성인이다.

욱 북돋우고 키울 수 있다는 통념이 관심을 끌기도 했다. 사실 이렇지 않을 이유가 어디 있겠는가? 이미 이집트에서도 맥주는 쑥스러움을 떨치고 활발히 사람을 사귀는 사교수단이었다. 다정하게 술집에 마주 앉는 것만으로도 황홀한 밤은 이미 시작된 것이 아닐까.

맥주와 여성, 홉 암꽃차례와 마녀 심판

여성이 맥주에 세운 공은 적지 않다. 맥주의 맛과 품질을 보장해주는 가장 중요한 재료인 홉은 오늘날까지도 그 정체가 밝혀지지 않은 기묘하기 짝이 없는 첨가물이다. 홉이 어떤 기능을 하는지 정확히 설명할 수 없을 뿐만 아니라 누가, 언제, 어디서 홉을 맥주 빚는 데 쓸 생각을 했는지도 거품 속에 묻혀 있다. 이 문제를 둘러싼 여러 해석들이 있지만, 그 중 한 가지만 분명하다. 맥주를 빚는 데 적합한 것은 오직 수정되지 않은 암꽃차례라는 것이다.

그리고 대체로 여자들이 맥주를 잘 빚을 확률이 높다. 인간은 누구나 뜨거운 열기를 쐬면 피부에서 효모 세포를 배출한다. 호르몬으로 보자면 여성이 남성에 비해 훨씬 더 많은 효모 세포를 분비한다. 그래서 맥주를 잘 발효시킬 확률이 더 높아지는 것이다.

여성이 갈증에 시달리는 남자의 목이 가장 좋아하는 음료를 만드는 데 결정적인 역할을 했다는 점은 흔히 간과되고 있다. 맥주 제조에 많은 기여를 했다고 칭송받는 중세 수도원 이야기를 할 때에도 수녀원은 빼먹기 일쑤다. 여성의 기여는 중세뿐만 아니라 고대까지 거슬러 올라간다. 태초, 그러니까 수메르와 이집트에서도 여성은 (맥주)빵을 굽는 것뿐만 아니라, 맥주의 발효와 통에 옮기는 과정 그리고 공급을 감독하고 책임졌다. 살림살이 규모가 큰 집에서는 이 역할을 하녀가 맡았다.

맥주를 여과하는 과정을 그린 옛 그림에는 주로 남자들이 등장하지만, 실제로 고대 이집트에서 여자가 맡아서 하던 일이다. 남성 화가가 양심의 가책을 받아 그림에서나마 여자 대신 남자들이 그 일을 하도록 바꾸어 그렸기 때문에 그러할 것이다. 맥주를 여과하는 일은 아주 힘든 육체노동이었다.

곡물 농사도 대개 여자가 홀로 지었다. 남자는 사냥을 나가도록 역할을 분담했기 때문이다. 그러다 점차 사냥이 줄어들면서 남자들이 마땅히 할 일이 없어지자 집안일을 피할 수 없게 되었다. 이로써 맥주의 품질이 좋아졌는지는 의문이지만, 소비량만큼은 확실히 늘어났다.

그리스든 메소포타미아에서든 혹은 게르만족이든 맥주를 책임진 쪽은 언제나 여성이었다. 그리스의 여신 케

Miniſtra Zytopœia.
Faƈta equa, Nympha, rotas traho, Vaſa repurgo,
Dat vires Cereris Vis mihi coƈta Vadis.

Brawer Magd.
Die Brawer Mägd ſo in gemein/
Mit lehren Tonnen rumpeln herein.
Die ledign Gſeß reinigs vnd ſpieln/
Jns Brawhauß bringn/ vnd wider fülln.

17세기 단치히의 맥주 양조장 하녀. 그녀가 맡은 임무는 빈 맥주통을 수거해 세척한 뒤, 다시 맥주를 채워넣는 일이었다.

레스나 메소포타미아의 맥주 여신 닌카시 혹은 시라크Sirach 그리고 게르만의 술 여신 프리가를 보라. 1,000년이 넘는 세월 동안 맥주를 빚고 나누는 일에서부터 맥주 소비에 이르기까지 여자들은 남자를 압도하는 실력을 자랑했다.

"내 아들의 첩은 아주 고약한 인간이야. 아니 어쩌자고 매주 서너 번씩이나 하늘의 별들을 다 합쳐놓은 것만큼이나 많은 술을 퍼마실까……." 오를레앙 공작의 부인인 엘리자베스 샤를로테*의 탄식은 쉽게 그치지 않는다. "여기 프랑스에서 술 퍼마시는 일은 여자가 더해. 마자랭**의 마누라는 딸을 하나 남겨놓았는데, 이건 뭐 리슐리외 가문의 후작부인 못지않게 마셔대더군. 기사라는 작자들은 여자 친구뿐만 아니라 시녀하고도 퍼마셔. 여자가 실실 눈웃음이나 치며 애교를 떨면 말이야. 이곳 숙녀들이 남자보다 더 술을 즐기는 것은 모두에게 불행이야. 지금 섭정 중인 내 아들은 (우리끼리니까 하는 말이지만) 아주 빌어먹을 첩을 뒀어. 정말이지 폭음이라는 게 뭔지 몸소 보여주더군."77)

인류의 기억에 맥주를 마시며 고래고래 악을 쓰는 남자들로 각인되어 있는 게르만족조차 맥주를 빚는 일은 여자

---

* Elisabeth Charlotte 1652~1722 선제후 카를 루드비히의 딸로 1671년 루이 14세의 동생 오를레앙 공작 필립 1세와 결혼해 오를레앙 공작부인이 되었다. 베르사유 궁정의 일상생활과 귀족들의 은밀한 사생활을 담은 편지를 많이 남겼으며, 아들인 필립 2세가 루이 15세를 대신해 섭정했다.

** Jules Mazarin 1602~1661 프랑스의 정치가. 원래 이탈리아에서 태어났으나 1639년 프랑스로 귀화했다. 리슐리외의 후임이 되어 베스트팔렌 조약을 맺고 30년 전쟁을 유리하게 이끌어 합스부르크 왕조를 누르는 기염을 토했다.

몫이었다. 이런 풍습은 중세까지 계속 이어졌다. 편하게 지내려고 그랬는지, 아니면 중세 유럽이 '남성적이고 가부장적'이어서 그랬는지 모르지만, 술을 빚는 일만큼은 여자가 도맡았다. 맥주를 만드는 것은 언제나 가사노동의 일부였으며, 19세기까지만 하더라도 맥주를 끓이는 솥단지는 혼수 품목 가운데 하나였다.

예나 지금이나 단골 술집에 앉아 알딸딸하게 취한 남자들은 커피 모임을 즐기는 여자들의 수다가 귓전을 맴돌며 잔소리를 해대는 듯해 괴롭기만 하다. 이것은 남자들과 여자들이 술을 즐기는 방식이 사뭇 다르다는 것을 보여준다. 커피 모임은 역사적으로 맥주를 함께 즐기던 모임에서 유래했다. 즉 여성형 술판이라고나 할까. 남자들이 단골 술집을 찾아가 술을 마셨다면, 여자들은 직접 맥주를 빚어 이웃 아낙들을 초대해 함께 즐겼다. 떠들썩한 수다와 함께 신선한 맥주를 권커니 잣거니 하며 취할 때까지 마셔댔다.

중세에서 전해져 내려오는 '여성 학교'('술집'이라는 뜻)의 '여자들 술판'(여자만 들어갈 수 있음)만 봐도 여성들이 일찌감치 자기네끼리 모여 마시는 술맛에 길들여졌음을 알 수 있다.

아프리카 서쪽 지역에서는 오늘날까지도 여자만 맥주를 빚어서 팔 수 있다. 적어도 전통이 살아 있는 지방에서는 말이다. 어쨌거나 모든 음식을 장만하고 조리하는 것은 여자의 일인 동시에 특권이기도 하다. 술을 파는 여자는 경제적인 자유를 누린다. 매년 맥주를 팔아 올리는 수입이 이 지방 평균 수입의 열 배에 이를 정도이다. 맥줏집 여주인은 높은 수입 외에도 사회생활의 구심점이 되는 사교의 장을 마련해주면서 높은 사회적 특권을 누린다.

18세기까지 주로 홀로 사는 여자들이 맥줏집을 경영했다는 점에서도 알 수 있듯이, 맥주를 빚는 일은 살림살이의 바탕이었다(다른 업종과 비교해 여성의 참여가 특히 두드러진다). 1620년 뮌헨의 세무장부를 보면 전체 세금의 2%가 술집 여주인의 몫이었다. 이런 비중은 1770년에 20%까지 늘어났다가, 19세기에 들어서 다시 9%로 줄어들었다.

여자가 하는 맥줏집이 성업을 하자 중세의 마녀 사냥꾼들은 그 변태적인 시선을 맥줏집 여주인들에게 겨누었다. 아무튼 그들은 홀로 굳건히 살아가는 여자를 그냥 놔두는 법이 없었다. 1590년에는 맥주로 목욕을 했다는 황당한 죄목을 뒤집어씌워 술집 여주인 한 명을 화형에 처한 사건이 있었다. "7월 초 뮌헨에서 다섯 명의 마녀들이 화형에 처해졌다. 그 가운데에는 유명한 맥줏집 여주인이 있었는데, 진술에 따르면 그녀는 수많은 친구들과 더불어 맥아맥주로 목욕을 하고 이것을 팔았다고 한다."[78]

맥주잔에 남은 찌꺼기는 마녀의 주식으로 여겨졌으며, 심지어 두꺼비 마녀는 바닥에 흘린 맥주를 마신다는 소문이 떠돌았다. 뭔가 좋지 않은 일이 일어날 때마다 여자는 마녀라는 누명을 써야만 했다. 특히 맥주를 빚는 과정이 순조롭게 착착 이뤄지지 않을 때마다 여인들은 곤욕을 치렀다(구실은 이랬다. "마녀가 날아다니는 유령을 보내 양조장을

마녀가 악마와 마법사와 더불어 진탕 퍼마시고 있다. 17세기 한 무명 화가가 상상한 장면을 그린 것이다.

쑥대밭으로 만들어놨다." 이는 브란덴부르크에서 실제 있었던 사건이다). 또는 술에 취해 "광포할 정도로 난동을 부린 여인"도 마녀로 몰렸다(그녀는 아마 친정엄마가 보낸 걸쭉한 흑맥주 '몸예Momye'를 마시고 만취했던 모양이다. 1538년 스와브노*에서 벌어진 사건이다). 더욱이 마녀가 '타고 날아다닐 것'으로 쓰기 위해 맥주 솥단지를 훔친다는 믿음도 횡행했다.

맥주를 마실 때 거품을 훅 불어내는 풍습도 유행했다.

---

* Sławno 폴란드 북부의 도시.

거품을 그대로 둔 채 맥주를 마시면 마녀의 마력에 사로잡
힌다는 게 그 이유였다. 마녀라는 혐의를 벗을 유일한 특효
약은 그저 앉은 자세로 얌전히 술이나 퍼마시는 것이었다.
술에 취하면 마녀의 신비한 힘이 사라진다나. 아무튼 혐의
를 받는 일만큼은 피해야 했다. 자칫하다가는 불타는 장작
더미 위에서 인생을 마감하는 불행이 닥칠 테니까 말이다.

특히 잉글랜드의 '에일-도라도Ale-Dorado'*에서 '에일-와이
프Ale-wives'(맥주 마시는 마누라)가 있는 것은 흔한 현상이었
으며, 상당한 명성을 떨치기도 했다. 맥줏집 여주인 엘리노
어 룸민Elinour Rummin은 잉글랜드의 왕 헨리 7세1457~1509의 궁
정시인이 쓴 책의 표지를 장식할 정도였다.

농촌의 음주문화는 남자와 여자의 구별이 없었다. 여자
들은 남자 못지않게 자주 그리고 많이 마셔댔는데, 다만 상
황이 조금 달랐을 뿐이다. 여기서 말하는 '다른 상황'이라는
것은 출산했을 때 동네 아낙네들이 모여 술판을 벌인 것을
염두에 둔 표현이다. 아기가 태어나면 촌락의 여인들은 모두
초대를 받았다. "그리고 미리 충분한 양
의 맥주를 준비해둔 남편을 멋진 남자
라고 칭송했다. 섬약한 여인들이 뭘 그
리 많이 마시겠냐고 생각한다면, ……
단단히 잘못 생각한 것이다."79)

엘리노어 룸민 — 맥주를 잘 마시기로 유
명한 잉글랜드 여인.

---

* 황금향을 뜻하는 El Dorado에서 딴 말이다. Dorado는
'황금의'라는 뜻으로, 여기서는 맥줏집을 가리킨다.

여인들의 음주풍습은 갈수록 떠들썩해졌다. 그 좋은 예가 스칸디나비아 반도에서 볼 수 있던 이른바 '출산 축하 맥주 잔치'라는 이름의 요란뻑적지근한 행사였다. 당시만 하더라도 종종 마녀라는 혐의를 받곤 했던 산파가 그 선봉에 섰다. 출산을 앞둔 산모의 집에 많게는 서른 명까지 여인들이 모여, 산파의 주도 아래 맥주는 물론이고 온갖 기호품을 마음껏 먹고 마시며 흠씬 취했다. 16세기 덴마크의 유틀란트 반도 남쪽에서는 실제로 그런 축하연이 벌어진 기록이 전해진다. "거나하게 취한 여인들은 마을을 가로지르며 거리를 휩쓸었다. 정말이지 거칠기 짝이 없는 행렬이었다. 지나치는 집마다 닥치는 대로 들어가 고기, 달걀, 빵 등 눈에 띄는 것은 모조리 집어넣었다. 그런 식으로 노래를 부르고 춤을 추

산모와 '출산 축하 맥주 잔치'(1580년에 나온 산파 책의 표지 그림).

며 계속 나아갔다. 남자와 마주치면 모자를 머리에서 벗겼다. 그러면 남자는 산파와 거리에서 춤을 추어야 했다. 이때 빈 마차를 몰고 한 남자가 지나갔다. 당장 여인들은 마차를 에워쌌다. 남자의 모자가 허공을 날아다녔으며, 여자들은 마차에 기어올랐다. 앉고 서고 매달리며 저마다 자리를 잡자 마차가 덜컹거리며 달리기 시작했다. 놀랍고도 거칠기 짝이 없는 소동

1859년 잉글랜드에서 벌어진 '마녀' 처형.

이었다. 마침 마차가 대장간을 지나쳤다. 여자들은 잠시 대장장이와 즐기려 했다. 그러자 대장장이는 시뻘겋게 달아오른 쇠꼬챙이를 휘두르며 여자들 패거리가 달려드는 것을 막았다."[79a]

　여기서 자연스레 다음과 같은 물음이 고개를 든다. 자고로 여자들이 그토록 맥주를 즐겼다면 어째서 오늘날의 상황은 이리도 다를까? 왜 레스토랑에서 남자 손님은 당연한 것처럼 맥주를 주문하는 데 반해 여자는 와인이나 주스를 더 선호하는 것일까? 아마도 다음 글이 상황을 이해하는 데 적지 않은 도움을 주리라. "맥주는 단 한 번도 와인처럼 우아하고 고상한 적이 없었다. …… 아가씨들은 아무래도 그게 좀 걸리는 게 아닐까? 여자들은 외양에만 신경을 좀 써도 인간관계가 좋아질 수 있음을 남자들보다 더 잘 알고 있는 모양이다."[80]

형제여, 잔을 높이 드세!

공동체의 일원이 되기 위해 배워야 할 의례 가운데 가장 오랜 역사를 자랑하며, 제일 중요하고 직접적인 의례는 음주 예법이다. 특히 술 마시는 법은 제대로 배워야 한다. 그만큼 술잔을 부딪치는 일은 사회에서 중시되는 행사이다. 전통을 자랑하는 주문('건배!'는 그 가운데 하나일 뿐이며, 더없이 짧은 것이기도 하다)을 크게 외치며 마시는 술은 서로 어깨를 두들겨주는 것 이상의 의미가 있다. 사람들은 혼자서 아픔을 달래기도 하지만, 서로 어울리면서 결속을 다지고 행운을 빌어주며 공동의 책임을 강조하기도 한다. 16세기 중세 유럽에서는 어떤 형태든 술판이라면 기꺼이 환영받는 행사였으며, 반드시 만취가 되어야 끝이 났다. 취하기도 전에 슬그머니 술자리를 뜨는 짓은 공동체를 모욕하는 망동으로, 사회로부터 완전히 따돌림받을 각오를 해야 감행할 수 있는 모험이었다.

이처럼 술자리에서 친근한 분위기와 매서운 감시의 눈초리가 함께 어울리는 기묘한 상황이 연출되었다. 허락도 받

지 않고 술자리를 뜨는 몰염치한 짓이나 술판의 예절을 깨
는 일은 종종 주먹다짐을 불러일으킬 정도였다. 사실 이런
음주 예절과 의식은 수천 년을 두고 발전해온 것이기에 무
시 못할 위력을 발휘했다. 정확히 말해서 오늘날 술집은 유
구한 역사를 간직하고 있는 몇 안 되는 성소 가운데 하나이
다. 잔을 들어올려 건배를 하던 태곳적 생활방식이 그대로
살아 있지 않은가.

공동체의 결속을 다지는 음주 의식
은 뭐 그렇게까지 하나 싶을 정도로 까
다롭기도 했다. "무리를 지어 술집을 찾
은 손님들은 선창자의 구호에 따라 거의
동시에 잔을 남김없이 비워야만 했다.
잔에 남은 술의 높이가 1센티미터가 넘
으면 집단의 결속력이 약하다는 증거였
다."81)

사업이라고 해봤자 현상유지에 급
급할 뿐, 이윤이라는 것을 생각할 수 없
었던 산업화 이전 시대에 맥주는 곧 "풍
족한 삶"의 상징이자 "공정한 대가"였다.
함께 모여 맥주를 마시며, 동업자들은
고결한 의식을 통해 은총을 나누어 갖
는다는 느낌을 가졌다. 이게 바로 술이
가지고 온 결속력의 정체였다. 그러나
이는 동시에 서로의 행복을 위해 노력하

중세의 양조 기술자와 맥주를 운반하는
일꾼.

겠다는 의무에 대한 약속이기도 했다.

결국 언제나 알코올이 함께 있었던 것이다. 그리스 희극 이론만 하더라도 알코올을 건강에 도움이 되는 것으로 여겼다. 적당히 마시기만 한다면 알코올은 인간의 체액을 정화해줄 뿐만 아니라 혈액순환을 돕는다고 굳게 믿었다. 그리고 이런 믿음은 18세기까지 조금도 흔들림이 없었다.

술이든 커피든 '마신다'고 해서 다 같은 것은 아니다. 카페 안을 한번 둘러보면 이게 무슨 말인지 분명히 알 수 있다. 카페에는 혼자 앉아 있어도 이상하게 보는 사람이 별로 없다. 그러나 맥줏집에 혼자 앉아 술잔을 기울이고 있으면 사람들은 고개를 갸웃한다. 아무래도 무슨 심각한 고민이 있는 게 아닐까 하며 쳐다보기까지 한다. 뭐 그 정도는 아닐지라도 아무튼 튀어 보이는 행동임에는 틀림없다. 당사자가 어떤 사람이든 상관없이 말이다. 맥줏집에 혼자 있는 사람은 쓸쓸하고 외로워 보이나, 카페에서는 그저 혼자 있는 것일 뿐이다. 커피와 차는 마실 때 건배를 하는 일도 없다. 잔을 부딪치거나 따라주는 일도 찾아보기 힘들다. 커피와 차는 예나 지금이나 혼자 마시는 음료이다.

15세기에 당대 최고의 철학자였던 니콜라우스 쿠자누스*가 그때까지 실종된 것으로만 여겼던 타키투스의《게르마니아》를 다시 발견했을 때, 대중은 쌍수를 들어 환영했다. 기

---

* Nicolaus Cusanus 1401~1464 독일 출신의 철학자이자 신학자로, 근세철학을 여는 데 선구적인 업적을 쌓았다. 이성을 통해 보이지 않는 것을 추구하던 중세 전반의 전통으로부터 벗어나 이성 자체를 탐구하는 쪽으로 흐름을 바꾼 철학자이다. 추기경으로 종교를 개혁하는 일에도 적극 힘을 쏟았다.

독교 교회의 정신적 지배와 재갈물림에 넌더리를 냈던 사람들이 현세에 더욱 치중하면서 민족적 자부심을 갈구했기 때문이다. 상업의 번창과 도시의 번성은 자신감을 드높였지만, 이를 뒷받침할 정신적 바탕은 초라하기만 했던 게 당시의 상황이었다. 현세를 살아갈 의미와 자부심을 키우기 위한 초석의 하나로 민족의식은 더없이 훌륭한 것이었다. 《게르마니아》, 즉 게르만족의 뿌리에 열광한 이유는 바로 민족사의 근간을 발견했다는 기쁨 때문이 아니었을까?

한편, 정신적 빈곤에 시달리던 대중들은 자유를 만끽하고자 현실과 아주 밀착한, 실질적인 글들을 쏟아냈다(그사이 활자 인쇄술이 발명된 것도 여기에 한몫 단단히 거들었다). 글들은 한결같이 무엇이 인간 사회에 보탬이 되는 도덕적 행위인지 실마리를 찾으려 안간힘을 썼다. 이른바 '그로비안'* 문학이 대표적인 사례이다. 물론 이 문학은 '그로비안'이라는 기괴한 인물을 부정적인 본보기로 남기기는 했지만 말이다. 그러나 이런 부정적인 성향은 어디까지나 자유를 풍자적으로 묘사하려 한 장치였다.

독일어권에서 이런 흐름을 보여주는 가장 좋은 사례는 1494년 당대의 가장 유명한 작가였던 제바스티안 브란트**

---

* Grobian 무엇이 훌륭한 예절인지 감을 잡지 못하는 촌뜨기를 이르는 말. 거칠고 촌스럽다는 뜻의 독일어 '그로브grob'라는 단어에서 비롯된 조어이다. 15세기와 16세기에 유행한 이 문학은 풍자를 통해 당시의 거칠기만 한 풍습을 비꼰 것이다.

** Sebastian Brant 1457/58~1521 독일의 법학자. 스위스 바젤대학교의 교수를 지냈다. 《바보의 배》로 명성을 얻었으며, 당대의 인본주의자로 발돋움했다

가 쓴 《바보의 배Narrenschiff》이다. 이 작품에서 저자는 맥주를 마셔대는 술꾼을 바보이자 얼간이로 묘사한다. "우둔한 짓에만 몰두하는 촌뜨기여!"라고 일갈하는 브란트의 음성에는 신에게 매달리지 않고 살아가려는 인간의 몸부림이 담겨 있다.

> 내가 맥주 주정뱅이라고 이름은
> 홀로 커다란 통 하나를 그야말로 통째 마시는 인간이라.
> 완전히 술에 절어 해롱거리며
> 잘 살아보자고 문을 박차며 건배라고?
> 얼간이나 그토록 퍼마셔대겠지.
> 현명한 사람은 목표를 가지고 적절히 마신다네.
> 그래서 훨씬 더 건강하지.
> 아예 통째 들어붓는 사람에게 비할까.[82]

《문명화 과정》(노르베르트 엘리아스*)은 갈수록 개인 중심으로 흘러갔다. 그만큼 술에 취하는 것을 바라보는 태도도 제각각이었다. 눈살부터 찌푸리는 사람이 있는가 하면, 의미심장한 미소로 고개를 주억거리는 사람도 있었다. 이런 상황에서 적어도 겉으로는 자제력을 잃지 않는 모습을 보여야 한다는 일종의 사회적 강제가 작동했다. 술꾼이 개인적

---

* Norbert Elias 1897~1990 유대인의 혈통을 이어받아 독일에서 태어난 사회학자. 1933년 영국으로 건너가 주로 그곳과 네덜란드에서 활동했다. 20세기가 낳은 최고의 사회학자로 꼽히는 인물로, 《문명화 과정》은 그의 대표 저서이다.

인 치욕을 당할 위험은 그만큼 커졌다. 그러니까 취하지 않은 상태와 취한 상태 사이의 문턱을 완전히 넘어서지 않으면서도 술을 열심히 마셔대는 사람은 영웅이나 다름없었다. 알코올이 건강에 좋다고 굳게 믿던 사람들의 눈에 이보다 더 좋은 구실은 없었기 때문이다.

그러나 동시에 술꾼이 병자이자 사회적 '왕따'로 내돌림을 받기 시작한 것도 이즈음이다.

농부와 수공업자, 맥주 없인 노동도 축제도 없다

농부와 수공업자는 맥주 냄새가 물씬 나는 생활이 곧 일상이었다. 공동의 행사, 이를테면 파종이나 추수, 가축 사육 따위의 일은 중세에서 일종의 경제 공동체, 즉 마을 단위로 함께 해결했다. 그렇다고 해서 개별 농가에 자율권이 없었던 것은 아니다. 다만 농부들은 잘 알지 못하는 법이 지배하는 다른 고장의 시장을 위해 생산하는 일은 없었다.

오로지 자기네가 먹을 것만 농사를 지으면 그만이었다. 재고도 없고, 정부의 보조금을 받을 일도 없었다. 그저 가족이 먹고살 수 있으면 충분했다. 수입이 곧 지출이었다. 그 이상도 이하도 필요로 하지 않았다. 노동이 곧 인생이었고, 사람들과 어울려 즐기는 것조차 '여가'라고 부르지 않았다. 우리가 오늘날 알고 있는 '여가'라는 것은 없었으며, 또 누구도 그런 것을 아쉬워하지 않았다. 시간이 남아돈다고 해서

딱히 할 일이 있는 것도 아니었으며, 그런 시간이 무슨 대단한 가치를 갖지도 않았다.

이런 사회에서 공동체가 함께 즐기며 결속을 다지는 유일한 방법은 맥주를 나누어 마시고 얼큰하게 취해 일상의 고단함을 잊는 것이었다. 절기마다 돌아오는 명절과 세례식, 추수 감사 축제와 결혼식은 그야말로 생활의 꽃이었다. 불쾌하게 취한 상태는 잠시나마 평등한 사회를 만들어줬다. 누구도 앉을 수도 서 있을 수도 똑바로 볼 수도 없는 마당에 위아래가 무슨 소용이 있겠는가.

산업화가 되기 이전인 중세의 수공업자 역시 이득만 바라고 일하지는 않았다. 오히려 직업적 명예와 사회적 지위, 그리고 남 보란 듯 돈을 쓰는 것을 더욱 중요시했다. 수공업자의 터전은 길드였다. 길드가 수공업자의 생활반경을 결정했다. 크게 볼 때 수공업자의 생활은 자신의 살림집과 작업장 그리고 길드에서 운영하는 술집을 오가며 이루어졌다. 함께 술을 마시고 취한 동료를 자신의 집에서 재워주는 것은 너무도 당연한 일이었다. 말하자면 길드가 수공업자의 전부였던 셈이다.

길드는 곧 법정이자 경찰이었고 가족이자 친구였다. 길드 조합원들은 직영 술집에 모여 엄격한 규칙에 따라 계약을 따왔고 작업을 배분했다. 작업의 완결도 길드의 내규에 철저히 따랐다('내규Komment'는 본래 프랑스어 코망Comment, 즉 '어떻게?'라는 말에서 비롯된 것으로, 동료들의 촌평을 중시했다는 의미를 갖는다).

독일의 농부와 수공업자의 세계에서는 축제를 즐기며 평등한 문화를 갖기는 했지만, 사회적 격차는 아주 심했다. 같은 농부라 할지라도 자기 소유의 땅을 가진 자영농인 이른바 '자유 농부'의 처지와 영주의 땅을 부쳐 먹는 농노의 처지는 비할 바가 아니었다. 하물며 소작도 할 수 없는 머슴이나 날품을 팔아 근근이 하루하루 살아가는 일꾼이야 두말해 무엇할까. 수공업자도 장인(이른바 마이스터Meister)과 도제 사이의 위계질서가 아주 엄격했다. 피라미드형 계층 구조의 밑바닥을 이루는 사람들은 헤아릴 수 없이 많은 잉여 노동력이었다. 말 그대로 가진 것이라고는 불알 두 쪽밖에 없는 걸인들이 그들이었다.

16세기와 17세기에 걸쳐 이런 사회적 위계질서가 제대로 기능할 수 있게 묶어준 것은 바로 의식과 제례였다. 예배를 올리고 제례를 갖추며 술을 나누는 것은 곧 생산방식의 일부였다. 여기서 최우선시된 일은 먹고살 곡식을 확보하는 것이었으며, 세속의 위계질서가 그 명분과 의미를 잃지 않도록 하는 것이었다. 산업화 시대에 이르기까지 비교적 꾸준하게 이어져온 이런 의식과 풍습에서 가장 중요한 핵심은 함께 맥주를 마시는 일이었다.

그때그때 어떤 계기로 마시는가에 따라 맥주를 부르는 명칭도 아주 다양했다. '세례 축하연 맥주(킨델비어Kindelbier)'* 혹은 '영아 세례 맥주(킨즈타우프비어Kindstaufbier)', '출산 기

---

* '킨델'은 세례받는 아이를 가리키는 말로, 천사를 뜻하기도 한다.

념 맥주Lobelbier(로벨비어)' 따위는 아이의 출산일이나 세례식 때 마시는 것이었다. 논밭의 잡초를 뽑아주며 사이사이 마시는 맥주는 '겨우살이 맥주(미스텔비어Mistelbier)' 혹은 말 그대로 '잡초 맥주(그라스비어Grasbier)'라고 불렀다. 창문이나 벽에 보수 공사를 하며 마시는 '창문 맥주(펜스터비어Fensterbier)'나 '점토 맥주(레멜비어Lehmelbier)'도 있었다. 이웃에 새로 이사온 농부를 환영하는 뜻에서 마시는 '새 농부 맥주(노이바우어비어Neubauerbier)', 장례식을 치르고 마시는 '위로 맥주(트뢰스텔비어Tröstelbier)', 집을 짓는 건축 공사가 끝난 것을 축하하는 '완공 맥주(슐루스비어Schlussbier)'까지, 아무튼 술을 마실 기회는 차고 넘쳤다. 없으면 만들어내기도 했으니 말이다.

맥주는 농장 주인이나 수공업 장인이 소작료를 계산하거나 하인들 또는 수공업자들의 보수를 줄 때 사용하던 긴요한 지불수단 가운데 하나였다(단지 숙식만 해결해주는 것으로 끝낼 수야 없지 않은가. 이 말은 어째서 맥주가 중요한 지불수단이 될 수 있었는지를 간단하게 설명해준다. '고용주'가 '일꾼'을 쓰며 의무적으로 해결해야 하는 숙식과 보수의 일부로 맥주는 그 역할을 훌륭히 감당했다. 식당 종업원에게 팁의 뜻으로 주는 '트링크겔트'도 마찬가지다. 이것은 마셔 없애라고 주는 게 아니라, 일을 하는 데 꼭 필요한 마실 것을 해결하라는 의미로 주는 것이었다). "곡식이 익어

---

* Hans Sebald Beham 1500~1550 독일 출신의 화가. 알브레히트 뒤러Albrecht Dürer의 휘하에서 그림을 배우고 작업했다.

마을 성전 건축 봉헌식 광경. 한스 제발트 베함*이라는 작가의 1535년 목판화이다. 맥주통이 시원해지도록 땅을 파서 묻어둔 게 이채롭다.

추수할 때 일꾼들은 맥주를 한 통 받았다. …… 받은 게 다 떨어지면 다시 맥주를 한 통 더 받았다. 보리와 메밀이 떨어져도 맥주를 한 통 받았다. 잡초를 다 뽑고 나면, 역시 맥주를 한 통 받았으며, '미하엘리' 때마다 노임을 계산할 때도 …… 지불수단은 맥주 한 통이었다."[83]

물론 이런 보수는 신분에 따라 달라졌다. 수공업 작업장의 도제는 아주 간단한 먹을거리와 약한 맥주를, 그것도 아주 조금 받았을 뿐이다. 정식 직원이나 기능공은 더 많은 맥주를 요구할 권리가 있었다. 함께 모여 앉아 술잔을 나눌 때면 언제 누가 일을 하고 누구는 쉴지 따위를 정했다. 언제, 어떻게, 누구와 술을 마실지도 엄격한 규칙에 따랐다. 이른바 '음주 예법'이라는 게 있었다. 예를 들어 새로 들어온 직공은 정해진 양의 맥주를 반드시 마셔야 하는 신고식을 치렀다. 또 참가자들은 저마다 정확하게 정해진 태도와 행동을 준수해야만 했다. "…… 처음으로 작업을 나온 인부가 밭에서 잡초를 뽑을 때에는 정해진 양의 맥주는 반드시 마셔야만 했으니, 주인이 맥주를 충분히 가진 한에서, 이 법도를 지켜야만 했다. …… 술판에서 무례한 언동을 하는 것은 범죄와 다름없이 다스렸다. 술자리에서는 언제나 바른 자세를 갖춰야 했다."[84]

함께 맥주를 마시는 자리는 더불어 소통하려는 인간의 근본 욕구를 풀어주는 중요한 장이었다. 물론 음주 예법으로 맥주를 마시는 때를 규제하기는 했지만, 이는 다른 한편 엄격한 신분제를 자랑하는 봉건주의 사회에서 음주를 그만큼 중시했다는 반증이기도 하다.

여기저기 떠돌아다니며 일을 배우는 순회 도제는 자신을 '손님'으로 받아달라고 청하면서 사전에 정해진 엄격한 통과의례를 거쳐야만 했다. 그 일차 관문이 바로 술을 마시는 것이었다. 작업장 운영을 책임진 노련한 직공이 손님 자격을 요구하는 도제를 심사하는 절차는 무척 까다로웠다. 세세한 규칙은 조합마다 조금씩 달랐다.

도제를 심사하는 자리는 곧 술판이었다. 엄격하기는 했지만 술자리를 갖는 목적은 어디까지나 함께 즐겁게 일할 수 있는 분위기를 만드는 것이었다. 힘든 상황에서도 여유를 잃지 않고 동료들과 잘 어울릴 수 있는지, 또 서로 의견을 나누는 데 부족함은 없는지 살피는 것이야말로 장인의 의무이자 특권이었다. 그러니까 이들에게 술자리란 단순히 흥청망청 즐기는 자리가 아니라, 나름 멋지고 훌륭한 삶을 꾸리려는 노력의 일환이었던 것이다. 당시에는 술을 입에도 대지 않고 착실하고 차분하게만 살아서는 승진의 기회가 거의 없었다고 해도 과언이 아니다. 새로 도제를 받아들일 때도, 도제가 정식 직공으로 승진할 때도 늘 술이 먼저 흘렀다. 그렇게 하지 않으면 사실 즐길 일이 없던 시절이었다.

마음껏 즐기려무나. 너희 모든 동료와 함께!
걱정과 근심으로 시간을 헛되이 하지 말지니.
즐겁고 신나게 마시며 맥주를 아끼지 마라.
우리에게 생명을 허락하신 주님께서 매일 더욱

많은 것을 베푸시지 않더냐.
서로 존중하는 가운데 즐기는 것은
누구라도 막을 일이 아니다.
그저 아무 말도 하지 않고 슬퍼 괴로워하면
몸과 마음이 무너지고 말리라.
그러니 우울함은 떨쳐버리자.
이제 마음껏 즐기고 신나게 놀자꾸나.[85]

중세에서 맥주를 마시는 의식과 술자리는 수공업자나 농사꾼의 일거수일투족이나 마찬가지였다. 길드나 의형제의 연을 맺든, 마이스터와 도제 사이에 주급 협상을 하든, 아니면 길을 가다 그저 우연히 만난 사이더라도, 지켜야 할 주도는 아주 엄격했다. 조금이라도 거슬렸다가는 땅에 발붙이고 살 수 없었다. 하기야 시원한 황금빛 소나기를 누가 피하랴. "손으로 덮을 수 없을 정도로 맥주를 쏟는다거나 흘리면, 벌을 받으리라. 탁자 밑에 발로 가릴 수 없을 정도로 맥주를 흘렸다가는 갑절의 벌을 감당해야 하리라. 아무리 공짜가 좋아도 수챗구멍으로 흐르는 맥주를 마셨다가는 아예 그 구멍에 얼굴을 쑤셔넣으리라."[86]

세상을 떠돌며 배움의 길에 나선 도제는 그 여정에서 매일 새로운 의식과 걸쭉한 명언을 챙겼다. 이런 지식이 많을수록 고향의 조합에서는 대환영과 함께 존경을 받았다. 진

---

* Ludwig Richter 낭만주의를 대표하는 독일의 화가.

술집 풍경. 루트비히 리히터*의 목판화.

귀한 명언을 많이 챙긴 도제일수록 멀리까지 가서, 아주 많은 것을 배웠다는 증거이기 때문이다(물론 가장 많이 마셨다는 의미도 된다).

도제는 수련 기간이 끝나면 정식으로 조합에 받아들여졌다. 물론 이런 영광을 누리기까지 치러야 할 대가는 아주 혹독했다. 쓸고 닦고 온갖 허드렛일을 도맡는 시련과 시험을 거쳐야만 '환영'의 술자리에서 한 자리를 차지할 수 있었다. 여기서 '환영'이란 조합에서 하사하는 공식 술잔의 이름이었다. 도제는 아주 상세하게 정해진 절차에 따라 이 잔에 담긴 맥주를 단 한 방울도 남기지 않고 마셔야만 했다. 단숨에 술잔을 비우고 머리 위로 거꾸로 드는 순간, 조합은 성대한 축하연의 개최를 선포했다. 매년 정기적으로 갖는 회동에서 계속 새로운 의식이 늘어났으며, 시험 합격자들도 그 수를 불렸다. 기발함을 자랑하는 창의성은 끝을 모르고 이어졌다. 그럴수록 집단의식은 외부와 명확한 선을 그었고, 안으로 공고한 결속을 다졌다. 그 중심에는 언제나 맥주가 있었다.

'환영' 자리에는 언제나 세 가지 멋진 것이 나타나지.
첫째가 달콤하고 맛좋은 술이며,
둘째는 황금으로 도금한 닻이고,
셋째는 한 권의 작은 명부라네.
그 안에는 네 자랑스러운 이름이 들어 있지.
너라면 이 가운데 뭘 가질래?

외람되지만 제 자랑스러운 이름을 주세요!
기꺼이! 찾는다면 구할 것이야.

이제 '환영'이 도제의 손에 건네진다.

자, 기꺼운 마음으로 권하노라! 여기 너에게
최고의 찬사를 바치리니.
두 번째 '환영'을 들라. …… 바닥까지
남김없이 마실지라. 그러면 너는 찾으리라.
네 심장이 갈구하는 것을!

도제가 마신다.

마셔, 녀석아, 마셔!
마셔, 녀석아, 마셔!
너의 명예로운 도제 이름을 마셔라!
마셔, 마셔, 마셔라!

마시고 난 다음 '환영'은 탁자 위에 물구나무를 선다. 도
제가 입을 연다.

자, 기쁨으로 마셨노라!
'환영'으로 하여금 그 도리를 다하게 했노라.
아래에 있는 것은 반드시 위로 가리라!87)

오늘날 '환영'은 '신고'라고 불린다. 공사판 같은 데서 신참이 들어오면 대개 선배들에게 맥주 몇 박스를 돌리는데, 이는 '신고'를 하는 의미에서 선배들에게 한턱내는 것이다.

대학생의 음주문화, 만취를 찬양하다

12세기 볼로냐에 유럽 최초의 대학이 세워진 이래 대학생의 생활 역시 공동체가 주도했다. 중세 대학에서 사생활이란 생각할 수 없는 것이었다. 대학의 권위자들은 맥주를 두고 "걸쭉하기만 한 게 사악한 악마가 인간을 망치려고 꾸며낸, 인체에 해로운 액체"라고 정의했지만, 대학생들은 없어서 못 마실 정도로 맥주를 즐겼다. 학내에서 구할 수 있는 음료의 양과 질을 엄격하게 정한 규칙이 지켜지는지 이른바 "세레비지아리우스Cerevisiarius", 즉 '맥주 감독'이 두 눈을 부릅뜨고 감시를 하기도 했다. 그러나 그런 제도나 술집 맥주를 막는 온갖 훈령으로 음주 동아리가 무수히 생겨나는 것을 막지는 못했다. 저마다 기기묘묘한 관례와 의식을 자랑하는 통에 도처에서 세속과 신국을 다스리는 '왕'과 '교황'이 경합을 벌였다. 세속에 치중하는 클럽 회장은 '왕'이었고, 종교적 색채가 짙은 동아리 회장은 '교황'이었다. 성이나 속이나 맥주를 즐기는 것만큼은 어쩜 그리도 똑같은지…….

대학에서는 법학 개념으로 무장한 주도酒道가 만들어졌다. 1616년 '블라지오 물티비부스Blasio Multibibus'(술고래)라는 익명의 저자는 《와인과 맥주를 두루 겪은 졸업생Beider Wein und Bier Candidaten》이라는 제목의 책을 펴냈다. 이 책은 대학생이 주도를 주제로 쓴 첫 작품이다. "술을 겨루는 것은 도자기잔이나 유리잔 혹은 사발 따위의 와인을 담을 수 있는 식기로 다투는 심각하고도 진지한 결투이다. 음주의 권리, 혹은 말 그대로 폭음에서 비롯된 만취의 권리는 술을 마시는 축하연의 장엄하고도 화려한 의미를 그대로 담고 있다. 이런 법과 권리를 따르느냐 그렇지 않느냐에 따라 상대가 무슨 잘못과 죄를 짓게 되는지, 여기서 설명하고 보여줄 생각이다."

여기서 술고래 블라지오가 말하고 있는 것은 대학생으로서 지켜야 할 행동 규범이다. 찾아온 친구에게 '환영'을, 명예의 잔을 권하는 것은 대학생의 기본 도리에 속했다. 형제의 우의를 담아 술을 나누는 게 인간 윤리의 역사로 자리 잡은 것이다. 그러나 술고래 블라지오는 깨지기 쉬운 술자리 우정의 섬약함도 모르지 않았다. "그처럼 잔에서 솟아나는 우정은 …… 아직 강인하고 꾸준한 게 아니기에 더욱 키워줄 필요가 있다."88)

주도는 예나 지금이나 제례와 의식의 분위기를 물씬 풍긴다. 상호 왕래를 뜻하는 교역Kommerz, 영: Commerce은 다양한 의식으로 술에 취해 일어날 수 있는 불안한 상황을 다스리려 했다. 원래 교역이라는 말은 이 시기에 생겨난 것으로, 공동체가 함께 술을 주고받는 것을 가리키는 단어였다. 그러니까 아무리 술에 취하더라도 체면을 잃는 짓은 절대 금

높이 치켜든 맥주잔에서 자랑스러움이 뚝뚝 묻어난다. 지금 이 광경은 1920년에 벌어진 생일 축하연이다.

물이었다. 술을 마실 때에는 확고한 법도에 따라 주변을 신경 써야만 했다. 서로 우의를 다지든 환영을 하든 술잔을 기울이는 것은 상호 신뢰와 존중의 표현이었으며, 물건을 주고받는 거래의 일부로 당사자들이 지켜야 할 위계질서를 나타냈다.

대학생들의 단체와 향우회가 처음 등장한 것은 17세기의 일이다. 이는 오늘날 볼 수 있는 대학생들의 학우회와 동아리 등의 전신인 셈이다. 이런 단체는 길드의 성격이 강했다. 특히 같은 지역 출신끼리 모임을 결성하는 일이 잦았다. 처음에는 모임의 이름도 정하지 않았으며, 회칙이라는 것도 없었다. 중요한 것은 함께 모여 노는 일이었으며, 술을 마시는 게 주목적이었다. 이런 식으로 우정을 다지는 것은 오늘날도 크게 다르지 않다.

음주 제국과 맥주 왕국은 최고의 술꾼에게 짧기만 한 인생에서 적어도 한 번쯤 정상의 자리에 오를 기회를 주었다. 다시 말해서 최고의 술꾼은 '독토르 세레비지아에 에트 비니Doctor Cerevisiae et Vini'(맥주와 와인 박사)의 영예를 안았다. 학장을 상석에 모시고 맥주학과도 생겨났다. 여기서 학장이라 함은 물론 '산전수전 다 겪은 술꾼'이 누릴 수 있는 최고의 명예였다. 이 모임에 들어가기 위해서는 맥주가 철철 넘쳐흐르는 의식을 통과해야만 했다. 모든 박사들이 일체 모자를 쓰지 않고 탁자에 둘러앉는다. 탁자 앞에 선 지원자는 모임에 들고 싶다는 소망을 피력한다. 우선 첫 번째 1,000cc 잔을 단숨에 비운다. 참가한 박사들이 고개를 끄덕이면 지원자의 본격적인 시험이 시작된다. 우선 경합 상대를 서너 명 고른다. 맥주 마시기 시합을 벌이기 위해서다. 간택을 받은 선배들 가운데 첫 번째 사람이 시작한다. "너와 일합을 겨루기 위해 나는 1,000cc 석 잔을 비우겠다!" 그는 말을 마치기가 무섭게 빛의 속도로 잔을 비워낸다. 후보 역시 이에 필적하는 솜씨를 보여줘야 한다. 몇 차례 같은 과정을 반복해 완전히 취하더라도 꼿꼿이 서 있어야 시험에 통과할 수 있다. 너무 많이 마셔 토한다고 해서 시험이 중지되는 것은 아니다. 합격되고 나서도 어느 정도 정해진 시간이 지나야 마침내 갈구하던 박사의 영예를 누릴 수 있다.

대학생이 즐기던 술자리 풍습의 또 다른 예는 이른바 '교황 놀이'라는 것이다.

"참석자들이 원탁에 둘러앉는다. 탁자 위에는 원을 그

리고 참석자 수만큼 균등하게 영역을 분할한다. 그러니까 저마다 자기 영역을 갖는 셈이다. 원의 중심에는 대못을 하나 박아놓고 가운데 구멍을 뚫은 가벼운 나뭇조각을 둔다. 이 나뭇조각을 돌려 그 끝이 가리키는 영역의 주인이 술래가 된다. 이제 술래는 1,000cc 한 잔을 죽 들이켠다. 술을 마심과 동시에 술래의 계급은 한 등급 높아진다. 처음에는 참가자 모두 평민이자 막내이다. 이제 병사가 되었다가 하사로 진급하는 식으로 군대의 계급을 따라 올라간다. 술래를 정하는 나뭇조각이 멈출 때마다 백작, 후작, 공작, 제후, 왕, 황제에 이르기까지 신분 상승의 쾌감을 맛본다. 물론 계급이 오를 때마다 대가를 치러야 한다. 대가라 함은 물론 맥주를 말한다. 황제보다 더욱 영광스러운 자리는 대학생이다. 마침내 대학생의 자리에 오른 참가자는 이내 몇 곡의 대학 찬가를 불러야 한다. 대학생에서 한 단계 더 올라간 자리는 추기경이다. 마침내 네 명의 추기경 가운데 한 사람이 교황의 권좌에 오른다.

　나뭇조각으로 선발된 기수는 이제 자신의 모자를 쓰고 파이프 담배를 피울 수 있다. 승진을 못하고 남은 친구들은 모자를 쓸 수 없으며, 담배는 엄두도 못 낸다. 이 멋진 놀이가 자랑하는 휘황함을 그대로 묘사하기 위해 나는 거기서 쓰는 모든 조어들을 구사하지 않을 수 없다. …… 각자 상대방의 계급을 똑똑히 기억해야만 한다. 잊었다가는 벌주가 기다린다. …… 드디어 교황이 선출되면 참가자들은 주섬주섬 자리에서 일어난다. 네 명의 추기경들은 회전 나무판을 돌려 선발한 교황을 의자에 앉힌 채 탁자 위로 들어올린다. 교황의 명예로운 얼굴은 하얀 침대보를 뒤집어쓰고 노래를 부른다. '오, 렉토르 렉토룸O lector lectorum'(오, 스승이여, 스승님이시여) 이 노래가 열두 구절로 이루어져 있으니 교황은 열두 잔의 맥주를 마셔야만 한다(12,000cc!). 교황이 노래를 부르는 동안 놀이 참가자들은 불을 붙인 파이프를 수건으로 가리고 뻐끔뻐끔 연기를 뿜어댄다. 교황과 추기경들이 보이지 않게 하려는 수작이다. 통상 서글프기 짝이 없는 이 시간 때우기 놀이는 참가자들이 만취하고 교황이 주변의 열렬한 환호성과 함께 의자에서 굴러 떨어지는 그 순간 끝이 났다."[89]

1790년 이후 대학생들의 술자리인 '향연'은 호스피스*라는 이름으로 불리면서 더욱 거창해졌다. "판을 벌이자! 모두 자리를 차지하고 앉아라. 호스피스의 시작이다. …… 돈 내고 먹을 애들은 그렇게 해라. 아니면 '요란하게 꾸미든가.' 다른 친구들을 초대하고 그 술값을 대신 내며 향연을 베푸는 자는 호스피스를 지휘하는 총독이라 부르리라. 호스피스는 아주 엄격하거나 혹은 그보다 조금 약한 정도였다. 엄격하다는 것은 총독의 명령을 참가자들이 충실히 따라야 한다는 뜻이다. 총독의 완전한 권력을 상징하는 지팡이에는 집

---

* Hospiz 영어로는 hospice이다. 원래 중세 시대에 성지 순례자가 하룻밤 쉬어가는 곳을 뜻했다. 예루살렘의 성지 탈환을 위한 십자군 전쟁 때 많은 부상자를 호스피스에 수용해 치료하면서 임종을 앞둔 사람들의 안식처라는 뜻을 갖게 되었다. 여기서는 막판까지 마셔보자는 결의를 반영한 표현이랄까.

열쇠가 달려 있다. 총독은 너희를 해방시켜 마음껏 마시고 노래 부르게 하리라. 무엇이 진짜 '독한 맥주'인지 일러주리라. 누구도 총독의 허락 없이 자리에서 일어나서는 안 된다. 미리 어깨를 두드리고 '양해 좀 구할게!'라는 말도 없이 자리를 뜨는 녀석은 서너 잔의 벌주를 마셔야만 한다. 강제로 권하는 술잔은, 의리의 잔은 누구도 거부할 수 없다."[90]

이런 술판의 중심에는 종종 '할아버지'가 있었다. 일찍 목표에 도달한 친구가 체면을 구기지 않고 요강에 토할 수 있게 해주는 역할을 맡은 이가 이른바 '할아버지'였다. 깨끗이 속을 비워내고 계속 마시라고 말이다. 아무튼 대학생의 학우회 생활에서 술집은 결투와 더불어 가장 큰 비중을 차지했다. 대학생에게 맥주를 마실 기회는 차고 넘쳤다. 기회가 없다면 지독할 정도로 꼼꼼하게 정해놓은 규칙에 따라 갖가지 구실을 만들어가며 술자리를 새롭게 지어내기도 했다.

교복을 입은 용감한 여대생들도 가끔 맥주를 즐겼나니(1910).

지나치게 많이 마시면 막판에는 꼭 멱살잡이가 벌어진다고 생각할 수도 있지만, 실제로 중세 시대의 술 나누는 의식은 평화를 이루는 역할을 했다. 길드의 음주 의식은 쌈닭들이 체면을 잃지 않고 서로 마음의 벽을 허물게 해주었기 때문이다. 수공업자들 역시 분기마다 하루를 정해 이런 평화협정을 자축했다. 더 나아가 주마다 '맥주잔의 날Krugtage'을 섬기기도 했다. 이날을 위해 푼돈을 모았다가 마음껏 마셔댔다. 매주 하루, 곧 '우울한 월요일Blauer Montag 영: Blue Monday'에는 도제들이 일을 하지 않았다 (여기서 '푸르다Blau'라는 말은 작취미성昨醉未醒의 상태를 가리킨다. 너무 많이 마셔 머리가 푸르게 멍들었다는 의미랄까. 이 말은 도장업계에서 유래했다는 설이 있다. 푸른색 염료를 만들려면 색을 칠해야 하는 곳에 오줌을 누어야 하는데, 오줌을 줄기차게 누려면 맥주를 마셔줘야 한다는 것이다. 정말 맞는 말일까? 아리송한 문제다). 도제들은 모여서 함께 술을 마셨다. 이는 장인을 상대로 싸워 쟁취한 권리였다. 권리를 지키는 데에도 역시 뜨거운 투쟁을 벌였다. 술판에 참가해 함께 술을 나누며 주도를 지키는 것은 구속력을 갖는 의무였으며, '멍하고 몽롱한 월요일'은 종종 수요일까지 이어졌다.

중세 전반에 걸쳐 맥주가 없는 성인식은 거의 생각하기 어려운 일이었다. 우승컵처럼 생긴 커다란 잔은 대학생 동아리와 수공업자 조합 혹은 농부들의 농촌 공동체의 사회적 상징이었다. 이런 잔에 담긴 맥주를 마시지 않고 어찌 어른이 될 수 있단 말인가. 이처럼 맥주를 마시는 일은 공동체의 생산방식과 개인의 노동환경과 밀접히 연관된 독특한 논리를 따랐다.

산업화의 시작과 더불어 새로운 사회계급이 생겨났다. 이른바 '산업 프롤레타리아'이다. 프롤레타리아의 출현과 동시에 증류를 한 화주, 곧 브랜디가 사람들의 마음을 사로잡기 시작했으며, 개인이 혼자 쓸쓸하게 술잔을 기울이는 일이 늘어났다. 화주는 상황을 복잡하게 만들었다. '불에 끓인 와인'을 약이라고 여기던 시절이라 약국에서 화주를 취급해 사람들은 약국을 '술방'이라고도 불렀다. 그러나 화주는, 환자가 아닌 사람들도 찾게 된 14세기부터 유럽에 급속도로 전파되었다. 새로 출현하는 기호품이 대개 그러하듯 화주 역시 200년 동안 법으로 금지된 품목에 속했다. 그러나 적당히 법적 규제를 가하며 판매하면 엄청난 세금 수입을 올릴 수 있다는 데 정권이 눈을 뜨면서 이런 금지는 무너졌다. 여러 기호품에서 볼 수 있는 합법화 과정이 그대로 되풀이된 셈이다.

일자리에서 마시는 화주는 종종 완전히 근무 불능 상태를 초래했다. 이는 맥주까지 불신의 늪에 빠뜨리는 결과를 낳았다. 도수가 높은 화주를 마시다 보면 강도라도 맞은 듯 갑작스레 취하는 통에, 주도라는 것도 사회적 책임을 다하기 어려워졌다. 길드의 사회적 영향력이 약해지고 고농도의 알코올이 득세를 하기 시작하면서, 음주 예법은 갈수록 의미를 잃었다. 음주는 나날이 파괴적인 면모를 자랑하게 되었다. "홉과 맥아즙은 뒷전으로 밀려난 것"처럼 보였다.

그러나 17세기에 브랜디의 인기가 절정에 이르렀음에도 수공업자의 생활에서 맥주를 완전히 몰아내지는 못했다. 자기 신분과 명예에 자부심을 가진 수공업자가 여전히 찾는 술은 맥주였다. 수공업자는 수백 년에 걸친 길드의 전통을 지키고자 안간힘을 썼다. 이들은 손님을 맞이할 때 먹이고 재우며 마실 것을 대접하는 것을 따로 떼어 생각하지 않았다. 단골 술집을 찾아 우의를 다지는 대학생들 역시 마찬가지였다. 농부들은 그들만의 독특한 명절문화를 결코 버리지 않았다.

중세 사람들이 거칠 것 없이 마음 놓고 술을 마셔도 아무런 사회적 통제가 필요 없었던 반면, 이제 막 동이 트기 시작한 근대에 들어서는 주저 없이 술을 마시려면 먼저 자기 통제부터 피해야만 했다. 이때부터 개인의 의식이 커지고, 자기 관리가 철저해진 탓이다. 《음주의 힘Macht der Trunkenheit》이라는 책을 쓴 하소 슈포데*는 중세의 만취야말로 "마법적 실천인 동시에 사회적 의무"라고 진단했다. 91) 반면, 갓 막이 오른 근대 사회의 시민과 궁정관료는 자신의 사업과 경력을 위해서는 맑은 정신 상태가 반드시 필요하다고 보았다.

술집, 이방인의 안식처

"리딩의 토머스**는 자주 런던을 방문해야 했다. 사업 때문이기도 했지만, 왕이 명령한 일들을 해결해야만 했기 때문

---

* Hasso Spode 1951년생인 독일의 역사가. 식료품업계에 종사하다가 학문에 뜻을 품고 역사학에 뛰어들었다. 알코올의 사회사에 관한 연구로 명성을 얻었다.

** Thomas Deloney 인물 정보를 알 길이 없다.

이다. 콜브루크Colebrooke의 술집 주인 부부는 올 때마다 두둑한 돈주머니를 보관하는 토머스에게 눈독을 들였다. 이미 손님들을 여러 번 살해한 경험이 있는 부부는 자기네끼리 토머스를 '뚱뚱한 돼지 새끼'라 부르며 그를 죽이고 돈을 빼앗을 생각을 했다.

부부는 사람을 죽이기로 결심할 때마다 다음과 같은 은밀한 대화를 나눴다. 먼저 남편이 아내에게 말을 건다. '이봐, 마누라. 오늘 여기 뚱뚱한 돼지 새끼가 한 마리 올 거야. 아주 요긴하게 쓸 수 있을걸.' 그러면 아내가 화답한다. '내일 아침까지 돼지우리 안에 잘 가두어두시구려.'

이런 일은 손님에게 동행이 없고, 돈을 아주 많이 가진 경우에 벌어졌다.

부부는 토머스에게 주방 위층의 방을 내주었다. 그곳은 아주 잘 꾸민 멋진 방이었다. 그 방에는 이 집에서 자랑하는 가장 좋은 침대가 놓여 있었다. 조금 작고 낮기는 했지만, 솜씨를 다해 깎고 다듬은 장식이 보기만 해도 흐뭇했다. 또 침대가 밀리지 않도록 다리에 못을 박아 바닥에 고정해두었다. 오리털을 넣은 이불은 침대에서 떨어지지 않도록 한쪽 모서리를 바느질해두었다. 결정적인 것은 침대가 놓인 방 바닥이었다. 아래층 주방에서 두 개의 커다란 쇠받침대를 잡아당기면 바닥이 아래로 열리면서 침대가 기울어졌다. 그러면 침대 위에서 자던 사람은 아래로 떨어질 수밖에 없었다. 바로 그 자리에 맥주를 빚는 커다란 솥단지가 걸려 있었다. 그러니까 제물로 삼은 손님을 주방 2층 방에 들이고, 한

밤중에 곤히 잠들었을 때 덜커덕 침대를 떨어뜨리는 것이다. 그러면 손님은 물이 펄펄 끓는 솥단지 안으로 직행할 수밖에 없었다. 워낙 급작스럽게 당하는지라 고함은커녕 찍소리 한 마디 못하고 희생자는 끓는 물에 익어버렸다."[92]

낯선 사람이라고 해서 모두 적은 아니지만, 적어도 적은 타인이다. 적은 그 존재만으로도 우리 기준과 맞지 않는 다른 게 있다는 확실한 증명이다. 옛날에야 꼴 보기 싫은 사람이 있으면 거리를 두면 그만이었다. 까짓 안 보고 살면 그만 아닌가. 그런데 그동안 사정이 변했다. 특히 갈등의 불씨를 들쑤시는 쪽은 우리 안에 있는 타인이다. 고개를 돌린다고 해서 외면할 수 없는 우리 안의 적을 상대하기란 무척 어려운 일이다. 지난 누천년 이래 변함없이 이어져온 상황이다. 우리 안의 적만 아니라면, 나머지야 손님을 접대하는 예법을 따르면 그만 아닌가. 그리스어 '크세노스xenos'만 보더라도 '손님'과 '타인'이라는 뜻을 동시에 담고 있었다. 이 말에 담겨 있던 이중의 의미가 분명하게 갈라져 나온 것은 라틴어에 이르러서다. '호스페스hospes'라는 단어가 손님 혹은 손님을 맞는 주인을 뜻했다면, '호스테스hostes'는 타인 혹은 적을 가리켰다(어근 '호스hos'는 '집'이라는 뜻과 함께 그 아래 머리를 누일 수 있는 '지붕'을 뜻한다).

어느 정도 법도만 지킨다면야 타인이라고 해서 터무니없이 부당한 대접을 받을 이유가 없다. 오히려 손님으로 환대를 받을 것이다. "옆에 가까이 있다는 것, 서로 비교할 처지에 놓인다는 것은 가장 치열한 적대감을 만드는 바탕이 된다. 타인은 그 존재만으로도 주인의 마음을 병들게 한다. 상처를 받았다는 느낌은 직접적인 공격을 촉발할 수 있다. 특히 거울에 비친 모습이 우월함이 아니라, 더없이 비참한 모습일 때 공격의 창날은 더욱 날카로워진다."[93]

적과 나 사이에 다리를 놓는다 하더라도 그 다리는 기껏해야 줄로 만든 약한 다리일 것이다. 밑을 내려다보기가 무서울 정도로 어지럽다. 특히나 지금의 현기증은 더더욱 위험하다. 다리를 놓는답시고 맥주에 흠뻑 취해버렸기 때문이다. 서로 좀 더 잘 알고 지내자며 나누던 술이 어느덧 머리 꼭대기까지 차오른 것이다. 인류는 거의 언제나, 무슨 구실을 붙여서든, 장소를 굳이 가릴 것도 없이, 알코올을 마셔왔다. 공적이든 사적이든, 술판이 크든 작든, 심지어 공공 수영장, 공원 등 물속이든 물 밖이든 가리지 않고 마셔댔다. 오죽했으면 성당이나 약국에서도 마셔댔을까. 동네 길모퉁이 선술집이든 길드의 조합원 전용 술집이든, 농장이든, 성이든, 맥주, 와인, 독주 등 종류를 불문하고 술은 없어서는 안 될 필수품이었다.

중세에 술을 내놓는 곳은 어디나 손님 접대의 고전적인 규칙을 지켰다. 술뿐만 아니라 먹을 것도 대접하고 잠자리도 돌봐주는 게 너무도 당연한 일로 여겨졌다. 봉건 사회에서 이런 접대 예법은 사회 구성원들의 전반적인 관계, 즉 정치지형을 보여주는 아주 중요한 거울이었다. 기사든 수도사든 상인이든 수공업자든 직업활동을 펼치며 자신의 힘과 권력을 자랑하기 위해서는 마차를 타든, 직접 안장에 올라 말을 타든, 끊임없이 돌아다녀야 했기 때문이다. 현대의 통신 기술 같은 것을 전혀 생각할 수 없던 시절, 세속의 권력자는 이처럼 몸소 떠돌아다녀야만 자신의 권력을 확인하고 지킬 수 있었다. 사정이 이렇다 보니 손님 접대 예법은 아주 까다로웠다. 베풀어야만 하는 주인 입장에서는 시도 때도 없이 찾아드는 손님맞이가 죽을 노릇이었다. 원치도 기다리지도 않은 손님을 치러야 하는 의무는 당연히 반대급부를 요구하게 만들었다.

경제는 날이 갈수록 한눈에 전체를 알아보기 어려울 정도로 발전했으며, 왕래는 더욱 활발해졌다. 도시가 성장하고, 화폐경제가 도입되면서 손님맞이는 더 이상 개인적인 문제로만 볼 수 없게 되었다. 바로 이 무렵 상업적인 접객업소가 번창하기 시작했다. 이를 통제하려는 정부의 날카로운 칼날 덕분에 일찍부터 고객의 필요에 맞춘 다양한 업소가 문을 열었다. 여행객의 숙식을 해결해주는 숙소와, 술이 고픈 사람들을 맞을 술집이 앞다퉈 영업을 시작했다. 물론 하고 싶다고 아무나 나설 수는 없었다. 접객업은 반드시 당국의 허가를 얻어야 했다. 영업 허가를 받는 데 가장 좋은 물질적 기반을 갖춘 쪽은 시민과 귀족 그리고 수도원이었다. 이들은 와인과 맥주를 빚을 특권까지 가지고 있어서 자기네가 소비하고 남은 것을 팔면 되니 더욱 좋았다.

선술집을 뜻하는 라틴어 '타베르나Taberna'는 유럽 중부에서 돈을 받고 술을 팔던 가장 오래된 역사를 가진 곳이다. 8세기와 9세기 그리고 10세기 가톨릭 교회 공의회의 기록에

동네 술집에 모인 사람들. 나부끼는 깃발은 새로 맥주통을 땄다는 광고이다(루트비히 리히터의 목판화).

서 이런 술집의 존재를 확인할 수 있다. 공의회는 성직자들
이 술을 마시려는 목적으로 이런 장소에 드나드는 것을 금
해야 한다고 목청을 높였다. '타베르나이Tabernae'(타베르나의
복수형)에서는 일상생활에 필요한 잡화를 팔면서 동시에 술
도 제공했는데, 그것을 '카우포caupo'라고 불렀다. 잡동사니
와 음료를 뜻하는 이 말에서 독일어 '카우프만Kaufmann'(상
인)이라는 단어가 유래했다.

　　이처럼 선술집은 로마인들이 만들어낸 것이다. 거대한
제국을 원거리 도로를 건설해 다스린 로마에서 선술집은 여
행객이 목을 축이며 주린 배도 채울 수 있는 고마운 곳이었
다. 초창기의 타베르나는 널빤지로 얼기설기 지은 허름한 곳
이었다. 사람들은 이 판잣집을 두고 종종 '신의 오두막'이라

고 불렀다(이것은 오늘날에도 있다. 뷔르템베르크의 개신교 자선봉사기관은 1997년에 한 교회의 널따란 앞뜰에서 이동이 가능한 나무집, 곧 '신의 오두막' 전시회를 가졌다. 노숙자 문제를 해결하는 데 도움을 주고자 기획한 행사였다). 허름하기는 해도 신의 보살핌을 받으며 몸과 마음의 조화를 이뤄내자는 다짐이었을까? 아무려나 몸과 마음이 각각 어울리는 양식을 얻은 것만은 분명하다. 이런 조합은 중세 후반까지 그대로 이어졌다.

세월이 흐르면서 장거리 교통이 활발해지고 화폐경제가 계속 발전하자 필요할 때에만 잠깐씩 문을 열던 타베르나는 19세기에 접어들면서 한 해 내내 영업을 하는 '타베르나 콘티누아Taberna continua'('상설 술집'이라는 뜻)로 자리를 잡았다. 이곳을 드나든 사람들은 가진 것이라곤 두 다리밖에 없어 늘 걸어다녀야만 했던 세계사의 방랑자들이다. 피곤에 전 이들이 무엇보다 갈구한 것은 목을 축일 한 모금 술이었다.

상업적 접객업소가 갈수록 번성하면서 그동안 성직자들이 운영하던 시설이나 상인과 수공업자의 자족체계도 성격이 달라질 수밖에 없었다. 일반인 손님은 줄어들었지만 직접 여행 다니는 일을 포기할 수 없었던 혹은 포기하고 싶지 않았던 수도사와 수공업자 및 상인은 그들의 전통적인 접객문화를 그대로 유지하고 발전시켰다. 물론 서로 주고받는 환대와 영접은 화폐경제의 기준으로는 생각할 수 없는 것이었다. 이들은 무엇보다도 주도를 확실히 지키는 것을 기본으로 삼다('환영'을 떠올려 볼 것). 같은 신분끼리 때로는 손님으로, 때로는 주인으로, 섬기고 섬김을 받는 예법이 든든한 전통으로 자리를 잡았다.

손님을 맞을 때 금전적 이해보다 마땅히 해야 할 도리를 중시하는 성속의 이런 전통은 15세기와 16세기에 등장한 상업적 접객업에 그대로 이어졌다. 업소의 주인은 누구도 거절해서는 안 된다고 법으로 못 박았다. 걸인일지라도 문전박대는 곤란하다는 의식은 손님을 중시한 전통의 산물이었다. "술집과 숙박업소를 경영하고자 하는 사람은 어려움에 빠진 손님에게 도움을 베풀 의무를 갖는다. …… 이를 지키지 않는 사람은 그 어떤 값을 치르더라도 술집을 열 수 없다."[94]

같은 시기의 또 다른 법령에서는 손님을 내치는 업소 주인은 벌금형에 처할 것이라고 으름장을 놓는다. 손님이 '페스트나 다른 불결한 병'을 앓지만 않는다면 말이다. 스위스의 입법자는 19세기까지 구빈원 원장에게 가난한 사람을 위해 무료로 숙식을 베풀도록 강제했다.

독일어에서 여인숙과 술집 등을 뜻하는 '헤어베르게Herberge, 가스트호프Gasthof, 가스트하우스Gasthaus, 비르트Wirt' 등에도 이 업종의 유래와 역사가 고스란히 녹아 있다. 오늘날 유스호스텔을 가리키는 '헤어베르게'는 말 그대로 군대Heer를 재우던 곳이다. 그러니까 군대 막사와 조금도 다를 바가 없다. 세월이 흐르면서 이 말은 여관 혹은 여인숙을 의미하는 '가스트호프'와 '가스트하우스'의 동의어로 쓰이게 되었다. 다수의 사람들을 재운다는 공통점이 그때그때 다르게 표현된 셈이다. 술집 주인을 뜻하는 '비르트'는 인도게르만어에 어원을 둔 것으로, 원래 '믿음, 신뢰, 호의' 등을 나타냈다. 그야말로 '진심'의 대표자가 술집 주인인 셈이다. 비르트가 친절을 베푸는 가스트하우스(직역하면 '손님의 집'이다)에는 옛정을 담은 접대 예절이 고스란히 살아 있다. 적어도 단어만 가지고 따진다면 말이다. 오늘날에도 비르트는 예법에 충실하게 손님을 환대해야 하는 의무를 가진 집 주인이라는 뜻이 강하다.

이런 개념을 돈이 오가는 거래관계로만 당연히 여기게 된 것은 서글픈 일이다. 진심 어린 환영이라는 본래 뜻이 사라지고 만 결과다. 오늘날에도 여전히 거래관계와 순수한 접대는 병행되고 있다. 그렇다고 돈을 주고 호의와 우의를 사는 게 법을 해치는 잘못도 아니거니와 부끄럽고 창피한 일은 더더욱 아니다. 다만 오늘날에는 그것을 '공과 사'로 가르고 있을 뿐이다.

중세에는 접대를 오늘날과 같이 엄밀하게 구분하지 않았다. 그럴 수밖에 없는 사정이 있었는데, 바로 맥주 때문이었다. 당시 시민은 누구나 맥주를 빚을 권리가 있었다. 세금을 충실히 내고, 이웃과 다투지 않으며, 맥주를 공개적으로 팔지만 않는다면 말이다. 앞에서도 언급했듯, 잘 익은 맥주를 가진 시민은 기분도 맥주 못지않게 좋아서 집 앞에 막대기를 세우고 깃발을 내걸었다. 어서 와서 함께 즐기자는 평화의 표시였다. 목마른 사람들이 달려들어 맥주를 달라고 하면 약간의 사례를 요구할 수는 있었다. 그러나 직업으로 전문적인 장사를 하는 것은 허락되지 않았다.

이처럼 즐겁게 손님을 맞는 전통은 18세기까지 효력이 지속되었다. 술집뿐만 아니라 식당과 여관 심지어 푸줏간에서까지 깃발을 내다 걸었다. 오늘날 양조장 벽에 네온 간판을 내걸고 손님의 발길을 유혹하는 것도 같은 맥락이 아닐까. 중세에 이른바 '간판의 법도'는 그 의미가 아주 컸다. 맥주를 빚은 술집 주인이 이제 팔 준비가 되었다고 내거는 간판은, 물론 당국에 세금을 내고 허락받은 행위였다. 이는 곧 술집 주인이 자신의 손님들을 평화롭게 지켜주겠다는 약속이었다. 그래서 중세에는 법의 보호를 받지 못하는 외지인도 술집에서만큼은 평화롭게 다른 손님들과 어울릴 수 있었다. 여기저기 다니며 세상 돌아가는 것을 간섭하고 조정하는 기사와 그 무리가 어느 술집에 자리를 잡고 그들의 문장이 새겨진 깃발을 내거는 것은 이곳만큼은 우리가 지키니 마음 놓고 마시자는 신호와 다르지 않았다. 이를테면 중세식의 광고랄까.

맥주를 얼마나 팔 수 있는지, 손님들이 행패를 부리지는 않는지, 세금은 어느 정도 내야 하는지 등 술집 운영을 다룬 시 당국의 법은 지역마다 큰 차이가 있었다. 하지만 술판의 끝만큼은 16세기부터 어디나 똑같았다. 이른바 '(맥주통) 꼭지 잠그기'가 그것이다. 예컨대 1577년부터 베를린에서는 전부 37개 항으로 이뤄진 엄격한 맥주 포고령을 발동했다. 그 가운데 하나는 저녁 9시 이후 맥주를 팔아서는 안 된다는 규정이었다. 9시만 되었다 하면 북을 둘러멘 병사가 돌아다니며 판매시간이 지났음을 북소리로 알렸다. 관리들은 술집마다 찾아다니며 백묵으로 맥주를 따르는 맥주통 꼭지를 틀어막았다. 이것을 빼내고 맥주를 따랐다가는 당장에 표가 나기 때문에 어길 수가 없었다. 병영에서 흔히 쓰는 '소등 신호 Zapfenstreich'라는 말은 여기서 비롯된 것이다. '꼭지 Zapf'를 틀어막는다는 게 소등하고 취침하라는 뜻으로 전의된 것이다. 북소리가 울릴 시간이 가까워 오면 민중은 북 치는 병사를 두고도 '소등 신호'라 불렀다. 또는 경찰이 맥주를 더 못 마시도록 종을 울린다며 '맥주 종소리'라고도 했다. "맥주종이 울리고 난 다음에도 집에서 술을 마시는 사람은 '시비타티 탄툼 civitati tantum'(시민법) 36조에 따라 처벌을 받는다. 물론 한두 잔 정도 마시던 건 끝까지 마셔도 좋다. 그러나 그 이상은 안 된다. 맥주종이 울렸는데도 집에서 시끄럽게 떠들고 놀면, 마찬가지로 처벌을 받는다. 그사이 노름에서 딴 돈은 돌려주지 않아도 되지만, 이 시간 이후 노름에서 오간 판돈은 모두 돌려줘야 한다."95)

접객업과 관련된 모든 업소는 가족이 먹고 남은 것을 여행객에게 판매하는 개인 가정집과 별로 다를 바가 없다. 또, 다를 이유가 뭐가 있겠는가? 손님을 대접하는 일의 뿌리는 가정에 있지 않은가. 식당의 원래 형태는 가정집 부엌으로, 중앙에 벽난로가 있고 주위에 삼삼오오 모여 앉아 밥을 먹는 식탁이 가족의 식사와 다르다면 그게 더 이상한 일이다. 물론 특별한 손님은 천민과 구별되는 공간을 따로 얻었다. 중세 유럽도 크게 다르지 않아서 18세기까지 모든 손님은 가족의 일상생활에 그대로 적응해야 했다.

손님을 대접하는 음식 역시 가족이 평소 먹는 것 그대로 였다. 물론 여유가 있다면야 특별한 뭔가가 더해지겠지만 말이다. 어쨌든 손님은 가족과 똑같이 먹었다. 차이라면 돈을 낸다는 것뿐이었다. 여행객의 왕래가 늘어나면서 자연히 주방도 커졌다. 그래서 결국 식당이라는 공간이 부엌에서 분리되었다. 그래서 19세기의 식당은 부엌에 있던 벽난로를 손님이 식사하는 공간으로 빼내기도 했다. 가정집 부엌과 같은 분위기를 연출하기 위해서 말이다. 오늘날과 다른 점이 있다면, 손님과 주방을 갈라놓으며 음식이 넘나드는 바가 당시에는 없었다는 것 정도이다.

신분을 넘어 형제애를 갈망하다

갈수록 상업화가 심해지면서 접대 공간은 우리가 오늘날 객실이라고 부르는 형태를 닮아갔다. 파는 사람과 사는 사람을 가르는 물리적 경계는 손님 접대의 변화 실상을 그대로 보여준다. 넘어설 수 없는 벽을 만들기 시작했는데, 모든 경계가 그러하듯 통제가 가능한 상황을 꾸며낸 것이다. 다시 말해서 안과 밖이 분명해졌다.

잉글랜드에서 '바bar'는 비교적 늦게 도입되었지만, 아주 인기를 끌었다. 바는 곧 (100%) '술집'의 동의어로 쓰이게 되었다. 바에 서서 술을 마시면 마시는 속도가 빨라질 뿐만 아니라, 동시에 서비스를 하기도 쉽다. 앵글로색슨 문화권에서 술집이 갈수록 바의 형태를 띠게 된 결정적인 이유다. 반면, 독일의 바는 길이가 짧다. 서서 마시기보다는 테이블에 앉아 즐기는 것을 더 선호하기 때문이다. 앉아서 마시면 훨씬 더 편하게 마실 수 있지 않은가. 잉글랜드 사람들이 'Comfort'라는 말을 즐겨 쓰는 것을 보면 못내 편안함이 아쉬운 모양이다. "잉글랜드의 술집은 그저 정신을 위로할 음료를 파는 가게에 지나지 않는다. 거기서는 서서 마시는 통에 누구도 술 한 잔 비우는 데 꼭 필요한 시간 이상 머물지 않는다. 서로 생각을 주고받는 어울림은 흔적도 찾아볼 수 없다."96)

세월이 가면서 바는 역설적이게도 시대를 거슬러 올라가는 시대착오적인 상황을 낳았다. 바 때문에 주인과 손님 사이에 경계가 생기고, 사이가 멀어진 것이 아니라 오히려 서로 무척 가까워지게 되었다. 저녁마다 고개를 들이미는 단골은 이내 주인과 가족처럼 지내는 관계가 되었다. 주인장과 손님의 관계가 새롭게 정의된 것이랄까. 단골은 편한 자리를 마다하고 굳이 바 앞에 앉았다. 이렇게 해서 독일 술집의 몇 백 년에 걸친 전통은 마치 주인집 안방을 찾은 것만 같은 분위기를 자아냈다. 자주 보는 단골들끼리 어울리면서, 아예 이들을 위한 지정석까지 생겼다. 여기서 단골들은 인생과 세상과 신을 안주 삼아 술잔을 기울였다. 이에 맞춤한 술은 역시 맥주였다. 맥주는 저녁 내내 마셔도 혀가 꼬이는 일이 별로 없었기 때문이다. 물론 인생과 세상과 신을 둘러싼 고담준론의 격은 좀 떨어지겠지만 말이다.

맥주를 마시는 독일 시민을 특히 유명하게 만든 것은 19세기의 3월 혁명 이전 시기*이다. 이른바 '바이스비어** 소시민'(바이스비어는 병 밑바닥에 효모가 가라앉아 있기 때문에 그걸 맛보기 위해서는 특별한 인내심이 요구되는 맥주이다)이라는 개운치 않은 여운을 남기는 애칭으로 독일인이 역사의 한 장에 오르게 된 것이다. 이는 독일 시민들이 술집에 앉아 정치논쟁을 격렬히 벌이면서도 별 뾰족한 결론을 내리지 못하는 것을 빗댄 표현이다. 하기야 독일 시민은 인내심만큼은 차고 넘쳤다. 술을 고르는 데서도 이런 면모는 유감없이 드러나지 않던가. 맥주, 그것도 따르기 까다로운 바이스비어를 효모까지 남김없이 마시고자 진지한 표정으로 끈질기게 시도하는 독일인에게서 혁명을 기대한다?! 아무튼 뭔가 바꾸기에는 너무나 지나친 인내심이었다.

돈을 내고 접대를 받는 것에는 얼핏 봐서는 떠올릴 수 없는 흥미로운 부수효과가 하나 있었다. 1500년 로테르담의 에라스무스***는 다음과 같이 썼다. "이 후끈한 실내는 모든 손님이 공통으로 누리는 것이다. …… 한 공간에 손님이 80명, 심지어는 90명까지 들어차는 일이 잦았다. 두 발로 걸어

---

* Vormärz 1848년부터 1849년에 걸쳐 일어난 3월 혁명이 무르익기까지의 시간을 가리키는 말이다. 정확히 빈Wien 체제에 대항해 자유를 쟁취하고자 일어난 전 유럽적 저항운동으로, 1815년에서 1848/49년까지를 지칭한다. 독일의 '3월 혁명'은 프랑크푸르트 국민회의의 발기로 공화국 건설에 시동을 걸었다.

** Weißbier 바이첸비어Weizenbier(밀맥주)를 이르는 다른 표현. 밀가루가 희다는 점에서 '흰 맥주'라는 이름이 붙었다.

다니거나 아니면 말을 타고 다니는 사람, 상인, 마부, 선주, 농부, 머슴, 아낙네, 건강한 놈, 환자 등등, 호주머니에 돈만 있다면 누구나 한 자리씩 차지했다. 한쪽에선 누군가 머리를 빗었고, 다른 쪽에서는 뺨에 흘러내린 땀을 닦았다. 그런가 하면 신발에 먼지를 터는 친구와 승마용 장화를 닦는 나리가 동시에 보였다. 아무튼 후텁지근한 분위기에 모두 땀을 줄줄 흘리는 술집이야말로 정말 흥겨운 곳이었다. 누군가 메케한 연기에 익숙지 못한 나머지 창문을 조금이라도 열면, 당장 고함이 터져나왔다. '창문 닫아!'"97)

신분 차이도 상관없고, 길드나 그 밖의 다른 사회조직도 중시되지 않는 술집에서 술을 마시기 위해서는 오로지 한 가지 기준만 충족되면 되었다. 바로 돈이다. 돈만 낼 수 있다면, 모든 게 누구에게나 열려 있었다. 17세기에 이르기까지 돈이라는 지불수단은 지극히 완전한 평등문화를 만들어냈다. 참으로 흥미로운 사실은 아프리카 서부에서도 이런 사정은 똑같았다는 점이다. 두 문화가 서로 전혀 모르던 상황에서도 돈을 중시하는 것은 어쩜 그리도 닮았을까.

돈벌이가 목적인 상업 술집에서 여러 사람과 어울려 함께 벌인 술판의 술값은 개인이 내지 않았다. 각자 얼마나 먹고 마셨든 간에 주연을 베푼 좌장이 계산을 치렀다. 그러다가 16세기 들어서면서 이미 술판에서는 프랑스 혁명이 시작

*** Desiderius Erasmus 1466~1536 네덜란드 출신의 고매한 인문주의자. 철학자이자 신학자이며 문헌학자로 수많은 명저를 썼다. '로테르담의 에라스무스'는 그의 라틴어 이름이 네덜란드 로테르담 출신임을 가리키는 '로테르다무스Roterdamus'였던 데서 비롯된 호칭이다

된다. 새로운 지불정서가 술판에 끼어들었는데, 자기가 먹은 것은 자기가 계산하기에 이른 것이다. "모두 자리를 잡고 앉았다. 부자와 가난뱅이, 주인과 노예, 여하튼 술판에서만큼은 모두가 동등했다. 적어도 술판에서는 신분의 차이라는 게 없었다. 그저 저마다 자신이 고른 것의 값을 치르면 그만이었다. 술집 주인의 입장에서는 많이 마시는 사람이 가장 높은 귀빈이었을 따름이다."[98] 계산을 끝내고 술집을 나서는 데에도 신분의 차이라는 것은 없었다.

앞에서도 이야기했듯, 술집에는 정말 다양한 사람들이 드나들었다. 맥주나 와인으로 서먹함을 떨쳐낸 손님들은 일시적이나마 평등한 가운데 웃고 떠들었다. 얼큰하게 취해 형제처럼 서로 어깨를 얼싸안고 어울리면서 신분과 직업의 차이를 넘어서는 소통의 마당을 열었다. 그것 때문에 사람들은 술집에 가고 싶고, 술기운에 젖고 싶은 것일까. 이런 사

19세기 말 선량한 시민이 즐겨 찾던 맥줏집 풍경.

정은 예나 지금이나 마찬가지다. "후줄근하게 술에 젖어 흥
겨운 기분"은 카니발 못지않은 분위기를 매일 맛볼 수 있게
하였다. 물론 높고 낮은 계급들의 평등은 실체가 없는 개념
일 뿐이고, 이내 스쳐 지나가고 마는 일시적인 것에 지나지
않았지만 말이다. 그리고 단결심과 애국심을 조장하고 강제
하려는 모든 노력(이를테면 독일의 경우 축구와 같은 대중
스포츠)은 맥주를 떼어놓고 생각할 수 없는 것이었다. 맥주
가 있는 한, 혁명의 열정은 식을 줄을 몰랐다. 혁명은 술집
의 바나 탁자에서 거침없이 일어났으며, 또 거기서 바로 흘
러 자취를 감추었다.

근대, 맥주와 정치

맥주와 혁명의 상관관계는 오늘날까지도 거의 변하지 않았
다. 단골 맥줏집의 탁자를 두드리며 열을 올리던 웅변이 로
자 룩셈부르크가 한 유명한 비어홀 연설의 모태가 아닐까?
아돌프 히틀러의 악명 높은 정치 역정 역시 비어홀에서의
연설로 막을 올렸던 것을 떠올려보라.

프롤레타리아, 맥주 대신 화주를 마시다

신의 은총을 등에 업은 정치 권력자든 돈의 힘을 자랑하는
산업 권력자든, 절대적인 힘을 자랑하는 권력자는 작업장
과 가정을 동일시하는 만행을 부려왔다. 봉급을 주면서 가
장과 같은 권위를 과시하려는 이런 태도를 우리는 가부장
주의라 부른다. 그러나 갈수록 경쟁(전쟁까지 포함)이 격해
지고 국제화하면서 가부장적 전통은 그 효율성을 의심받게
되었다. 여기에 강력한 시동을 건 것은 바로 증기기관의 발

명이다. 증기의 힘으로 돌아가는 톱니바퀴는 계산이 가능한 전망과 막대한 시간적 이득을 선물했다. 찍어 누르기만 하는 가부장적 권위로는 도저히 이뤄낼 수 없는 차원이었다. 특히 기계는 강철과도 같은 힘을 자랑했다. 그러나 경제적 효용만을 우선시하는 사고는 이내 두 얼굴을 가진 기형아로 밝혀졌다. 시간을 대하는 우리의 감각을 이중으로 바꿔놓았다고 할까. 우선, 시간의 흐름을 소중히 여기게 만들었으며(시간은 돈이다), 동시에 시대의 변화에 무감하게 만들었다(오 템포라, 오 모레스*).

산업화는 음주풍습과 사람들 사이의 어울림까지 순전히 돈을 매개로 한 거래로 바꾸어놓았다. 농경 사회에서 산업 사회로 넘어가는 과도기에 길드라는 사회조직에서 밀려나고 농사도 지을 수 없었던 하층민은 그동안 익히 알고 있던 음주풍습을 새롭게 생겨난 산업도시라는 풍경 안으로 옮겨놓았다. 이전에 볼 수 없던 새 계급인 도시 프롤레타리아는 하루가 다르게 늘어만 갔다. 먹고살 방도를 찾으려 안간힘을 쓰며 도시로 흘러든 이들이 술을 마실 방법은 오로지 술집을 찾는 것뿐이었다. 그런데 이 술집은 예전에 그들이 알던 곳과 판이하게 달랐다. 여기서 술을 팔고 사는 일의 목적과 의미는 오로지 돈, 돈이었다.

---

* O tempora, o mores "오 시대여, 오 인류여!"라는 뜻의 라틴어 문장. 세월의 흐름과 더불어 인류도 타락한다는 탄식이다. 이 말은 키케로의 유명한 연설에 등장한다. 로마에 반란을 꾀하던 카틸리나Catilina와 그 일당을 탄핵하자는 연설문의 내용이다. "쿠오스퀘 탄뎀 아부테레, 카틸리나, 파티엔티아 노스트라Quousque tandem abutere, Catilina, patientia nostra"(얼마나 더, 카틸리나, 우리의 인내심을 악용하려는가?)라는 연설의 첫 문장이 아주 유명하다.

프롤레타리아의 하루는 톱니바퀴처럼 꽉 짜여 있었다. 일에만 매달려 과중한 시간(하루에 14~16시간)을 보내야 했으며, 기계라는 야릇한 물건이 명령하는 리듬을 헉헉대며 따라갈 수밖에 없었다. 이른바 '여가'라는 것은 그야말로 눈곱만큼도 되지 않았다. 그 알량한 시간을 쪼개어 휴식을 취하고, 사람들과 어울렸다. 말 그대로 처음 맛보는 '자유시간'이었던 셈이다. 이제는 누구도 노동자에게 그 시간에 어디로 가서 무엇을 하라고 이야기하지 않았으며, 할 수도 없었다. 또 아무도 노동자에게 술 마실 돈을 따로 주지 않았다. 술값은 쥐꼬리만 한 봉급 속에 이미 포함되어 있었다. 노동자는 밥줄이자 술샘인 고용주로부터 완전히 자유로운 시간에 새로운 사회적 경험을 하게 되었으며, 새 라이프스타일을 꾸려냈다.

적으면 적을수록 자유시간은 사람을 더 자유롭게 만들었다. 잠깐 맛보는 자유가 그만큼 달콤했다고나 할까. 중세의 "도시의 공기는 우리를 자유롭게 만든다!"라는 유행어는 이 시기에 들어와 더욱 절박하게 들렸다. 일상이 고단하면 할수록 자유를 향한 열망도 커졌다. 도시는 강력한 힘으로 사람들을 빨아들였다. 도시에서 프롤레타리아는 그 짧막한 자유시간만큼은 어떤 사회적 의무와도 관계없이 언제, 어디로 가서, 누구와 무얼 마실지 스스로 결정할 수 있었다. 돌연 사람들은 맥주보다 화주인 증류주를 선호하게 되었다. 당시 증류주가 처음으로 대중 소비상품으로 발돋움했다. 맥주는 비쌌거니와 맛도 별로 좋지 않았다. 증류주가 특히 좋

18세기 베를린의 맥주 양조 기술자.

은 점은 빨리 취하게 된다는 점이었다. 그만큼 자유시간의
효율적인 활용이 가능했다. 그러나 이는 동시에 함께 어울
려 마시기가 어려웠다. 오히려 정반대로, 아무 말도 하지 않
고 마시는 화주는 빨리 화끈하게 취하게 했고, 아무 생각이
없게 만들었다. 어두컴컴한 구석에서 홀로 시간이 아까워
죽죽 들이켜는 독주가 어떤 위력을 발휘했을지는 굳이 설명
이 필요 없으리라.

　증기기관이 강제하는 리듬과 뜨거운 증기를 온몸으로
감당해야 하는, 한마디로 비인간적인 노동조건을 참아내야
하는 18세기와 19세기의 노동자들이 기댈 수 있는 것은 오
로지 독주뿐이었다. 산업화와 더불어 자본의 축적이 이루
어지던 시절, 사회는 극명하게 양분되는 양상이었다. 사업
가와 부유한 시민은 냉철한 계산속으로 무장했지만, 산업

일선의 프롤레타리아는 열악한 작업환경에서 살아남기 위해 술에 취하는 것밖에 다른 선택의 여지가 없었다. 새로운 노동계층은 중세와는 전혀 다른 조건에 시달려야 했지만, 중세가 남긴 그늘은 길기만 했다.

독주가 특별한 선물로 명성을 얻기는 했지만, 사실 여기에는 기막힌 사정이 숨어 있다. 고용주는 직원과 노동자의 작업능률을 끌어올리기 위해 치밀한 계산속으로 독주를 써먹은 것이다. 술에 취하면 많은 것을 더 잘 견뎌낼 수 있지 않던가. 술을 안겨주면 불평과 불만이 줄어들 뿐만 아니라, 무엇보다도 노동자를 정치에 관심을 갖지 않는 머슴으로 만들기가 쉬웠다.

그러나 사정이 고용주에게 유리하게만 돌아간 것은 아니다. 17세기 이후 중독 증상을 불러일으키는 약물의 위험이 심해지고, 전 세계적으로 독주 생산의 활황으로 높은 도수를 자랑하는 술이 갈수록 오용, 남용되면서 음주를 반대하는 사회운동이 거세게 일어났다. 더불어 술 취한 것을 말 그대로 추한 것으로 바라보는 혐오감도 짙어졌다. 특히 술에 취해 자제심을 잃고 개망나니처럼 구는 것에 사람들이 넌더리를 내면서 알코올이라면 싸잡아 비난하는 일이 잦아졌다. 만취 상태를 가리키는 독일어 '라우슈Rausch'는 중세 표준 독일어 '루셴ruschen'(네덜란드어로는 '루이셴ruischen'이며, 영어로는 'to rush'에 해당하는 것으로, 말 그대로 돌연 정신이 나가버리는 상태를 의미한다)에서 유래한 것으로, 16세기에 시대를 풍미한 알코올 거부감으로 말미암아 알코올은 "감각의 혼란 내지 혼미"라는 오명을 뒤집어쓰고 갈수록 체면을 구겼다.

술을 둘러싼 변화의 흐름은 고대 이집트를 그대로 닮아갔다. 술 마시는 것을 부추기다가 사회 전체가 위협을 받게 되는 형국은 어쩜 그리도 판박이일까. 이제 위협은 개인화, 자본화, 산업화라는 이름으로 등장했다. 능률과 효율에 맞춰진 공동체는 개인에게 술을 마시도록 부추기는 동시에 이를 혐오스러운 것으로 낙인찍는 이중성을 유감없이 드러냈다. 이러지도 저러지도 못하게 된 개인은 몰래 밀실에 숨어 홀로 술잔을 빨아댔다.

이런 바탕에서 볼 때 화주는 평민, 더 심하게는 프롤레타리아의 음주문화에 지극히 부정적으로 작용했다. 높은 알코올 농도는 빠른 속도로 취하게 만들었으며, 그야말로 모든 일을 가속화하는 결과를 낳았다. 천천히 술을 마시며 담소하는 과정은 사라지고, 오로지 취하겠다는 목표만 덩그러니 남았다. 중세에서 산업화의 근대로 넘어가는 과도기에 증류주는 수단이 목적으로 변해버린 역사를 그대로 되풀이해서 보여준다. "실을 짜는 데 직조기계는 수단일 뿐이지 않은가? 기차라는 것도 교통수단이 아닌가?"[99] 결국 즐기는 수단이었던 술이 아무런 의미 없이 그저 취하려고 마시는 목적으로 변해버린 것이다.

어떤 이에게 만취는 인생의 포기와 방기에 지나지 않았다. 심지어는 음주를 인간이 프롤레타리아로 전락하는 첩경으로 보았다. 이런 관점을 가진 사람을 부르주아라고 불렀던 것은 우연한 일이 아니다. "부모가 어려서 되는대로 내 버려두고 키운 사람, 그래서 교회나 학교를 가본 적도 없고, 좋은 교육이라고는 털끝만큼도 받아보지 못한 사람을 나는 프롤레타리아라고 부른다. 더욱이 …… 구제불능의 고주망태는 우울한 월요일을 주일보다도 성스럽게 여겼다."[100] 또한 어떤 이들에게 음주와 만취는 사회 전반의 무관심으로 인한 질병과 같았다. 말하자면 알코올 중독은 공공의 관심과 정책으로 다스려야 한다는 것이었다. "…… 티푸스, 범죄, 해충, 채무 불이행이나 다른 사회적 질환과 마찬가지로 알코올 중독에 빠진 사람들이 얼마나 되는지 그 통계를 내고 사전에 예방대책을 세우는 것은 꼭 필요한 일이다."[101]

노동자는 지하에 있는 퀴퀴한 술집이나 식품점에 딸린 가판대에서 독주를 마셨다. 기본 설비라야 손님이 기대어 설 수 있는 빈약한 바가 전부였다. 물론 술에 취해 붙들고 매달려도 넘어질 정도는 아니었다. 화장실은 당연히 없었다. 사정이 이렇다 보니 손님이 술을 마시며 오래 머무를 수가 없었다. 18세기 중반 함부르크에는 이런 술집이 2,000여 곳이 넘었다. 베를린은 인구 190명당 술집이 하나씩 늘어서서 부동의 1위를 고수했다. 심지어 프리드리히슈트라세*에는 한때 번지수보다도 많은 술집들이 앞다퉈 문을 열었다.

---

* Friedrichstraße 베를린 고도의 중심가. 브란덴부르크 선제후 프리드리히 3세(재위: 1688~1713)이자 1701년부터 프로이센 왕을 지낸 프리드리히 1세에게서 이름을 따왔다. 베를린이 동서로 나눠진 이후, 서베를린의 쿠담Ku'damm에게 영화를 빼앗겼다. 통일 이후 옛 명성을 되찾기 위해 엄청난 투자가 이뤄졌다. 고급 호텔과 전문상가 그리고 환락시설 등이 즐비한 곳이다.

〈수도원 맥주〉. 에두아르트 그뤼츠너*의 그림

---

* Eduard Grützner 풍속과 인물을 주로 그린 독일 화가이다.

18세기 함부르크의 양조장 도제.

18세기 맥주 빚는 장비를 챙겨든 여성 기술자(마르틴 엥겔브레히트의 동판화).

〈빵을 먹고 있는 술집 주인〉. P. J. 호레만스*의 그림.

---

* Peter Jakob Horemans 1700~1776 플랑드르 출신의 화가. 뮌헨에서 궁정화가로 활약했다.

〈진 레인Gin Lane(진의 거리)〉. 중독성이 강한 약물 섭취로 사회적 관계가 파괴될 수 있음을 경고하고 있다(왼쪽). 〈비어 스트리트Beer Street(맥주의 거리)〉. '순한 맥주'는 일하는 기쁨을 키워주는 것은 물론이고 사교에도 보탬이 된다(오른쪽). 모두 윌리엄 호가스**의 1751년도 동판화 작품이다.

술집은 없으면 이상하다 싶을 정도로 필수적인 생활 영역이 되었으며, 이런 사정은 오늘날까지 그대로 이어져왔다.

음주풍습이 바뀌게 된 결정적인 이유로 가부장적 경제 체계의 몰락을 꼽을 수 있다. 빨리 마시고 취하는 게 목적이다 보니 웃어른의 눈치를 보며 인간관계를 다독이는 모임의 성격이 사라지고 말았기 때문이다. 예전처럼 술잔을 앞에 놓고 담소를 나누는 풍경은 찾아보기 힘들어졌다. 독주는 예나 지금이나 원래 약으로 쓰던 효용을 떠올리며 찡그린 표정으로 입안에 털어넣을 뿐이다. 유치원 시절 이후 우

** William Hogarth 1697~1764 잉글랜드 출신의 화가이자 판화가. 근대 회화의 창시자로 추앙받는 작가이다. 상류사회의 몰락을 풍자한 풍속화가로 명성을 떨쳤다.

〈가난한 모습. 두 번째 장: 술집〉(케테 콜비츠*가 《짐플리시시무스》에 발표한 작품).

리는 몸에 좋은 약은 쓰다는 사실을 잘 알고 있지 않은가. 건강을 최우선으로 하는 약이 즐거움을 줄 리 만무하다.

노동자의 생활 리듬은 더 이상 계절에 따른 절기를 따지지 않았다. 중요한 것은 돈과 시간이 있느냐였다. 봉급날 술집이 미어터지는 이유가 달리 있을까? 물론 술은 그 대중적 호소력 덕분에 함께 사귀고 우정을 나누게 만드는 공동체 결속력을 여전히 발휘했다. "술집은 어디라 할 것 없이, 특히 토요일과 일요일에는 손님들로 차고 넘쳐났다. 술집이 문을 닫는 밤 11시 즈음이면 취객들이 거리로 쏟아져나왔으며, 술이 깰 때까지 길바닥에 널브러져 자는 사람도 많았다."[102]

그러나 위의 편지글이 증언하고 있는 것은 이집트 음주 공동체의 여유와 감각적 환락이 아니다. 편지는 앞의 18세기 그림이 보여주는 것처럼, 현대 대중문화가 어떻게 생겨났는지 그 과정을 묘사할 따름이다.

그 시절 맥주는 진정한 대안이 되지 못했다. 남쪽의 '순수법'과 북쪽의 비교적 엄한 통제에도 19세기 내내 맥주 품질은 더 떨어졌다. 양조장이 제조 비용을 줄이려는 꼼수로 상상력을 동원해가며 온갖 첨가물을 섞었기 때문이다. 불법이었을 뿐만 아니라, 인체에 해를 끼칠 수도 있는 물질을 섞는 바람에 맥주를 찾는 사람은 갈수록 줄어들었다. 역청

---

* Käthe Kollwitz 1867~1945 독일 프롤레타리아 회화를 대표하는 여성 화가. 노동자의 비참한 생활을 판화와 스케치로 표현한 작품들을 남겼다. 《짐플리시시무스 Simplicissimus》는 1896년부터 1944년까지 독일 뮌헨에서 발간된 풍자 주간지이다.

이나 소 쓸개즙이 주로 첨가물로 쓰였다. 저 옛날 교수형을 당한 사람의 손가락을 '기막힌 향료'로 삼던 것만큼이나 구역질 나는 노릇이었다.

19세기 말엽에 이르러 비로소 사회적 변혁의 바람이 불어왔다. 적어도 독일 전역에 걸쳐! 사회 모든 분야의 현대화에 박차를 가했다고 할까. 유럽 중부에서 기술의 발달은 그야말로 급물살을 탔으며, 끊임없는 기술 변화는 산업 노동자에게도 집중력과 주의력을 갖추도록 요구했다. 사회는 말짱한 정신과 '근면성'을 갖춘 남자를 선호하기 시작했다. 말인즉 노동자들도 돌연 경쟁의 한가운데에 서게 된 것이다(이것은 술에 취하지 않고 깨어 있기 경쟁이기도 했다).

작업장에서 술에 취해 해롱거리는 것은 사회성과 전문성을 무시하는 일로 도덕적 지탄의 표적이 되었다(이런 사정은 사생활에서도 마찬가지였다). 그 대신 산업 노동자는 사회 최하층의 대변자로서 역사적으로 유례를 찾기 힘든 기회를 얻었다(말하자면 술을 포기한 보상을 받았다고나 할까). 노동자는 현대 세계가 이룬 기술적 성취에 걸맞은 생활을 꾸려가며 삶의 질을 이전과는 비교도 할 수 없을 정도로 끌어올릴 수 있게 되었다. 이는 그때까지만 해도 상상조차 할 수 없던 발전이었다. 이제 모든 것은 노동자 개인의 책임이 되었다. 어떤 태도로 무슨 각오를 가지고 사느냐에 따라 인생 자체가 달라졌다. 19세기에서 20세기로 넘어갈 무렵, 노동자가 처한 상황은 초미의 관심사로 떠오르며 심지어 국가적 차원에서 다뤄야 할 문제로 여론의 주목을 끌었다.

처음에 이런 관심은 분야와 지역에 따라 서로 다른 결과가 나타났다. 에센의 철강회사 '크루프Krupp'는 1866년까지 직원들에게 독주를 무료로 나누어주다가 이후 맥주로 품목을 바꾸면서 이런 안내문을 내걸었다. "노동자여, 독주를 마시지 말자. 이는 너희를 병들게 할 뿐이다! 차라리 맥주를 마시자. 너희를 기분 좋게 취하게 하리라." 철강 산업에서 맥주는 실제로 커다란 역할을 했다. 물론 그렇다고 공장에 맥주 자판기가 있었던 것은 아니지만, 노동자는 저마다 맥주병을 하나씩 꿰차고 있었다.

각 정당들과 각종 사회단체도 알코올 문제에 뜨거운 관심을 보였다. 노동자를 끌어안는 데서 사회의 통합력을 본 사민당SPD*은 알코올로 생겨나는 위협을 심각하게 여겼다. 페르디난트 라살레**는 1863년 의회 연설에서 다음과 같은 열변을 토했다. "동지여, 형편없는 소시지 한 조각과 맥주 한 잔으로 만족하려는가? 너희에게 무엇이 부족한지 눈치채지도 알지도 못한단 말인가? 그저 주는 대로 받아먹는 저주받은 굴종에서 비롯된 비굴함을 떨쳐버려라!"[103]

이로써 노동자는 같은 계층으로부터도 성실함과 냉철함을 사회적 덕목으로 요구받게 된 셈이다. 술을 마시지 않

---

* Sozialdemokratische Partei Deutschland 독일에서 1869년에 창설되어 가장 오랜 역사를 자랑하는 국민정당. 현재 제1야당으로 활약하고 있으며, 전통적으로 노동자 입장의 사회주의 정책을 펼쳐왔다.

** Ferdinand Lassalle 1825~1864 독일의 작가로 노동운동을 선도한 인물. SPD 창당에 많은 기여를 했다. 그러나 민족의 이해를 우선시하는 그의 사회주의 사상은 카를 마르크스 진영과 충돌해 공산주의와 결별하고 다른 노선을 걸었다.

고 열심히 일해서 개인의 성공과 신분 상승을 꿈꾸는 것이야말로 사회인으로서 갖추어야 할 모범으로 자리를 잡았다. 이런 사정은 오늘날까지도 그대로 이어져오고 있다. 알코올을, 특히 일자리에서 술을 경시하는 태도는 다른 여러 '소시민적 가치'와 더불어 누구나 따르는 사회규범이 되었다. '열악한 작업환경'을 알코올 포기를 통해 외부에서 보기에 좀 더 낫게 꾸미고자 한 탓에 알코올 소비는 그야말로 노동자의 자질을 판가름하는 리트머스 시험지가 되었다.

이런 사회적 분위기와 더불어 맥주는 오히려 19세기 말엽에 작업장에서 갈증을 적당히 풀어주는 마시기 좋은 음료로 각광을 받았다. 맥주병과 마개를 만드는 기술의 발전도 이 같은 흐름에 적지 않은 도움을 주었지만, 무엇보다도 결정적인 것은 냉장기술(냉장고)의 출현이었다. 냉장기술 덕에 하면발효로 만든 병맥주의 유통기한이 길어져 시장을 주도하는 상품이 되었다.

맥주가 가진 양면성은 여기서 다시 그 효과를 십분 발휘했다. 노동자들은 맥주가 술이 아닌 음료라고 강변한 것이다. 더욱이 노동자로서의 사회적 신분을 망각하지 않고 값싸게 마실 수 있으니 이보다 더 겸손할 수는 없다고 너스레까지 떨었다. 알코올, 그러니까 독주를 마시는 쪽은 오로지 룸펜프롤레타리아*였다.

다른 관점에서 보자면 시대의 흐름이 예외 없이 관철되

---

* Lumpen Proletariat 자본주의 체제 아래서 노동자 계층에서도 탈락한 극빈층을 이르는 말. 노동 의욕을 잃고 사회에 기생하며 기득권의 앞잡이로 전락하기도 한다.

었던 것은 아니다. 한편으로 증류주는 직업적으로나 개인
적으로나 최하층의 거의 유일한 친구였으며, 다른 한편으로
증류주를 마셔줘야 국가의 살림에 보탬이 되었다. 동프로이
센의 저 얄미운 토호가 증류주 생산에 손을 댄 이유가 달리
있겠는가? 세금을 그야말로 왕창 매길 수 있는 증류주 소비
는 국가가 은근히 조장하기도 했던 것이다. 이에 관해서는
나중에 더 자세히 이야기하겠다. 여하튼 기본 흐름은 이랬
다. 맥주는 하층민 가운데서 그나마 좀 형편이 나은 부류가
마시는 술이었다.

　이런 분위기는 오늘날에도 그대로 살아 있다. (기계화가
거의 이뤄지지 않은) 제조업 분야나 (가부장적 원칙을 따르
는) 농업 등 중세의 경제방식이 지금까지 그대로 남아 있는
곳이면 어디나 일터에서 알코올을 퍼마신다. 좋은 쪽이든
나쁜 쪽이든 상관없이 말이다. 그리고 이때 등장하는 것은
대개 맥주이다. 심지어 함께 모여 아침을 먹는 자리에서도
맥주가 나온다.

　중독이라는 현상이 세계사의 무대에 등장한 것은 19세
기의 일이다. 중독 증상은 중세와 절연하던 시대에 중세로
부터 받아들인 풍습에서 비롯되었다. 중세의 어떤 공동체
도 그 구성원이 술에 취하는 것을 말리지 않았으며, 뒷전에
서 슬그머니 웃으며 지켜보기만 했다. 중세 사회에서 만취
는 그저 개인이 못난 탓일 뿐이었다. 하지만 근대 사회는 주
정뱅이의 얼굴을 빤히 노려보며, 사회로부터 추방했다. 그리
고 그 개인에게 '중독자'라는 낙인을 찍었다.

산업화 속도가 빨랐던 지역에서는 작업장에서의 금주 조치로 공장 주변 술집들이 미어터졌다. 거의 매일 저녁, 특히 봉급날이면 노동자들은 술집으로 몰려가 힘겨운 노동으로 바짝 말라버린 목을 축이느라 그야말로 술이 강물처럼 흘렀다. 당시 술집은 맥주가 샘솟는 원천이나 마찬가지였다. 이는 격렬한 반작용을 초래했다. 오죽했으면 음주로 벌어진 드잡이를 기록한 경찰 조서가 오늘날까지 남아 있을까. 월급을 봉투째 술집에 갖다주는 남편 때문에 가족의 생계가 막연해진 아내들은 팔을 걷어붙이고 술집 문을 박찼다. 공장지대에서 봉급날이면 아낙네들이 아예 잠복을 하며 감시의 눈빛을 이글거릴 정도였다. 일을 마친 노동자가 공장 문을 열고 나서면, 가족 걱정으로 독이 오른 여성 사냥꾼이 곧바로 행동을 개시했다. 월급봉투를 술독에 빠뜨리기 전에 그대로 낚아챈 것이다.

맥주는 고향 것이 좋다?

"독일의 모든 지방은 소小공국이던 시절을 떠올리기라도 하듯 저마다 다른 맥주 조례를 가졌다. 공국의 역사가 길수록 맥주법도 유명했다. 함께 어울려 마시는 술, 그 술자리의 편안함 덕분에 말이다."[104]

"맥주는 고향 것이 좋다!" 맥주업계가 내건 판촉용 광고 문구다. 몹시 무던 독일 국민들에게 애국심과 애향심을 고취하려는 수작이 아니다. 그저 고향의 중소 맥주업체들이 살아남을 수 있게 돕자는 취지일 뿐이다. 사실 이는 환경보호에도 적잖은 보탬이 되는 주장이다. 1992년 3,650명을 대상으로 CMA('센트럴 마케팅 어소시에이션Central Marketing Association'이라는 회사 이름)가 설문조사를 한 결과에 따르면, 뒤셀도르프와 슈베린 사이의 지방, 그러니까 독일 중북부에서 북부에 이르는 지역에 사는 맥주 애호가들은 대체로 원산지를 아주 중요하게 여긴다. "이런 취향이 소비자의 행태에 고스란히 반영이 된다면, 생산자는 수송과 판매 정책을 재고해야 한다. 지역에서 생산된 제품을 선호한다면, 독일의 중소 양조장에겐 커다란 기회가 생기는 셈이다. 필요한 재료의 대부분을 해당 지역에서 구하기 때문에, 지역경제에도 큰 힘이 된다. 영업 면에서도 이 구호는 호소력이 크지 않을까? '맥주는 고향 것이 좋다!'"105) 너도 살고 나도 산다! 이 얼마나 좋은 일인가. 더구나 수송에 들어가는 비용을 줄일 수 있어 환경보호에도 안성맞춤이다(1836년 뉘른베르크와 퓌르트 사이에 첫 철도 노선이 개통되면서 수송된 첫 번째 화물은 뉘른베르크산 맥주통이었다).

게르만족은 아무리 마셔도 끄떡없는 맥주 광팬이라는 코르넬리우스 푸블리우스 타키투스의 주장에 단 한 번도 이의를 제기한 적이 없음에도 수백 년이라는 세월이 흐른 지금, 독일 민족의 자부심인 맥주는 놀랍게도 건강음료로 탈바꿈했다. "맥주의 본격적인 역사는 게르만족의 강력한 힘이 세계무대에 등장하면서부터 시작되었다."106) 민족과 맥주 그리고 만취 상태를 하나로 연결 짓는 이런 이해는 그 의도가 너무나 명확해서 무어라 시비를 걸 수도 없을 지경이다. 말인즉 민속주인 맥주를 마셔라, 이거 아닌가! 그것도 고향의 맥주를!

여기서 바로 독일인의 문제의식은 자신들에게 초감각적인 뭔가가 작용하고 있음을 알아차렸다. "어떤 나라든 악마를 반드시 갖게 마련이다. 우리 독일의 악마는 술배가 보통 큰 게 아니어서 그야말로 천하의 술꾼임에 틀림없다. 어찌나 피가 더운지 항상 목말라 하는 바람에 아무리 와인과 맥주를 퍼마셔도 몸이 식지를 않는다. 아마도 그래서 갈증은 독일의 영원한 고통으로 남을 모양이다. …… 적어도 최후 심판의 날이 오기까지는." 마르틴 루터가 시편 101편을 해석하며 쏟아놓은 탄식이다. 그러나 루터 역시 양조장 여성 기술자인 아내와 결혼생활을 하면서 악마의 유혹을 뿌리칠 수 없었다. "…… 자애로운 처녀 카타리나 루터린, 보라와 츨스도르프의 여인*이여, 내 사랑이여 …… 할 수 있을 때마다 맥주를 한 병씩 보내주세요." 107)

더 나아가 역사 앞의 위대한 공적으로 '대왕'이라는 경칭이 붙는 황제를 자신들의 왕이라고 내세울 수 있는 민족은 많지 않다. 게다가 견실한 손재주까지 지닌 황제를 어느 민

---

* Katharina von Bora 1499~1552 종교개혁자 마르틴 루터의 아내. 지방 귀족 출신이라 '폰 보라'라는 성을 가졌으며, '루터린'은 루터와 결혼하고 난 다음의 애칭이다. 수녀였다가 루터의 도움으로 탈출해 결혼했다. 결혼 후 생계를 위해 양조장을 경영했다. 츨스도르프Zulsdorf는 그녀의 고향인 모양이다.

"독일 철도의 첫 화물열차가 실어나른 것은 맥주 두 통이었다."

족이 모셔보았는가? 물론 그 손재주라는 게 시늉뿐이었을
지라도 말이다. 호엔촐레른 왕가*의 가풍은 왕세자로 하여
금 직업의 소중함을 알도록 가르쳤다. 실제로 현장에 나가
실습을 시키기도 했다. 가문의 전통에 따라 나중에 '군인왕'
이라는 별명을 자랑한 프리드리히 빌헬름 1세**는 맥주를
지키는 데 전념했다. 프리드리히 대왕은 퀴스트린***이라는
작은 도시에서 맥주 양조 기술을 배웠으며, 일관된 맥주 사
랑으로 커피 원두의 수입을 금지시켰다. "현재 평민뿐만 아
니라 심지어 맥주 양조장 주인마저 커피에 입맛을 길들이고
있다. 이를 약간만 통제한다면, 사람들은 다시 맥주를 찾을
게 틀림없다. 각 고장의 맥주 양조장을 위해서도 그게 최선
이다. 더욱이 우리의 황제 폐하께서는 손수 맥주죽을 드시
고 자라셨다. 선조들은 맥주밖에 몰랐는데, 커피가 다 무엇
인가? 맥주야말로 우리 기후에 안성맞춤인 음료이다." 이 증
언만으로도 포츠담에서 오늘날까지 프리드리히 대왕의 초
상을 상표에 담은 맥주가 '렉스 필스Rex-Pils'****라는 이름으

---

* Hohenzollern 1415년부터 1918년까지 존속한 독일의 왕가. 1701년에는 프로이센
왕이 되어 합스부르크가에 견줄 만한 세력을 자랑했으며, 19세기에는 독일 민족 통일
의 중심이 되어 1871년에 독일제국이 성립되자 황제의 칭호를 누렸다.

** Friedrich Wilhelm I 1688~1740 프로이센의 제2대 국왕(재위: 1713~1740). 난폭한
성격이었으나 재정과 군사제도를 개혁하는 업적으로 '군인왕Soldatenkönig'라는 별명
을 얻었다. 흔히 프리드리히 대왕이라고 불린다.

*** Küstrin 폴란드의 가장 서쪽에 있는 도시. 옛날에는 프로이센 영토였으나 오늘날
에는 폴란드에 속한다.

**** Rex는 라틴어로 황제라는 뜻이다.

로 살아남은 이유를 짐작하고도 남으리라.
이 맥주는 심지어 사회주의 국가였던 '동독'
마저 이겨내고 연명하는 괴력을 과시했다.

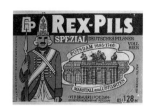

오성장군인 원수 몰트케* 역시 1887년
자신의 생일에 맥주 한 통을 선물한 양조장
에 구구절절 감사의 편지를 쓰느라 진땀을 흘렸다. 이 편지
에서 힘과 향기와 기쁨이 함께 용솟음치는 게 우연은 아니
리라. "…… 당신이 '스당 승전의 날'**을 원래대로 9월 2일
이 아닌 1일에 기린다는 소식을 듣고 감격했습니다. …… 바
츠유Bazeille***를 둘러싼 격전에서 그곳의 용감한 국민이 전
쟁의 승리를 위해 혁혁한 공헌을 한 바로 그날을 기념하기
위해서겠지요. 우리 동료와 저는 오늘 당신이 보내준 뛰어
난 음료에 얼마나 기뻤는지 모릅니다. 모두들 이 맥주보다
더 힘 있고 향기가 좋으며 훌륭한 맛을 자랑하는 것은 없을
거라고 입을 모았습니다. 내용물만큼이나 포장도 멋지더군
요."108)

심지어 맥주를 둘러싼 독일의 자부심은 '금주운동가'가
술에 저주를 내리는 부담스러운 시대 흐름에 맞서 맥주를
옹호하기 위해 인종 편견을 담은 발언까지 서슴지 않는다.

"저들(금주운동가)은 시건방지게도 음주가 인간에게 심각한 퇴보를 불러온다고 주장하고 있다. 그러나 수백 년에 걸친 음주 전통, 그래 부정할 수 없는 알코올 오용과 남용에도, 그리고 너희 말마따나 어리석기 짝이 없는 옛 시절의 주정에도, 독일인들은 조금도 퇴보하지 않았다는 사실을 전혀 반박하지 못한다. 누구든 술을 마시면 퇴보한다면서, 술을 완전히 한 모금도 입에 대지 않는 민족, 예컨대 마호메트의 추종자들이 술 마시는 민족에 비해 능력이 훨씬 떨어진다는 사실 앞에서는 꿀 먹은 벙어리가 될 뿐이다. 인류가 이뤄낸 최고의 성과는 알코올도 막지 못했다. 보라, 우리(독일)의 위대한 정치가와 문인과 사상가들이 그 증거이다."109)

금주운동가는 독일의 강인함에 누를 끼칠까 두려워, 알코올의 오용과 남용을 막으려는 싸움을 그만둘 생각을 조금도 하지 않았다. "독일의 노동자가 술을 마시지 않아 정신이 말짱하면 할수록, 그만큼 성과는 놀랍고 만족스러웠다. 물론 독일 산업도 뛰어난 업적을 자랑했으며, 국가들 사이의 평화적인 경쟁에서 탁월한 실력을 과시했다."110) 이들이 쏟아낸 숱한 열변 가운데 단 하나만 인용해보았다.

독일의 맥주 양조업자와 애호가의 자부심과 비위를 맞추려고 여기서 독일 맥주의 품질과 순수함을 강조하고, 또 전통이 그대로 이어져오고 있다면서 유럽 시장에 간혹 나타나는 외국산 질 낮은 맥주를 전체의 문제인 양 부풀리는 것은 비열한 짓이다. 자신은 깨끗하고 성스러운데, 남은 그렇지 않다고 비웃는 것이야말로 자만과 오만으로 가득 찬 졸

렬함이기 때문이다. 독일인이 맥주를 가장
잘 그리고 많이 마신다고 뻐겨대는 것도 우
스운 노릇이다. 그래서 어쩌란 말인가?

"독일인은 맥주를 마신다. 그냥 마시기
만 한다는 말이 아니다! 양으로 따져 세계 1
위 자리를 굳건히 지키는 쪽은 서독 사람들
이다. 이로써 우리는 세계의 배꼽이 아니라,
불룩 나온 맥주배가 된 셈이다. 그리고 배
는 더욱 불러온다. 2위라는 달갑지 않은 자
리를 당연하다는 듯 동독 사람들이 차지했다. 이 무슨 통일
이란 말인가? …… 독일 통일은 적어도 맥주 마시는 일에서
만큼은 세계를 절대적으로 지배하는 결과를 낳은 셈이다.
비록 동독 지역의 정당 DBU(독일 맥주 술꾼 연합Deutsche
Biertrinker Union)가 통일 직후 열린 선거에서 0.02%라는 득표
로 참패를 면치 못했지만 말이다. 그러나 패배의 원인이 맥
주에 있는 것은 아니다. 오히려 CSU(기독교 사회주의 연합
Christlich-Soziale Union)의 무자비한 압력에 무릎을 꿇었다고 봐
야 마땅하다. DBU가 내세운 선거 구호, 이를테면 '맥주잔과
함께 칼을 높이 들자!', '법정 영업시간을 폐지하라!' 혹은 '최
소 연금을 인상하라!' 따위의 주장은, 아무래도 DBU는 슈
타지Stasi*가 밀파한 유보트인 모양이라는 CSU의 악의적인
선전에 무참하게 짓밟히고 만 것이다."111)

---

* Ministerium für Staatssicherheit 동독 정부의 국가공안국. Stasi는 그 약칭이다.
체계적이고 치밀한 주민 통제와 감시로 유명했던 정보기관이다.

맥주를 향한 애정은 여전하지만, 실제 자료는 다른 사실을 보여준다. 그동안 맥주 소비 행태가 바뀐 것이다. 독일인의 맥주 소비는 1976년 151리터에서 1998년 127리터로 꾸준히 줄어들었다. 이는 현재 정상의 자리를 지키는 체코의 150리터에 한참 뒤지는 수준이며, 아일랜드 사람들의 124리터에 고작 3리터 앞선다.[112] 이는 물론 개인이 한 해에 소비하는 평균치를 이야기한 것이다.

사회민주주의의 주스

어떻게 해서 사정이 이 지경까지 이른 것일까? 어째서 최근 들어 독일의 '맥주 흐름'이 그 황홀한 매력을 잃고 메말라 버렸을까? 짐작건대 수백 년에 걸쳐 개신교를 따라온 프로이센의 냉철함이 가톨릭에 충실해온 남부 독일의 낙관적이고 유쾌한 인생관을 물리치고 몰아낸 게 아닐까? 물론 지역의 문화적 차이는 종교 때문만은 아니다. 여기에는 무엇보다도 사회적 환경이 커다란 영향을 미쳤다. 바이에른의 생활풍습은 농장을 떠올리면 절로 알 수 있다. 그만큼 맥주와 떼려야 뗄 수 없는 관계에 있다. 현재 바이에른은 독일연방공화국의 주들 가운데서 최고 많은 (종교적) 휴일을 지키며, 전 세계적으로 가장 유명한 독일 축제, 곧 맥주가 넘쳐흐르는 뮌헨의 '옥토버페스트'*를 자랑하지 않는가(이 축제는 1810년에 바이에른의 루트비히Ludwig 왕이 작센-힐트부르크하우젠Sachsen-Hildburghausen의 공주 테레제 샤를로테Therese Charlotte와의 결혼식을 축하하기 위해 처음으로 개최되었다).

19세기 중반, 바이에른의 하면발효 맥주인 이른바 '라거비어Lagerbier'가 사람들이 즐겨 찾는 맥주로 자리 잡기 시작했다. 이 시기는 길드의 힘과 비중이 줄어드는 역사적 단계에 해당한다. 대부분의 산업 노동자는 자의식과 자부심이 강한 사회계층으로 발전하면서, 자기네들만의 새로운 음주 문화를 발달시켰다. 이에 맞춤한 술이 통에 담아 창고에서 발효시키는 라거비어였다.

길드를 의식하기는 했지만, 그 제약과 틀에 얽매이지 않으려는 수공업자들이 속속 나름대로 교양 동호회 같은 모임들을 결성했다. 수업업자들은 모임에서 '환영'을 나누며 형제애를 확인하고, 건배와 함께 일제히 환호성을 지르는 풍습을 그대로 계승했다. 다만 달라진 게 있다면, 술판에 참석하는 사람들의 범위가 넓어졌다는 점이다. 심지어(!) 여인들이 참석하기도 하고, 가족과 친구들까지 불렀다.

동호회는 사회정치적으로 결코 과소평가할 수 없는 비중을 가졌다. 누구든 입회와 탈퇴를 자신의 의사에 따라 결정할 수 있다는 점에서 현대적이기도 했다. 스파르타의 국가 조직은 탁자에 마주 앉아 의형제 관계를 맺던 데서 시작되

---

* Oktoberfest 뮌헨에서 열리는 10월 맥주 축제. 매년 9월 말에서 10월 초 2주에 걸쳐 열린다. 방문객만 600만 명에 이를 정도로 대규모 축제이다. 뮌헨의 맥주회사는 이 축제를 위해 갓 추수한 신선한 보리와 홉으로 빚은 도수 높은 맥주를 따로 선보인다. 뮌헨 시 당국은 이 행사를 위해 42만 제곱미터에 달하는 도심 한복판의 너른 광장을 제공한다. 오늘날 유럽인이라면 꼭 한 번 찾아봐야만 하는 행사로 발전했다.

었다. 여기에 결속한 청년은 평생 조직의 일원으로 살아야 했다. 중세 시대에는 직업생활에서 길드가 그런 역할을 대신했다. 동호회는 이런 '조직이 갖는 생래적인 강제'가 부드럽게 풀리면서 생겨난 것이다. 개인이 자유의사에 따라 누구와 어떻게 사귀고 즐길 것인지를 결정할 수 있기 위해서는 사회적 강제 질서가 해체되어야만 한다.

그런 점에서 동호회는 자유민주주의 사회가 갖춰야 할 최소한의 도덕적 규범을 제시했다고 평가받는다. 알렉시스 드 토크빌*은 1835년 《미국의 민주주의에 관하여De la démocratie en Amérique》에서 미국인의 대다수는 이리저리 얽히고설킨 단체와 동호회에 속해 있기 때문에 자신의 '연구 대상'이 독재에 저항력을 갖는다고 썼다.

산업화 시대가 막을 올리면서부터 동호회의 저변은 갈수록 넓어졌다. 처음에는 자유민주주의를, 나중에는 민족을 우선시하는 자유주의를 표방한 체조 동호회와 가창 동호회 따위의 각종 취미 모임이 수공업자와 소시민 회원들에게 적극적으로 문호를 개방했다. 노동자들은 이른바 '생활협동조합'이라는 것을 만들어 공동구매와 대출 따위의 편의를 도모했다. 여기서도 결정적인 점은 이런 모임의 창설은 시민의 적극적인 참여가 바탕이 되어야만 한다는 사실이다.

양차 세계대전 동안과 그 이후에는 각종 종파와 세계관을 중심으로 한 모임들이 우후죽순처럼 고개를 내밀었다.

---

* Alexis de Tocqueville 1805~1859 프랑스의 정치학자이자 역사가. 이른바 '비교정치학'을 창시한 인물이다.

황제가 다스리던 제국이나 바이마르공화국의 사회민주주의 노동자들은 '요람에서 무덤까지'라는 구호처럼 자신이 속한 동호회에 충실했다. 심지어 사회민주주의를 표방한 '화장火葬 동호회'까지 있었으니 두말해 무엇하랴. 노동과 여가로 이어지는 생활 리듬이 전폭적으로 변하면서 소통과 결속의 욕구가 그만큼 커진 것이다. 이런 욕구를 해결해준 것이 바로 동호회였다.

동호회에서도 맥주는 모임에 의미를 부여하며 회원들을 하나로 묶어주는 모르타르였다. 맥주는 말 그대로 더 높이 오르고 싶다는 야망을 비슷한 처지의 사람들끼리 달래며 사회적, 민주적으로 교류를 나누게 만드는 "사회민주주의의 주스"[113]였다. 여기에 등장하는 '주스'라는 표현에 주목하기 바란다. 수공업자와 노동자 계층은 과하지 않게 적절히 즐기면서 자신들의 지위를 굳건히 하여 보다 높이 오르기를 갈망한 것이다. "30년 전만 하더라도 북부 독일에서 증류주는 민중의 대단한 사랑을 받았다. 도시에서는 거의 매일 술에 취해 허청거리는 사람들을 볼 수 있었다. 그런데 오늘날 독일 도시에서 갈지자걸음을 걷는 주정뱅이는 거의 볼 수 없다. 바이에른의 맥주를 도입한 것보다 북부 독일의 미풍양속을 일으키는 데 더 큰 공을 세운 개혁조치는 찾아보기 힘들다."[114]

노동자의 편에 선 SPD는 종종 보수층으로부터 "SPD 추종자들은 걸핏하면 질서를 어지럽히려 드는 국가의 암적 존재"라는 비난에 시달려야만 했다. 당은 이런 정치적 압력에서 벗어나기 위해 내부의 결속을 다지며 규율과 철저함, 냉철함, 정직, 준법정신, 비폭력 등의 가치를 소중히 여기며 실천할 것을 당원들에게 요구했다.[115] 그 결과 당은 두 갈래로 찢어지고 말았다. 사회 적응을 최우선시하는 소시민적 모습의 노동자와, 반대로 뒷골목 하위문화에 쉽게 휩쓸리는, 또 그럴 수밖에 없는 프롤레타리아가 서로 대립했다.

의식을 가진 노동자는 맥주라는 절제의 무기를 손에 들고, 그들 눈에 통제 불능인 폭도가 마셔대는 독주병을 노려보며 한사코 그것과 거리를 두었다(여기서 다시 게르만과 로마를 가로지르는 경계의 강이 흐르는 셈이다). 양식을 앞세운 노동자는 몸을 가눌 수 없을 정도로 만취하는 것을 혐오하고 증오했다. 그렇다고 술을 완전히 포기한 것은 아니었다. "섣달그믐날 저녁 우리 동지들은 무리를 지어 콘벤트가르텐*으로 몰려갔다. …… 드디어 새해를 알리는 종소리가 울리자 수천 명의 사내들이 술에 젖은 우람한 목소리로 '라 마르세예즈'**를 목 놓아 합창했다. 사내들은 손에 손을 맞잡고 우정을 다짐했고, 몇몇은 얼싸안기도 했다. 그야말로 술집에서나, 그것도 드물게 볼 수 있는 광경이었다. …… 술 취한 사람이 없지 않았으며, 또 없을 수도 없었다. 다만, 만취한 사람은 눈을 씻고 봐도 찾아보기 힘들었다."[116] 아무

---

* Conventgarten 함부르크에 있는 공원 이름.

** La Marseillaise 프랑스 국가國歌. 원래 프랑스 혁명 당시 민중이 즐겨 불렀던 노래이다. 혁명정신을 상징하는 노래로 사회주의 진영의 애창곡이다.

튼 도취에서 만취에 이르기까지 '술 취하는 일'에도 다양한 차원이 있는 게 틀림없다.

'맥줏집 대담' 혹은 '맥주와 문화'라는 제목의 신문 칼럼이나 '술집 정치'라는 기획 시리즈 기사는 노동자들의 정치의식이 날로 커져간다는 보도와 함께 다음과 같은 촌평을 내놓았다. "네가 어떤 종류의 맥주를 마시는지 말해봐! 그럼 나는 네가 무슨 생각을 하는지 알아맞힐게." 이처럼 맥주를 즐기는 일은 전반적인 정치 발전과 밀접하게 맞물려 있었다.

"바이에른의 맥주를 도입한 이래, 민중의 정치의식이 한껏 고양되었다." 노동자들이 즐겨 찾는 술집은 사회적 현안을 놓고 정치토론을 벌이는 장으로 탈바꿈했다. 심지어 맥주는 그 종류에 따라 정치적 색채를 갖기에 이르렀다.

나에게 맥아즙과 홉으로 빚은 주스를 가져와,
맥주를 가져와, 맥주를 나에게 줘.
맥주를 가져와, 맥주를 나에게 줘.
감브리누스의 고결한 이슬방울이여,
너는 생명의 묘약이로다.
즐거이 술을 마시는 벗들 사이에서
나는 기쁨에 찬 잔을 드노라.
잔이 부딪치는 소리와 함께 외치세,
거룩하리라, 너 독일의 술이여!
건배하세, 잔을 비우세.

241

혁명의 모의 장소가 된 술집. 〈직조공들의 봉기. 제3장: 모의〉(케테 콜비츠, 1898, 연작판화 중 일부).

다른 쪽에서는 계급투쟁의 전의를 다지는 잔이 날아다녔다.

동지들, 건배하세!
우리 잔에서는 샴페인 거품이 넘치지 않을지라도
라인 지방의 와인이 반짝이지 않더라도,
조금도 기죽지 말고 마시세!
노동은 거칠고, 우리도 거칠다오.

멀리서 우리에게 손짓하는 투쟁도
거칠다네.
부富의 힘으로, 황금의 탐욕으로!
건배하세.117)

19세기 기술의 발달로 술집이나 무도회장 밖에서도 김 빠지지 않은 신선한 맥주를 얼마든지 마실 수 있게 되었다. 한 번 병마개를 딴 맥주병도 다시 아무 문제없이 잠글 수 있게 된 것이다. 당시 사진을 보면 이런 병마개가 달린 맥주병을 손에 들고 있는 것이야말로 신분을 자랑하는 상징이었음을 알 수 있다.

1848년 마침내 바이에른 맥주는 독일 전역으로 전파되는 기염을 토했다. 1900년 국민 한 사람당 연간 소비량은 120리터에 달할 정도였다.118) 이는 전 세계적으로 세 번째로 많은 소비량이다. 이런 발달과 더불어 맥주와 술집과 독일 정서는 하나의 맥을 이루며 드디어 맥주를 국민주의 반열에 올려놓았다.

"맥주가 갖는 민주화의 힘은 대단했다. 아주 하찮은 노동자일지라도 저 고결한 제후와 백작이 자신보다 더 나은 맥주를 마시지는 않을 거라고 굳게 믿었다. 국민주 앞에서의 평등은 사회적 대립에서 비롯된 갈등을 많이 순화시켰다. 게다가 봄이면 보크맥주를 마시려 저마다 '비어가

„Gehn Se weg mit dem Marxismus — ham Se schon mal 'n Marxisten geseh'n, der Freibier bei 'ne Wahlversammlung spendiert hat?"

"마르크시즘? 치우라고 해. 선거 유세에서 공짜 맥주 주는 마르크스주의자 봤어?"

르텐'에 줄을 서서 지위 고하를 막론하고 서로 흥겹게 어울렸다. 베를린에서는 어디에서도 볼 수 없는 광경이었다."(파울 하이제*, 1854)

북부의 전통적인 맥주와는 반대로 '바이에른 맥주'는 민주적인 것으로 칭송받으며 1848년 이후 곳곳에서 개선행진을 벌였다.** 이는 파이프 담배에 비해 보다 민주적인 것으로 여겨진 시가 담배가 벌인 행보와 비슷했다.

"시가는 거리낌을 모르는 당당한 주권의 상징이었다. 시가를 입에 물고 발언하는 청년은 시가 없이 말하는 것과는 전혀 다른 인상을 불러일으켰다. 보란 듯 시가를 꼬나문 병사를 보고 장교의 명령에 복종하지 않았다고 말할 수는 없지만, 뭐랄까 살짝 무시하는 듯한 묘한 분위기를 풍겼던 것만큼은 사실이다. 아무튼 시가를 피우며 꼼지락거리기는 했다."119)

맥주와 정치토론 그리고 사회민주주의, 이 세 가지는 당시 많은 사람들에게 동일한 것이었다. 독주는 사회민주주의 정당과 앞서 언급했던 여러 조직에게 여러 모로 까다롭기만 한 적이었기 때문이다. 당대의 사회 분위기와 여론은 술을 마시고 작은 실수를 하는 것조차 용납하지 않았다. 술

---

* Paul Heyse 1830~1914 독일의 소설가이자 극작가. 탐미적 이상주의를 그린 단편을 주로 썼다. 대표작으로 《아라비아타L;Arrabbiata》, 《안드레아 델핀Andrea Delfin》 등이 있다. 1910년에 노벨문학상을 받았다.

** 1848년은 3월 혁명이 일어난 해이다.

정치토론으로 떠들썩한 뮌헨의 맥주홀. 3월 혁명 이전 시기의 모습이다. 이 그림은 1830년 '보크켈러 Bockkeller'라는 이름의 맥주홀 광경이다(P. 엘머*의 그림).

에 취해 저지른 사고(근무현장에서 벌어진 것일지라도)는 보험회사도 처리를 거부했으며, 곧바로 해고로 이어졌다. 이는 급작스러운 사회적 몰락이나 마찬가지였다. 그렇다고 사회적 신분을 둘러싼 두려움이 '계급의식'의 무조건적인 고취로 이어진 것은 아니다. 오히려 일자리 걱정으로 룸펜프롤레타리아와 거리를 두게 되었으며, 무엇보다도 소시민적인 덕목에 집착하게 되었다. 진정한 사회민주주의자는 자신을 결코 '평범한 노동자'라고 생각하지 않았다. 이들은 직장의 상관과 장인(마이스터)을 자신의 모범으로 삼고 그들처럼 살고자 아등바등했다.

---

* 인물 정보를 알 길이 없다.

한편, 또 다른 방향에서의 발전 역시 맥주를 '사회민주주의의 주스로 약진하게 만들었다. 19세기에서 20세기로 넘어갈 무렵 맥주를 파는 거대한 홀들이 속속 생겨났다. 맥주의 대량소비를 촉진하는 이른바 '맥주궁전Bierpalast'이었다. 맥주홀을 임대한 각종 행사가 끊이지 않고 이어지면서 대중을 끌어들였다. 정당의 전당대회는 물론이고 노조의 단결대회 등도 모두 맥주홀에서 이루어졌다. 더욱이 1890년까지 사회주의자 관련 법안의 효력으로 옥외 집회와 시위가 철저히 금지된 탓에 '궁전'에서의 데모는 한층 더 활발했다. 거대한 홀을 경영하는 데 들어가는 비용은 오늘날 대규모 술집과 마찬가지로 맥주 소비로 충당할 수밖에 없었다. 세를 받는 임대료 수입만으로는 턱없이 부족했다. 그래서 거듭 시대착오적인 행태가 빚어졌다. 금주를 최우선으로 하는 노동자 단체까지 맥주를 마시지 않을 수 없었던 것이다. 적어도 모임을 포기하지 않으려면 말이다. 자칭 독립성을 앞세운 노조 역시 이런 사정을 피할 수 없었다. 맥주회사로부터 지원금과 보조금을 받아 회관을 건립한 노조는 이 돈을 몇 년에 걸쳐 '마셔서' 갚아야만 했기 때문이다.

맥주는 갈수록 대중의 정치인생에 깊숙이 스며들었고, 이 과정에서 숱한 적과 지지층을 낳았다. 술과 금주라는 문제는 세상을 바라보는 세계관과 이데올로기로부터 자유로울 수 없었던 탓에, 어떤 술이 마시기 좋은 술이냐 하는 아주 직접적인 정치적 대결이 벌어졌다. 여기서 사회민주주의는 이쪽을 치고 저쪽을 들이받는 이중의 전투를 치러야만 했다. 적(증류주)은 사회민주주의 진영 안에서만 난리법석을 일으킨 게 아니라, 밖에서도 직접 맞대결을 치러야 하는 상대였다. 1909년 사회민주주의 정당이 당원과 동지에게 증류주를 마시지 말자고 호소를 한 데에는 다 그만한 이유가 있었다. 술에 취하지 않은 맑은 정신만 강조한 것이 아니었다(물론 그 호소에 맥주는 언급조차 되지 않았다). 그들을 자극한 것은 오히려 국가의 몹시 일방적인 재무 정책이었다. 독일제국의 세법은 증류주의 생산과 소비를 장려하며 프로이센의 토호와 귀족의 주머니만 불려줬다. 이런 상황에서 화주 불매운동을 벌이는 것은 기득권층을 겨눈 일대 도전이자 제국에 반기를 드는 행위였다. 그러니까 술에 취하지 말자는 사회민주주의의 호소가 갖는 속내는 전혀 다른 데 있었던 셈이다. 한쪽에서 독주를 마시는 것이야말로 조국을 위한 애정의 실천이라고 추켜세우며 높은 맥주 소비를 경거망동으로 깎아내리자, 사회민주주의 진영은 거꾸로 맥주 소비를 권장하며, 제국의 토호가 갖는 영향력에 제동을 걸고자 했다. 이렇게 해서 술이라는 문제는 사회의 정치적 현안이 되었다.

이제 우리의 이야기는 제3제국으로 넘어간다. '독일 술'에 관한 독일 역사에서 제3제국이 빠질 수 있겠는가? 절대로 그럴 수는 없다. 특히 "순수한 독일 혈통을 지키는 수호자"라는 변태적인 역할을 자처한 나치스는 맥주의 순수함마저 아주 괴이하게 해석했다. 어렵게 싸워 쟁취한 맥주 순수법마저 이들은 돌연 폐지하고 말았다.

나치스는 독일 금주운동의 맹신적인 편협함에 프로테스
탄트를 내세운 프로이센의 윤리를 교묘하게 끌어들였다. 그
러나 나치스의 진정한 속셈은 개성을 억압함으로써 전체의
능률을 끌어올리는 데 있었다. 이런 목적을 이루는 데 알코
올만큼 안성맞춤인 공격 대상도 없었다. "독일 민족이 더 퇴
락하지 않게 막고, 민족의 생물학적 우수성을 되살리기 위
한 절대적인 의지로 무장해 혈통을 더럽히는 알코올과의 전
쟁에 나서야만 한다."120)

국가사회주의(나치스)의 기관과 입법자는 익히 알려진
수법대로 알코올을 독극물로 지정했다. 그래도 술을 끊지
않는 사람들은 곧장 열등한 족속으로 낙인찍었다. 열성을
갖는 술꾼이 어떤 위협을 받았는지는 잘 알려져 있다. "지나
친 음주로 말미암아 불임시술을 받은 사람의 비율은 2.9%

'범죄자 소굴'이라는 나쁜 평판에 시달린 함부르크 술집.

에 달한다." 121)

물론 여기에는 아주 특별한 예외가 있었다. 바로 맥주가 그것이다. 같은 해 맥주는 제국 영양식품의 지위에 올랐다. 이를테면 일종의 식료품으로 귀족서품을 받은 것이다. 아무튼 알코올이라고 해서 다 같은 알코올이 아니었다. 이런 사정은 예나 지금이나 조금도 달라지지 않았다.

권력, 파업, 전쟁 그리고 맥주

독일인에게 맥주는 그저 단순히 서류상의 기본 식품만은 아니었다. 독일 역사에서 맥주는 여러 차례 폭력을 수반한 강력한 충돌을 일으켰다. 특히 맥주값이 인상될 때마다 일대 전쟁이 벌어졌다. 돌이켜보면 뭐 그런 일로 그 정도까지 그랬을까 싶게 사소한 계기도 많았다.

뉘른베르크 맥주 전쟁

…… 뉘른베르크, 너 오랜 역사의 도시여,
작은 탑과 툭 튀어나온 창이 즐비한 그곳에서
맥주를 살 수 없는 사람은
곰처럼 사나워졌네.

그야말로 전투였어, 믿어줘.

트로이 성벽 앞에서 벌어지던 싸움처럼.
여기서 헬레네의 이름은 '바이에른 맥주'였지.
원정을 나선 쪽은 맥주 양조 기술자였어.

맥주에 바쳐진 싸움은
공공의 안녕을 위한 것이기도 했어.
"맥주 가져와!" 전장에서 들리는 외침이었지.
"싼 값으로!" 구호가 뒤를 따랐어.

우리에게 축복이 있을지라.
독일인 한 명이 자유를 지키는 망루에 섰네!
그가 기쁨의 탄성을 지를 수 있다면,
참으로 대단한 일이야!

이제 굳은 결의로 함께 서세,
교양의 선구자들이여!
땅과 하늘이 꺼지고 무너질지라도
만세! 우리는 맥주에게 갈 거야![122]

1720년대 슈테틴*에서는 맥주에 붙이는 소비세를 인상하는 바람에 반란이 일어났다. 약 3,000명, 당시로서는 엄청난 무리가 술집과 양조장을 습격했다. 이런 시위는 식품 가

---

* Szczecin 폴란드 북서부의 항구도시로. 폴란드어로 '슈체친'이라 부른다. 1945년까지는 독일령으로 슈테틴Stettin이라 불렸다.

격이 오를 때마다 일어났다. 물가 상승은 도시를 초토화할 정도로 큰 문제였다. 이런 상황이었으니 맥주의 고장 바이에른에서 증류주는 결코 진정한 적수가 되지 못했다.

1910년 바이에른 북부 마을들에서 갈등은 최고조에 달했다. 맥주 가격을 둘러싼 오랜 다툼이 마침내 정점을 찍은 것이다. 같은 해 3월 18일 맥아 가격을 올리기로 한 법안이 결정되면서 맥주값은 1,000cc당 약 20% 가까이 폭등했다. 당시 가격 인상을 알리는 포고문의 내용은 이랬다. "사정을 헤아려주도록 백성에게 이해를 구하노라. 지역 농산물의 최고 소비자이자, 산업과 상업 양 부문에서 일자리를 제공하며 혁혁한 공로를 세우고 있는 맥주 양조업계에만 제국의 국가 재정 개혁과 그 소급 적용으로 빚어진 바이에른 재정 위기의 손해를 떠넘길 수 없었노라."[123]

19세기에는 여러 차례 조직적인 맥주 불매운동이 벌어질 정도였다. 심지어 처음으로 방화 사건까지 일어났다. 불매운동의 구호는 이랬다. "1. 가격이 다시 예전처럼 내려가기 전에는 누구도 26페니히를 주고 맥주를 마셔서는 안 된다. 2. 24페니히의 맥주와 '바이스비어'를 마시는 것은 허락한다."[124] 맥주를 팔지 못해 발을 동동 구르던 양조장 주인들은 결국 굴복할 수밖에 없었다.

수틀리게 나온다 싶으면 어떤 수단도 마다하지 않았던 맥주 소비자들은 더욱 강하게 양조업자와 정치가들에게 압력을 넣었다. 큰 양조장 두 곳이 이웃 주택들과 함께 홀라당 불에 타버렸다. 불을 지르고 나서는 이내 맥주를 공짜로 풀었다. 당연히 맥주에 취한 소방대원들은 꼼짝도 하지 않았다. 성난 군중은 양조장 앞을 지키던 경찰 병력에게 돌을 던져댔다. 분노한 폭도 앞에서 경찰은 속수무책이었다. 무리는 다시 양조장 안으로 쳐들어갔다.

"다만 아이바흐Eibach의 소방대원들만 차분하게 탁자에 앉아 마시던 맥주를 계속 즐겼다. 맥주잔은 뻔질나게 창밖을 오가며 맥주를 실어 날랐다. 마침내 맥주가 떨어지자 빈 잔들은 창 너머로 내동댕이쳐졌다. 눈앞에서 바이에른의 맥주 축복이 일어난 듯했다. …… 저녁 10시 반쯤 되자 62세의 경제 책임자 요제프 바흐마이어Josef Bachmayer는 다음과 같은 포고문을 내걸었다. '이제는 진정하라. 내일부터 맥주는 다시 옛날 가격으로 판매될 것이다. 적어도 우리에게만큼은!' …… 걱정하던 마찰이 다시 빚어지지 않자 맥주 가격은 1910년 11월 말에서 12월 초 사이에 아주 슬그머니 인상되었다. 6월이 되자 〈바이에른 쿠리어Bayerischer Kurier〉라는 신문은 다음과 같은 확인 기사를 썼다. '맥주 불매운동은 수포로 돌아간 것 같다. …… 물은 우리 노동자에게 격심한 육체적 고통을 안겼다. 설사가 너무 심한 나머지 출근하는 사람이 없을 정도였다. 기계 제조공장에서만 17명의 노동자들이 물을 지나치게 마신 탓에 의사의 치료를 받았다. …… 아무래도 우리 바이에른 사람들 위장은 장기간에 걸쳐 물만 마시는 것을 견딜 수 없는 모양이다. 맥주 불매운동은 우리 노동자들을 병들게 할 뿐만 아니라 더없이 나약하게 만들었다. 맥주 불매운동이 죽을 수밖에 없는 이유이다."125)

새로 발달한 양조 기술과 더불어 양조장의 작업환경에
도 분명한 변화가 나타났다. 그때까지 가정이나 규모가 작
은 양조장의 장인과 도제는 추운 계절에만 맥주를 만들 수
있었다. 그러나 이제 산업화로 계절의 영향으로부터 완전히
독립한 생산 공정이 가능해졌다. 전체 과정은 몇 부분으로
나뉜 분업의 형태를 취했다. 양조 기술자 외에 통장이(통을
만드는 기술자), 기계 관리자, 병 세척 전문가 그리고 수송
담당자 등이 그 면면이었다.

양조 기술자는 특히 어려운 환경에서 씨름해야만 했다.
곡물을 말리는 건조실과 맥아즙을 끓이는 가열실의 온도는
아주 높았으며, 완성된 제품을 쌓아두는 냉장실은 너무 추
웠다. 이쪽저쪽 왔다 갔다 하노라면 극심한 온도 차이를 몸
이 버텨내질 못했다. 19세기의 전형적인 초기 자본주의의
행패도 노동자의 삶을 더욱 어렵게 만들었다. 당시에는 서
른 살 이상 기혼자에게는 일자리를 주지 않았다. 막 기지개
를 켜기 시작한 노조운동은 이런 조건을 문제 삼아 처음으
로 파업을 벌이며 임금 인상과 처우 개선을 요구했다. 그 결
과 고용주들의 조직인 이른바 '양조장 연맹'이 생겨났으며,
노조도 확고한 조직으로 성장했다. 노조는 강력한 힘을 바
탕으로 양조업을 전혀 모르는 구직자들도 취업할 수 있게
밀어붙였다(이렇게 해서 생겨난 산별 노조를 'NGG'*라고 부

---

* Gewerkschaft Nahrung-Genuss-Gaststätten '식품, 기호품, 요식업 연합 노조'
로, 독일노조연맹DGB: Deutscher Gewerkschaftsbund의 8대 산별 노조 가운데 하나이다.
1949년에 창설되었으며, 본부는 함부르크에 있다. 2009년 현재 약 20만 5,000명의 회
원을 자랑한다.

른다).

18세기에서 19세기로 넘어갈 무렵 맥주 불매운동이라는 수단은 다시 등장했다. 예컨대 노조는 근무시간 단축(하루 17시간에서 12시간으로)과 임금 인상이라는 요구조건을 내걸고 그것을 관철하기 위해 불매운동을 벌였다. 사회주의자 관련 법안이 여전히 시퍼렇게 살아 있었지만, 1878년 양조 기술자 단체는 첫 번째 대규모 노동투쟁을 조직해냈다.

5월 축제 때 체포된 300명의 노동자들을 석방하라는 요구를 내걸고 1894년 베를린에서 벌어진 불매운동은 반년이나 끌며 적잖은 성과를 이끌어냈다. 그 뒤 1904년 함부르크와 라인란트에서도 중요한 노동투쟁이 벌어졌다. 경찰 첩자의 첩보에 따르면, 불매운동에 참가한 노동자들은 처음에는 운동의 효과를 놓고 매우 낙관적이었다고 한다.

"수요일 아침(사건이 일어난 지 이틀 뒤)에는 틀림없이 정리가 될 거야. 그리스도 승천 기념일이면 맥주가 대량으로 필요할 것이고, 그럼 어쩔 수 없이 우리 요구를 인정하겠지." 그러나 치밀하게 기획되지 못한 불매운동으로는 맥주회사들이 노동자의 요구를 받아들이도록 강제할 수 없다는 사실이 너무도 빨리 판명되었다.

"사람들은 조직에 속한 노동자라면 응당 명예심을 가지고 조직의 구호를 엄격하게 따르며 불매 대상으로 점 찍힌 맥주를 피해야만 한다고 생각할 것이다. 그러나 유감스럽게도 현실은 달랐다. 오순절에 함부르크 교외로 나들이를 나간 사람들은 자신을 노조원이자 동지라고 자처하는 노동자가 아무 거리낌 없이 불매 대상으로 지목된 맥주를 마시는 것을 보고 분노했다. …… 규모가 작은 술집에서야 해당 맥주를 마시는 것을 부끄럽게 여기는 노동자가 없지는 않았다. 적어도 진실을 정확하게 말하려는 양심은 있는 노동자였다. 그러나 큰 술집에서는 아예 통째 끌어안고 마셔댔다. 노동자들이여, 이게 조직화한 노동자의 행동이냐? 부끄러운 줄 알라! 이게 노동자의 동지의식이며 연대감이더냐? 이런 게 노동자의 도리더냐? 정말이지 서글프기 짝이 없는 빈곤함이로다. …… 불매운동을 지속하는 데 함부르크의 저질 맥주가 독물을 뿌리는구나."126) 결국 불매운동의 효과는 기대에 훨씬 못 미치고 말았다. 노동자 문화를 이루는 아주 미묘한 두 가지 근본 요소가 서로 충돌한 탓이다. 한쪽에서는 단결심이, 다른 쪽에서는 맥주맛이 노동자들을 시험에 들게 하고 말았다.

그 뒤로 채 2년이 안 돼 함부르크에서는 다시 '맥주 전쟁'이 터졌다. 세금 인상을 빌미로 맥주업체 사장들이 1906년 가격을 올린 것이다. 그런데 놀랍게도 이번에는 술집 주인들이 손님에게 비싼 값을 받을 수 없다며 들고일어났다. 이때 술집 주인들은 불매운동이라는, 노동자들과 같은 무기를 들고 나왔다. 그러나 노동자들과의 실질적인 연대와 단합이 이뤄지지 않은 탓에 가격 인하 요구는 관철되지 않았다. 〈함부르크 메아리Hamburger Echo〉는 이 맥주 불매운동을 둘러싼 사정을 다음과 같이 정리하고 있다. "옛날에는 양조장 주인들이 맥주값을 올리면, 맥주 전쟁이 아니라 맥주 폭동이 일어났다. ······ 이후 노동자 계급은 자본가의 착취와 폭리에 대항해 싸우기 위해서는 다른 무기를 써야 한다는 것을 깨우쳤다. 그래서 노동자 계급은 조직의 힘, 단결력, 절제된 규율 등을 내세웠다. 노동자들은 기물을 부수고 폭행을 일삼는 짓을 삼갔으며, 불매운동에 치중했다."127) 정말이지 성과를 장담하기 어려운 싸움이었다.

술이 없으면 영웅도 없다. 자기 몸을 돌보지 않고 뛰어드는 투사도 없다. 한마디로 싸움이 되지 않는다. 전쟁에서 알코올이 갖는 의미는 독일과 프랑스 전쟁에서 독일군을 지휘한 최고 사령관의 발언에서 명확하게 드러난다. "······ 1870년과 71년에 걸친 원정에 참여한 사람으로서 분명하게 말하겠다. 거듭 강조하는 바이지만, 이 원정에서 알코올은 ······ 독일 군대의 강력한 전우였다!"128)

제2차 세계대전 당시 전투기 조종사들에게 공식적이고 주기적으로 페르비틴*을 투여했다는 것은 이미 잘 알려진 이야기이다. 마약에 취해 두려움 없이 용기 있게 나서게 하기 위해서였다. 이는 고대 이집트인들이 이미 써먹은 수법이다. 아군에게 조국과 모국어, 명예와 민족적 의무를 상기시킬 뿐만 아니라, 이를 더 북돋우고 키워주기 위해 술을 베푸는 전통도 유구한 역사를 자랑한다. 군악대가 쿵쿵거

---

* Pervitin 영어 명칭은 '메스암페타민methamphetamine'이다. 중추신경을 마비시켜 흥분을 일으키는 마약. 우리나라에서는 일본의 영향을 받아 약품 상표명인 '필로폰 Philopon'(일명 히로뽕)으로 더 잘 알려진 마약이다.

병사와 맥주 — 그 친밀한 결합.

So lang uns diese Blume blüht,
Der Feind
vergeblich
sich bemüht!

이 꽃이 우리에게 피는 한, 적은 헛수고하는 거야!

리는 강렬한 리듬으로 '행진곡'을 연주하는 것도 같은 맥락
이 아닐까. 맥주와 독주 등 특별히 하사하는 술, 이른바 '돌
격주Offensivwasser'는 군인을 전혀 다른 사람처럼 만들어 죽
음의 두려움을 떨치게 했다. 살날이 얼마 남지 않은 노인에

게도 술은 죽음의 공포를 잊게 하는 좋은 친구였다. 이처럼 약물과 술로 군인의 사기를 부채질한 현상은 베트남 전쟁에서 처음 나타난 게 아니었다. 물론 군대와 약물이 가장 밀접하게 맞물려 돌아간 끔찍한 전쟁이 베트남전이기는 하지만 말이다.

전쟁은 알다시피 통상적인 (맥주) 공급을 끊어놓게 마련이다. 1913년에서 1914년으로 넘어갈 즈음, 그러니까 제1차 세계대전이 터지기 직전 바이에른의 통계를 보면, 총 3,471곳의 맥주 양조업체들이 1,910만 헥토리터의 맥주를 생산한 것으로 되어 있다. 이는 당시 독일 전체 맥주 생산의 27.6%에 해당하는 양이다. 이 시기의 인구 1인당 연간 소비량은 270리터로 오늘날에 비해 꼭 두 배에 이르며, 독일의 나머지 다른 지역들(103리터)에 비해서는 2.5배가량 더 많았다. 전쟁 이후 바이에른의 '제5원소'(프라이허 폰 크라이트마이어*, 선제후 막스 3세 요제프 아래서 수상을 지낸 인물의 표현)는 고작 1,030만 헥토리터가 생산되었을 따름이다. 맥주 생산은 전쟁 이전과 비교해 말 그대로 반 토막 났다. 전쟁으로 인해 무엇보다도 곡물 소비를 줄일 수밖에 없었는데, 전시에 곡물값이 치솟는 것은 불을 보듯 뻔한 일이었다. 제국의 석탄 관리관은 석탄 소비까지 감시할 정도였다. 1917년 11월 2일 연방의회의 결정에 따라 소집된 합병위원회는 맥주 양

---

* Freiherr von Kreittmayr 1705~1790 바이에른 출신의 법률가로, 바이에른 공국의 기틀을 세우는 데 혁혁한 공을 세웠다. 본문에서 말하는 막스 3세 요제프는 바이에른의 선제후 막시밀리안 3세 요제프Maximilian Ⅲ.Joseph(1727~1777)를 가리킨다. 학문과 예술의 장려에 힘쓴 군주로 유명하다.

조장들을 정리하고 통합하려고 했다. 1916년 양조장 운영 권리는 전쟁 이전에 비해 48%가 줄어들었다. 그럼에도 맥주 시장은 유일하게 팽창하는 시장이었다. 군소 양조장들이 생산하는 맥주의 50%를 군대가 소비했으며, 그 지불수단은 우표였다.

맥주 원액의 농도는 시행령에 따라 (전쟁 이전) 평균 약 8%였던 것이 3.5%로 주저앉았다. 맥주의 품질 저하와 구매자 감소가 꼬리에 꼬리를 물고 이어졌다. 제2차 세계대전 이후의 통계와 비교하더라도 눈에 띄게 나쁜 결과였다. 맥주의 본질이라고 할 수 있는 게 아무것도 남아 있지 않게 된 것이다. 1948년 연합군이 점령한 서독 지역에서 맥주의 1인당 연간 평균 소비량은 고작 25리터에 지나지 않았다. 이 시기에 맥주는 술이라기보다는 발효음료에 가까웠다. 우유를 가공하고 남은 유장乳漿*을 기본 원료로 쓴 탓에 진짜 맥주 맛을 기대하고 맛을 보았던 사람은 얼굴을 찡그리며 퉤퉤거릴 뿐이었다. 대부분의 양조장은 만성적인 원료 부족으로, 이를테면 보리 가격 폭등으로 제1차 세계대전이 끝난 다음 레모네이드나 광천수 따위로 업종을 갈아탔다. 오늘날 많은 양조장에서 맥주 역사를 소개할 때 당시를 치욕적이고 부끄러운 시절로 추억한다. 화가 날 대로 난 민중은 당시 제품을 "맥주 비슷한 것", 그러니까 뒤집어 말하면 "전혀 맥주가 아닌 것"이라고 불렀다.129) 이는 적확한 표현이다.

---

* 젖에서 단백질과 지방을 빼고 남는 부분.

코르크에서 왕관으로

원래 맥주는 와인처럼 나무통에 담아둔 것을 따라 마셨다. 이 맥주통도 발전에 발전을 거듭해 금속, 나무, 세라믹, 가죽 등 다양한 재료로 만든 통이 등장했다. 가장 저렴한 것으로는 지금은 완전히 잊혔지만 사이펀*을 꼽을 수 있다. 사이펀은 병맥주에 비해 신선한 맥주를 훨씬 더 싸게 수송하고 보관할 수 있는 통이었다.

필요한 것이라면 만들어내고야 마는 인간의 영민한 두뇌는 17세기에 유리병을 발명하면서 병에 맞는 코르크 마개까지 찾아냈다. 코르크 마개는 병 안에서 술이 계속 발효되는 데 데 큰 도움을 주는 기가 막힌 장치였다. 발효에 알맞게 마개를 잠가주면 맥주의 품질이 상당히 좋아진다. 그럼에도 18세기 말까지는 맥주를 창고에 쌓아둘 때 유리병을 거의 사용하지 않았다. 사정이 이렇게 된 중요한 원인은 당시에는 맥주를 주로 개인이 가정에서 빚었기 때문이다. 필요한 만큼만 빚어 마시는 일반 가정에서는 유리에 붙는 높은 세금을 낼 여력이 없었다. 맥주를 병에 담아 마시고 싶을 경우에는 다 마신 와인병을 이용했다.

1780년에 들어서야 비로소 처음으로, 갈색으로 착색한 유리병(맥주는 빛에 민감하다)이 등장했다. 약 0.75리터 용량의 유리로 만든 특수 맥주병은 상면발효 맥주인 '포터비

---

* Siphon 커다란 플라스크 같은 것에 유리관을 붙인 것.

어Porterbier'(영국산 흑맥주로 런던의 마부나 짐꾼[포터]들이 아주 좋아해 이런 이름이 붙었다)에 안성맞춤이었다. 이 병은 입으로 불어 만드는 것으로, 몸통이 실린더 모양이었다. 그 불룩한 몸통에서 가늘게 위로 올라오는 병목은 오늘날 샴페인병처럼 코르크를 철사로 묶기가 아주 좋았다. 이런 잠금 방법은 아마도 19세기 말까지 계속 쓰였던 것 같다.

19세기 초 리클리Rickley가 두 개의 금형을 써서 병을 찍어내는 기술로 특허를 따낸 이래, 오늘날과 비슷한 병이 점차 시장을 독차지했다. 유리병을 맥주병으로 특히 선호하게 된 것은 마개를 아주 실용적으로 사용할 수 있었기 때문이다. 1880년 처음으로 돌려 따는 마개와 걸쇠가 달린 마개가 선을 보였다. 이로써 한 번 병을 딴 뒤에도 다시 완전히 막아놓을 수 있는 꿈이 실현되었다. 이는 노동자들의 음주문화에 결정적인 영향을 미쳤다. 맥주를 아무 문제없이 술집 밖에서도 마실 수 있었을 뿐만 아니라, 근무 도중에도 찔끔거리며 목을 축일 수 있었기 때문이다. 김도 빠지지 않으니 이 얼마나 좋은가.

나중에 독일제국 수상이자 노벨평화상 수상자가 되는 구스타프 슈트레제만Gustav Stresemann은 1900년에 발표한 자신의 박사학위논문 《베를린 병맥주 산업의 발달Die Entwicklung des Berliner Flaschenbiergeschäftes》130)에서 독일에서 맥주를 병에 담아 파는 일이 초기에는 술집 주인이나 영업사원의 과제였다고 밝혔다. 양조장에서 직접 병맥주를 팔게된 것은 한참 더 시간이 지난 뒤의 일이라는 것이다.

아련한 향수를 자극하는 전형적인 걸쇠 마개 병맥주.

미국의 윌리엄 페인터*는 1892년 왕관 모양의 코르크 마개 걸쇠를 발명해 병마개 기술을 혁신하는 성과를 올렸다. 그의 발명이 얼마나 천재적이며, 이 병마개 문제가 얼마나 심각했는지는 19세기에만 실용적이고 값싼 맥주 병마개를 찾느라 2만여 건이 넘는 특허 신청이 줄을 이었다는 배경에서 잘 알 수 있다. 1892년은 그야말로 대사건들이 쏟아진 기념비적인 해이다. 월트 휘트먼**이 사망했으며, 아프리카 남서부의 독일 식민지에서 호텐토트족과 헤레로족의 저항***이 절정에 달했고, 왕관 코르크 외에도 맥주 덮개가 특허를 얻었다. 왕관 코르크라는 명칭은 윌리엄 페인터가 영어로 '크라운 코르크Crown cork'라 불렀던 것을 그대로 옮겨놓은 것으로, 코르크 마개가 나온 지도 벌써 100년이 넘었다. 독일어로는 '크로넨코르켄Kronenkorken' 혹은 '크론코르켄Kronkorken'이라고 쓰는데, 사전 전문 출판사 '두덴Duden'은 두 가지 표기가 모두 맞다고 설명한다. 그러나 룩셈부르크의 '감브리누스 형제애Gambrinusbruderschaft'라는 단체는 소식지에서 원래 그 명칭은 도르트문트에 있던 '크로넨 양조장Kronen-brauerei'에서 유래했다는 주장을 펼쳤다. 아무튼 "병을

---

* William Painter 1838~1906 샴페인병에서 볼 수 있는 왕관 모양의 마개를 발명한 사람. 아일랜드에서 태어나 1858년 미국으로 건너갔다. 마개 외에도 병따개, 종이 접는 기계, 동전 검사기, 승객용 안전장치 등 80여 건에 이르는 특허를 취득했다.

** Walt Whitman 1819~1892 평생 인권과 민주주의를 위해 노래한 미국의 시인.

*** 독일이 점령한 아프리카 식민지에서 일어난 독립운동. 호텐토트족Hottentot과 헤레로족Herero은 오늘날 남아프리카와 나미비아에 사는 원주민이다.

꼭 막아주고 코르크 마개에 철사나 실로 된 걸개를 걸어 병마개 제조 비용을 실감나게 절감해주는 임무"[131]만큼은 오늘날까지 그 어떤 것도 따를 수 없을 정도로 훌륭하게 수행하고 있다.

황제 직속 특허청의 특허번호 68,350의 기록을 보면, 발명의 핵심은 코르크에 물결 모양의 굴곡을 준 데 있다고 한다. 원래 코르크는 병목에 밀착되는 탄력을 높이기 위해 24번 압축해준다(오늘날에는 21번). 즉, 적당한 탄력으로 기계의 압력을 버티면서 병을 단단히 막아주는 동시에 병목을 깨뜨릴 위험이 없어야 하기 때문에 그처럼 여러 차례 코르크를 압축하는 것이다. 마개는 다시 손쉽게 딸 수 있어야 그 본래 목적에 충실하다 할 수 있다. 막기만 하고 딸 수 없다면, 그게 무슨 소용인가? 그래서 발명가는 못과 같은 일상에서 흔히 보는 날카로운 물건을 염두에 두었던 모양이다. 오늘날 볼 수 있는 와인 따개는 비교적 나중에 나온 것이다. 코르크 제조업자는 혹시라도 맛이 변할까 싶어 코르크가 꼭 맞물려 밀착되도록 안쪽에 플라스틱 심을 박아놓기도 했다. 오늘날에는 흔히 합성 물질을 주사하듯 심어넣는다.

코르크에 하얀 양철을 씌운 왕관 코르크 마개가 승승장구하게 된 것은 1965년 유럽공동체가 0.5리터 병을 표준으로 정하면서부터이다. 이때 왕관 코르크도 역시 표준으로 자리를 잡았다. 최근에 들어서야 비로소 목을 날렵하게 뽑은 새로운 병이 시장을 기웃거리기 시작했다. 와인이나 샴페인이 누리는 사회적 특권이 못마땅하고 부러운 나머지, 이미지 개선을 시도하고 있는 셈이랄까. 예로부터 익숙한 맥주병은 사라진다 해도, 왕관 코르크는 그대로 살아남을 모양이다. 1990년 독일 사람들은 광고 목적으로 문양을 찍어넣은 코르크를 자그마치 200억 개나 소비했다. 이는 한 사람당 300개꼴이다.

맥주에 취해

알코올 홍수를 막을 댐을 쌓아라

중부 유럽의 비좁은 중세 도시에서 개인의 알코올 소비는 더 이상 사적인 문제가 아니었다. 사회 전체가 유지되기 위해서는 구성원들이 자신의 '역할'을 제대로 해내야 하며, 또한 적절한 규제를 통해 질서를 유지할 필요가 있다. 예를 들어 상습적으로 술에 절어 사는 불한당에게 재산의 올바른 관리를 기대할 수는 없는 노릇 아닌가. 중세에는 사회라는 공동체가 알코올로 가난의 늪에 빠진 시민을 나 몰라라 방치할 수는 없다고 보았다.

알코올 문제는 갈수록 심각해졌다. 15세기에 이미 신성로마제국의 황제 막시밀리안 1세*는 제국의회가 열릴 때마다 연설을 통해 신하들에게 금주를 강조했다. 끊임없이 전쟁에 휘말리면서도 황제는 용병에게 술을 멀리하도록 각별

---

* Maximilian I 1459~1519 합스부르크 왕가 출신으로 이른바 '마지막 기사'이다. 1477년 부르고뉴의 공작이 되었으며, 1508년부터 신성로마제국의 황제를 지냈다.

한 관심을 쏟았다. 완전히 취한 나머지 전투 불능의 상태에 빠지거나, 심지어 항명과 반란을 서슴지 않는 용병을 다스리려는 고육책이었다(그러니까 술은 언제나 적당히 마시는 게 가장 중요하다). 거듭 금주령을 내렸지만 성과는 전무하다시피 했다. 오죽했으면 1512년 쾰른에서 제국의회 폐막 연설을 하며 자괴감에 몸을 떨었을까.

"…… 의회기간만큼은 술을 자제해줄 것을, 내 몸소 금지시켰건만, 지금까지 명을 지키는 사람은 거의 없었다. 그래서 다시 한 번 강조해두지만, 술을 입에 대면 이내 중독 증상을 보이며, 술에 취해 신의 이름을 더럽히고, 싸움을 벌여 이웃을 죽이는 등 차마 눈 뜨고 볼 수 없는 수많은 악덕이 생겨나나니, 명예와 영혼, 이성과 몸을 더럽히며 재산을 허비하는 작태를 당장 중지하라."

잠깐 숨을 고른 황제는 그때까지 관례적이던 위아래의 구분, 즉 사회적 위계질서를 일체 무시하고 악덕이 퍼지는 것을 막기 위해 극약처방을 내렸다. "명을 어길 때에는 아주 뼈가 저리도록 높은 벌금형에 처할 것이라." 그래도 못 미더웠던지 최후의 수단까지 동원했다. "술을 마시는 신하는 제국의 재무를 책임지도록 황제의 법정 앞에서 심판을 받을 것이며, 이는 곧 엄청난 벌금으로 이어질 것이라."[132]

16세기 말쯤에 이르러 프로테스탄트와 가톨릭 진영 사이의 대립은 황제와 일반 계층들 사이만큼이나 첨예해졌다. 반종교개혁은 가톨릭 교회의 통일과 혁신을 위해 싸웠다. 합스부르크 왕국은 덴마크, 스웨덴, 프랑스 등과 결탁했다.

1618년 유럽의 중심부에서는 30년 동안 불길이 끊이지 않고 타오르는 전쟁이 막을 올렸다. 1648년 베스트팔렌 평화조약으로 전쟁이 끝났을 때, 유럽은 말 그대로 잿더미였다. 황제의 권력은 이루 말할 수 없이 약해졌으며, 지방 제후는 오히려 그 권세가 하늘을 찔렀다. 또한 윤리와 도덕은 썩은 내를 풀풀 풍겼다.

오늘날 우리가 중세를 두고 암흑의 시기라 부르는 온갖 작태, 이를테면 법보다 주먹이 앞서고, 걸핏하면 서로 치고받고 때려죽이고 술에 취해 행패를 일삼는 등 사회의 뿌리 깊은 불안이 짙은 그늘을 드리웠다. 이 암흑의 기운이 걷히기까지는 정말 오랜 세월이 걸렸다. 이후 본격적인 중독의 시대가 이어졌지만, 점차 중세 사람들 사이에서는 이렇게 살아서는 안 되겠다는 자각이 슬슬 눈뜨기 시작했다. 첫 번째 가치 변화의 징조가 곳곳에서 감지되기 시작했다. 그러나 이는 어디까지나 생각에 불과할 뿐, 아직 몸이 따라주지 않았다. 일상생활을 감당하기 위해 일과 중에는 술을 덜 마셨지만, 하루 일과를 끝내고 나면 피곤함과 속상함을 잊으려고 더 마셔댔다.

그러나 사회의 변화는 말짱한 정신의 생활태도를 요구했다. 더불어 먹고 마시는 취향 또한 고급스러운 쪽으로 변해갔다. 이전처럼 흥청망청 왕창 벌여놓고 즐기는 게 아니라, 감각과 입맛을 고급화하는 쪽으로 바뀐 것이다. 여기에는 무엇보다도 프랑스의 영향이 컸다. "요컨대, 프랑스는 우리에게 보다 신선하고 섬세한 욕구와 열망이 무엇인지 알려줬다. 와인이냐 맥주냐 하는 차이가 사람의 체면을 바꾸어 놓았다. 원래 마구잡이로 먹어대는 것과 섬세한 취향은 함께할 수 없는 법이다. 나는 우아한 술꾼을 본 기억이 별로 없다. ⋯⋯ 술에 전 주정뱅이는 똥물이 질퍽이는 진창에 코를 박고 잠이 들었으며, 술에 취한 사람이 평상심을 유지하는 영혼을 가진 것을 보기란 기적이나 다름없었다."133)

16세기와 특히 "독일 민족의 음주와 폭주 시대"134)인 17세기는 국가의 중앙집권화와 더불어 그야말로 온갖 규제와 금지가 위세를 떨친 시기였다. 국가기관과 종교단체는 규모를 헤아리기 힘들 정도로 많은 금령과 고발을 일삼았다. 도를 넘은 알코올 중독을 막으려면 어쩔 수가 없었다. "예의 바르고 공손한 음주문화와 법도라고는 모르는 동물적인 폭주 사이에는 대화가 꼭 필요하다."(1538) "지나친 음주로 온갖 악덕이 활개를 치고 있으며, 이로 말미암아 독일 민족 전체가 오욕을 뒤집어쓰게 되었다."(1524) "진정으로 ⋯⋯ 모든 술꾼에게 경고하나니, 죽고 죽이는 죄악의 구렁텅이에서 빠져나와 냉철한 인생을 살지라⋯⋯."(1551) "음주라는 치욕스러운 악덕으로부터 자신을 지키고자 하는 사람은 그리스도의 세 가지 가르침을 따라야 한다. ⋯⋯ 그 가운데서도 진지하게 새겨야 할 것은 술을 지나치게 마시는 악마적인 습관이 주도하는 독일 땅에 반드시 주님께서 화를 내리시리라는 것이다."(약 1600년경)

프랑스와 잉글랜드에서는 이런 '동물적인 음주'를 막으려는 도덕적인 노력이 17세기 후반부에 들어서면서 서서히

화가 피터 브뤼겔*은 자신의 작품 〈게으름뱅이의 천국Schlaraffenland〉 (1566)에서 폭식과 만취가 어떤 결과를 불러오는지 경고하고 있다.

결실을 보았다. 독일에서는 18세기 말엽에 이르러서야 같은
결과가 나타났다.

독일인의 우수성

우수함만큼은 너희와 거리가 있다!
아니, 나는 독일의 영민함을 칭송하리라.
남쪽이든 서쪽이든, 북쪽이든 동쪽이든,
어디에 사는 족속이든 간에

---

* Pieter Brueghel 1525/1530(?)~1569 네덜란드 르네상스를 대표하는 화가. 16세기 플
랑드르 농부의 삶을 주로 그렸다.

현명함에서만큼은 우리의 반도 따라오지 못한다.
속이 텅 빈 프랑스인은 휘파람이나 불며 변덕을 부리지만,
로마의 불알 잘린 환관은 노래나 부르지만,
영국인은 밀턴*의 귀신이 부르는 울부짖음에 넋이 나가지만,
독일인은 무얼 하는가? 그는 마시노라!135)

보라, 구원의 손길이 멀지 않았다. "운명을 좌우할 새로운 악귀가 보내졌다. 술 취해 해롱거리는 옛 악귀를 내쫓기 위해! 저기 한결 온화한 모습으로 다가오는 것을 보라. 슬그머니, 그러나 꾸준하게 초콜릿과 차와 커피가 몰려오는구나."136)

유럽의 구원(알코올로 비롯된 몰락으로부터 구원)은 종종 그랬듯 신세계로부터 찾아왔다. 인구 1인당 연간 증류주와 더불어 900리터(!)의 맥주를 마셔대는 아메리카라는 신대륙의 발견은 유럽에게 그야말로 진정한 적수를 선물한 셈이 됐다. 술을 수출하는 대신 유럽 시민의 식탁은 커피와 차와 초콜릿이 점령했다. 맥주와 와인과 독주는 점차 일반적인 음료로서의 의미를 잃어갔다. 신세계의 선물에도 만고불변의 법칙은 통했다. 먼저 배를 두드릴 정도로 먹고 나야 도덕이라는 것을 논할 수 있다! 바다 건너에서 찾아온 '뜨겁거

---

* **John Milton** 1608~1674 영국이 낳은 불세출의 시인. 종교개혁, 정치의 자유, 공화제 등을 지지해 탄압을 받고 실명하는 아픔을 겪었다. 대표작으로 《실낙원Paradise Lost》이 있다.

나 냉철한' 새로운 음료는 술 소비를 줄여주는 희망찬 결과를 낳았다. 하지만 그것은 커피와 차, 초콜릿의 원료를 사들이느라 돈이 빠져나가 와인과 맥주 등 고유 생산물 판매에 심각한 타격을 입은 것에 지나지 않았다. 사정이 이렇다 보니 금주를 외치는 도덕 지킴이의 호소는 애초에 기대했던 것만큼 분명한 반응을 이끌어낼 수 없었다. 맥주 판매 감소에 따른 업계 종사자들의 불만이 지글지글 끓었던 것이다.

1780년 힐데스하임Hildesheim의 주교가 내건 포고문을 보면 없어도 되는 것은 없는 대로 감수하자고 호소한다. 이것은 자국의 경제적 이해와 취향을 침해하는 것에는 손도 대서는 안 된다는 뜻을 에둘러 표현한 것이다. 그러니까 도덕과 약간의 국수주의 그리고 상당한 양의 위선을 섞은 칵테일을 강요한 셈이다. "너희 선조, 독일의 남자들은 독주를 마셨으며, 프리드리히 대왕이 가르친 그대로 맥주를 마시며 즐거워했고 삶의 용기로 넘쳐흘렀다. 우리도 그래야 하지 않겠는가. 독일이라는 나라의 저 부유한 배다른 형제(미국)에게는 나무와 와인은 내줄지라도, 커피를 마시자고 돈을 건네지는 말자. 잔이나 주전자, 커피그라인더, 볶는 기계 따위의 커피라는 이름이 따라붙는 모든 것은 짓밟아 파괴해야 마땅하다. 우리 동료 가운데 커피를 칭송하는 놈들이 없게 하자. 그래도 원두를 파는 사람이 있다면 전부 몰수할지라."137)

이렇게 커피 수입은 각종 규제와 금지에 직면하게 되었다. 그러나 커피 가공 산업이 발달하고 국가적으로 상당한

밀려오는 맥주의 파도 — 누가 이를 멈출 수 있으랴?

수입을 올릴 전망이 보이자 비로소 커피는 새롭게 관심을 끌었다. 아무튼 모두들 술이 확 깨는 표정을 지었다. "이제 술집은 권좌에서 밀려나는군. 끔찍하기만 하던 술집이 드디어 힘을 잃게 되었어! 반세기 전만 하더라도 청년들이 맥주통과 창녀 사이를 오가며 그 난리를 쳤는데, 이제는 한밤중에 술에 취해 고래고래 노래를 부르는 이도 없고, 수챗구멍에 웩웩 속을 게워내는 귀족도 보기 힘들어졌어. …… 커피, 정신이 번쩍 들게 만들어주는 음료, 두뇌의 강력한 영양분이여! …… 너는 현실을 돌연 진리의 빛으로 환히 밝히는구나."138)

한편, 맥주의 품질이 계속 좋아지면서 특히 독주의 소비는 현저하게 줄어들었다. 더욱이 중산층 시민은 능률과 성과를 강조하는 산업 사회의 요구에 발맞추어 사회적 약자가 알코올의 위험에 무방비로 노출되어 있다고 목청을 높였다. 물론 이런 도덕적 우월감의 바탕에는 산업 사회 체제가 자신에게 커다란 이익이 된다는 자부심이 숨어 있었다. 프로이트 이전의 심리학은 돌연 확실한 작업 대상을 얻었다. 알코올의 오용과 남용을 둘러싼 토론이 뜨거워지자 심리학의 고견을 듣고 싶어 하는 이들이 줄을 섰던 것이다.

확신에 찬 목소리로 금주를 열정적으로 강조하는 금욕주의자의 활발한 활동 탓에 술꾼들은 혹시 술이 말라버리는 것은 아닐까 위협을 느꼈다. 열광적인 술꾼은 예로부터 효과를 발휘해온 방어수단을 내세웠다. 술꾼은 자신의 '유별난 행동'이 우정과 소통 그리고 사교성을 키우려는 친사회적 헌신이라고 기회가 있을 때마다 떠벌렸다. 고대에서부터 전통으로 이어져오는 벽 허물기가 술을 즐기는 이유라는 것이다.

고대 메소포타미아에서 여자 사제들은 술집 출입을 했다가는 극형을 받아야만 했다. 바빌로니아 문화권의 동쪽에 위치한 인도 아리아족들, 즉 페르시아 사람들과 인도 사람들에게 맥주는 신과 하나가 되는 수단이었다. 이들은 맥주와 비슷한 '소마'*라는 이름의 술을 최고의 술로 여겼다.

---

* Soma 한자어로는 '蘇摩'이다. 인도에서 예로부터 제사에 쓰던 술이며, '소마'라는 풀에서 짜낸 즙에 우유와 밀가루 따위를 섞어 발효시킨 술이다.

소마는 그리스 신들이 마신다는 넥타르와 비견될 정도로 우러름을 받았다. 인드라* 신이 소마를 인간에게 갖다주었으며, 제사에 올리는 가장 귀한 술로 만들었다고 한다. 이 특별한 술에 취했을 때의 환상적인 느낌은 소마라는 풀의 즙 덕분이라고 한다(인도의 가장 오래된 경전 《베다Veda》**에 인도 사람들은 이 즙을 신에게 제물로 드렸다는 기록이 있다). 그러니까 술에 포함된 알코올보다는 즙 때문에 그런 신비한 효과가 난다는 것이다. 페르시아나 인도의 거룩한 음주생활은 기원전 6세기경 조로아스터교의 창시자인 자라투스트라와 부처의 금욕을 강조하는 설법으로 아주 엄격하게 제한되었다.

기독교는 신앙심과 금욕을 결합한 교리를 발전시키며 계속 다듬었다. 종교개혁과 반종교개혁이 충돌하는 과정에서 틈만 났다 하면 술통에 빠져 지내는 성직자들에게 다시금 금주를 강조하게 되었다. 심지어 도덕적 궤도에서 일탈한 성직자의 정신을 다잡아주기 위해 옛 교부의 지혜를 되살릴 필요가 있다고 보았다. 그래서 1594년에는 《술 마시는 일과 취함에 관하여. 아름다운 결실을 거두는 법. 아우렐

---

* Indra 인도의 베다 신화에 나오는 비와 천둥의 신. 팔이 네 개이며, 두 개의 창을 들고 코끼리를 타고 다닌다. 불교에서는 제석천 또는 십이천의 하나로 동방의 수호신이다.

** 정확한 명칭은 《리그베다Rig-Veda》이다. 고대 인도 브라만교의 근본 경전으로, 10권 1,023장의 운문 찬가로 이뤄져 있다. 기원전 1500~1000년 사이에 쓰였다고 한다. 천지자연이 신에게 바치는 찬가와 아리아인에 의한 인도 건국 과정이 묘사되어 있다. 인도 사상의 원천이 되는 경전이다.

리우스 아우구스티누스가 전하는 세 편의 설교Von Zusauffen und Trunckenheit, sampt iren schönen früchten, Drey Christliche Predige von Aurelius Augustinus》라는 제목의 책이 독일어로 편찬되어 나왔다.

한편, 용서와 처벌이라는 양날의 칼을 쥔 중세교회의 무소불위의 권력에 기대는 숙명적 의존성을 과감하게 깨뜨린 칼뱅주의*가 등장했다. 그들의 격정적인 설교는 폭식과 폭음을 준엄하게 꾸짖었으며, 중독 현상을 더욱 날카롭게 퇴치하려 안간힘을 썼다. 칼뱅주의는 인간에게 신의 마음에 드는, 도덕적이며 활동적이고 성공적인 인생을 살도록 요구했다. 따라서 술 마시는 일은 비이성적인 행동일 뿐만 아니라 신의 뜻을 거스르는 오만 방자한 추행이었다.

이제 술꾼들은 정갈한 영육을 두고 아주 고약한 장난을 치는 악마 같은 존재가 돼버렸다. 게다가 공공의 안녕에 심각한 해를 끼쳤다. 시간과 돈을 낭비하며 술을 마시다니, 이 무슨 몹쓸 짓인가? "그렇게 퍼마시면 너는 돼지 새끼나 다름없어. 날 때부터 돼지였던 게 분명해. 네가 그런 식으로 인생을 낭비하니까 우리 모두 거지로 사는 거야. 놀랄 일도 아니지. 아무리 절약해도 너 같은 돼지 때문에 아무 소용이 없다고!"139)

프로테스탄트의 경건주의에서부터 가장 최근인 미국의

---

* Calvinism 16세기 프랑스 종교개혁자 칼뱅Calvin이 주창한 기독교 사상. 신의 절대적 권위를 강조하고 성실 근면한 생활태도를 장려함으로써 산업 사회의 시민도덕을 주도했다.

'절제운동Temperance movement'(금주운동)까지 술을 향한 뿌리 깊은 거부감은 20세기까지 지속되었다. 그러나 이게 뭔가 앞뒤가 맞지 않는 오판이라는 것을 사람들은 금세 알아차렸다. 늘 세금을 거둬들일 궁리만 하는 국가기관은 벌써 오래전부터 술을 황금 알을 낳는 거위로 여겨왔다. 이미 9세기와 10세기부터 맥주를 빚을 때마다 일정량의 '그루트'를 공세로 징발했다. 또한 1220년 울름Ulm 시에서 처음으로 맥주에 세금을 매겼다. 오늘날 국가가 맥주 세금으로 거둬들이는 돈은 총매출이 194억 마르크인 경우 약 17억 마르크에 달한다(1997년 독일의 경우).* 맥주 세금에 관한 자세한 사항은 1992년에 발효된 맥주 세금법과 1994년의 시행령에 나와 있다. 세금은 이른바 '플라토 등급Grad Plato'이라는 것에 따라 정해진다. 세율은 플라토 등급당 0.77마르크이다. "플라토 등급은 맥주 100그램당 들어 있는 맥주 원액의 함량이다. 이 함량은 맥주에 들어 있는 알코올과 추출물을 가지고 '발링 공식'**이라는 것으로 계산해낸다."140) 이게, 무슨 말인지 알겠는가?

---

* 당시 환율을 1마르크당 600원으로 계산하면 1조 200억 원에 달하는 막대한 액수이다.

** **Ballingformel** 보헤미아의 화학자 카를 요제프 나폴레온 발링Karl Josef Napoleon Balling, 1805~1868이 1843년에 개발해낸 공식.

$$p = \frac{(2.0665 \cdot m_{alc} + E_w) \cdot 100}{100g + (0.11g + 0.9565g) \cdot m_{alc}}$$

여기서 m_{alc}는 퍼센트로 나타낸 알코올 함량이며, E_w는 퍼센트로 나타낸 추출물의 함량이다. 플라토는 독일 화학자 프리츠 플라토Fritz Plato(생몰년도 미상)에게서 따온 것이다.

초기에는 술을 덜 마시게 하려는 고육책이라며 세금이 부가되었으나, 이런 선의는 곧 사라지고 주류세는 필수 사항으로 강제되었다. 도덕을 앞세운 세무 정책이 돈맛을 한번 보자, 주류세는 온갖 도덕으로 분칠한 황금의 원천으로 둔갑했다. 세금과 벌금 사이 그 중간 지점 어딘가에 자리 잡은 이른바 '음주 굴덴'*으로 국고는 철철 넘쳤으며, 일찍부터 국가는 약물 정책에서 두 얼굴을 갖게 되었다. 주류세가 국고를 채우는 혁혁한 공을 세우는 바람에, 한편에서는 마약과 술 등 중독성 약물 소비를 효과적으로 다스리고 통제하는 데 없어서는 안 될 세금이라며 주류세를 추켜세우기 바빴다. 그런데 이처럼 위선적인 주장이 또 있을까? 세금을 매길 테니 마시고 싶으면 마셔라? 이게 약물 통제와 무슨 상관인가? 국가의 이런 위선적 태도는 일부 성실한 납세자들을 무정부주의자로 만드는 결과까지 낳았다. 건강한 사회를 만들기에 앞서 세금에만 눈이 먼 인상을 심어준 탓에 불신을 자초하고 만 셈이다. 올바로 기능하는 복지 사회를 열망하던 사람들은 환멸을 맛보았다.

과중한 세금과 벌금을 매긴다고 해서 국가가 주장하는 해악이 해결되는 것도 아니었다. 술꾼이 언제 세금 걱정하던가? 국가의 돈자루만 불릴 뿐, 금주라는 보편 도덕에 조금도 보탬이 안 되자 약물 정책은 깊은 딜레마에 빠졌다. 일자리 창출과 함께 국가 경제에 적잖은 도움을 주는 산업을 계

---

* Saufgulden 술을 마신다는 '자우펜Saufen'과 옛 금화 단위인 '굴덴Gulden'의 합성어. 술꾼에게 우려내는 돈이야말로 황금의 가치를 갖는다는 비아냥거림이다.

속 발전하도록 지원할 것인가? 아니면 중독 현상을 막기 위해 높은 세금을 매길 것인가? 결국 국가는 눈앞에 보이는 이득을 놓지 않으려는 손쉬운 선택을 하고 말았다. 알코올 제품에 높은 세금을 매기는 것은 어느 국가든 일종의 국시가 되었다. 세무 정책의 핵심은 일반의 공공재산이 오용되는 것을 막으며 건강한 사회도덕을 키워야 한다는 식의 논리로 말이다. 그래서 국가가 경제적인 이상 없이 잘 돌아가기 위해서는 미리부터 없는 술꾼도 만들어낼 필요가 있었던 것이다.

술집의 영업시간을 제한하고, 이를 어기면 허가를 취소하는 것은 오늘날에도 그대로 적용되는 법적 규정이다. 그러나 이런 방법으로 술 소비를 원하는 방향으로 이끌 수 있다는 생각부터가 너무 순진한 발상 아닐까?

법조문 제1항 적용 범위: 누구든 상업적으로 손님에게 돈을 받고 식사와 음료를 영업장에서 제공하는 경우, 혹은 손님에게 숙박을 제공할 경우, 국가의 허가를 반드시 받아야 한다(영업 권한).

제15항 접객업소의 수 제한: 같은 업종의 가게가 한 지역에 너무 많이 몰려 있을 경우, 적정한 수준으로 낮추도록 서로 노력해야 한다.

제23항 영업 장소의 상태 관리 및 윤리 준수 의무: 업주는 영업장을 항상 깨끗한 상태로 관리하며, 미풍양속을 지킬 의무를 진다.

제24항 음료 제공 금지 의무: 만취한 자에게 알코올 음료를 더 이상 제공해서는 안 된다.

제25항 영업시간 준수: 늦어도 밤 11시 30분이면 업주나 그 대리인은 가게의 문을 닫아야 한다. [141]

독일에서 반反알코올운동에 결정적인 계기를 마련해준 사람은 아브라함 베어1852~1915*이다. 그는 1878년《알코올 중독, 그 전파와 개인 및 사회조직에 미치는 영향과 퇴치 방법Der Alcoholismus, seine Verbeitung und seine Wirkung auf den individuellen und sozialen Organismus, sowie die Mittel ihn zu bekämpfen》이라는 긴 제목을 단 책을 펴냈다. 베어는 이 책에서 알코올이 가정과 도덕을 파괴하며 범죄를 조장한다는 굳은 신념을 피력했다. 여기에 발맞추어〈절제 신문Mäßigkeitsblätter〉혹은〈알코올 문제Die Alkoholfrage〉및 '음주에 반대하는 국제회의Internationale Kongress gegen den Alkoholismus'(1903년 브레멘에서 개최) 등이 발행한 간행물이 금주를 주장하는 목소리를 높였다. 여기서는 물론 '금주'와 '절주' 사이의 차이가 두드러지게 눈에 띈다. 한쪽은 술을 완전히 끊을 것을 주장하고, 다른 쪽에서는 적절히 조절할 수만 있다면 즐겨도 좋다고 주장했다. 당시 금주운동은 약 20만 명의 회원 수를 자랑했으며, '절주'를 내세우는 쪽은 고작 5만 명에 지나지 않았다.

19세기에서 20세기로 넘어갈 무렵 술 문제는 그 어떤 사

---

* Abraham Bear 자세한 인물 정보를 알 길이 없다.

1910년 뮌헨의 홉 시장에서 맥주를 즐기는 일용직 노동자들.

회적 현안보다도 주목을 끌었다. 연단에 선 정치가마다 술을 멀리하는 생활을 강조했다. 특히 사회민주주의 진영에서 그런 경향은 더욱 심했다. 노동자 계급의 처우 개선을 위해 투쟁하겠노라고 입버릇처럼 되뇌는 정당이고 보면 당연한 일이었다. 그들은 '노동자의 건강과 건전한 노동력'을 위해 술에 취하지 않은 맑은 정신을 가질 것을 누누이 호소했다.

"대체 무엇을 위해 술을 마시는가? 정신을 맑게 해주는 음료 외에는 손도 대지 말아야 한다."(베르톨트 브레히트*)

---

* Bertolt Brecht 1898~1956 독일이 낳은 위대한 극작가. 평생 체제에 맞서 싸우며 사회주의 이념의 실현에 매진했으며, 《서푼짜리 오페라》와 같은 명작으로 세계적인 명성을 누렸다.

금주운동의 배면에는 언제나 특정 정치 이데올로기가 숨어 있었다. 한쪽에서는 국민의 건강을 지키는 게 최우선이라고 호소했으며, 다른 쪽에서는 신을 두려워할 줄 아는 근면과 성실을 강조했다. 그러나 (거의 모든) 진영들의 실제 관심은 돈이었다.

다른 측면, 곧 기업가와 국가는 노동자의 근무시간을 거리낌 없이 통제하고 간섭하는 데 성공한 후, 이에 도취한 나머지 이들의 자유시간마저 손아귀에 넣으려 호시탐탐 노렸다. 그때까지만 해도 노동자의 여가는 함부로 손댈 수 없는

Vierzigste Sitzung des Vereins der Enthaltsamkeits-Freunde.

Und so lasset uns unser Licht leuchten für die im Nebel der Trunkenheit noch wandelnden Bruder auf daß sie uns nachfolgen und werden wie wir

절주단체 회원들이 공개적으로 표방하는 것만큼 절제를 하지 않는다는 소문이 고집스레 퍼져나갔다. 이에 빛나는 딸기코를 가진 모든 회원들이 "치욕에 가까운 오해를 밝힌다"라며 성명서를 발표했다. "우리의 코에서 나는 빛은 술에 취해 안개 속을 헤매는 형제들에게 우리 뒤를 따르라고 보내는 구원의 신호일 뿐이다. 그럼 우리처럼 되리라."

영역이었다.

기득권층은 공과 사를 막론하고 노동자를 관리함으로써 최상의 결과를 얻어내고자 했다. 오죽했으면 1907년 정부에서 펴낸 알코올 문제 지침서가 목차 항목만 500여 쪽에 달했겠는가. 1910년 독일의 금주 및 절제 단체 수는 199개에 이를 정도였다.[142]

오늘날 술은 건강과 관련해 의학적으로 다루는 주제일 뿐, 사회적 차원에서는 더 이상 왈가왈부하지 않는다. 누구나 술을 마시며, 또한 술 때문에 사회적 책임을 소홀히 해서는 안된다는 것을 깨우쳤기 때문이다. 특히 여가를 중시하는 사회가 되면서 노동만큼이나 노는 일을 소중히 하는 탓에, 어떤 모임이든 '참가자'는 어울려 술을 마시게 된다. 이때 술을 머리꼭대기까지 벌겋게 달아오를 정도로 마시는 일은 자살 행위나 다름없다. 적당히 즐겨야지, 정신을 잃어서는 안 된다. 현대 사회에서 살아남으려면 '술을 마실 줄 아는 사람이 일도 잘한다'라는 것을 증명해 보여야 한다. 노느라 생긴 스트레스를 가장 잘 다스릴 수 있는 사람, 즉 '가장 즐겁게 놀 줄 아는 사람'이 직업상의 스트레스도 너끈히 감당할 수 있다고 보는 것이다.

맥주가 마약인가?

하루 일을 마치고 돌아온 저녁시간만큼은 편안함이 보장되어야 한다. 다른 사람들, 이를테면 방송인이나 운동선수 혹은 비상근무를 하는 이들이야 우리에게 신나게 즐기라고 온갖 애를 쓰겠지만, 우리는 소파에 누워 다리를 탁자 위에 편하게 올리고 '맥주를 홀짝거린다.' 물론 때와 장소에 따라 '하세뢰더Hasseröder', '리헤르Licher', '크롬바허Krombacher' 등 상표는 얼마든지 다를 수 있다.* 또 무슨 스포츠 중계가 있든 간에 중간중간 온통 맥주 광고로 범벅이다. 중계의 마지막을 장식하는 것도 맥주 광고다. 과연 맥주는 엘리트 운동선수가 마시는 음료일까?

CSU(기독교 사회주의 연합) 의원이자 바이에른 주정부 각료를 지낸 오토 비스호이는 만취 상태로 운전을 해도 되는 모양이었다. 뭐 불행의 벽을 향해 스스로 돌진하는 거야 누가 말릴까. 다만 남에게 피해는 주지 말아야 할 것 아닌가? "자신의 '메르세데스 380SE'를 통제할 수 없게 된 의원나리께서는 소형 버스를 그대로 들이받으셨구려. 버스는 멍청하게도 피할 수가 없었고. 허 참, 버스 기사는 그 자리에서 즉사했고, 당신, 비스호이 씨는 살아남으셨네. 혈중 알코올 농도가 자그마치 0.175%요!"[143] 혈중 알코올 농도와 희생자 수에 관해서는 저마다 다른 주장이 있다. 어쨌거나 비스호이는 11개월의 집행유예형을 선고받았으며, 이후 복권되어 버젓이 자유국가 바이에른**의 경제장관이라는 직책

---

* 독일의 각 지방을 대표하는 맥주 상표이다. '하세뢰더'(1872년 창업)는 하르츠Harz에서, '리헤르'(1854년 창업)는 헤센 지방의 리흐Lich에서, '크롬바허'(1803년 창업)는 서북부의 노르트라인베스트팔렌 크롬바흐에서 각각 생산된다.

을 수행했다. 참으로 멋진 경제가 아닐 수 없다. 그러나 그게 바로 바이에른이다. 심장이 오른쪽 가슴에 있는 것처럼 괴이하고, 맥주라면 사족을 못 쓰는 모든 이들의 고향! 동성애와 낙태는 악마의 소행이며, 교실 벽에 십자가를 걸어야 은총을 받는다고 굳게 믿으며, 마약이라면 치를 떠는 지독한 보수가 맥주에 대해서는 아주 너그럽다. 마약이라? 이 대목에서 고개를 갸웃하지 않을 수 없다. "맥주는 바이에른의 역사에서 떼놓고 생각할 수 없는 문화재이다."144) 누가 한 말이냐고? 누구긴 누구야, 오토 비스호이이지.

광고는 맥주가 레모네이드를 대신할 수 있는 스포츠 음료라고 선전해대기에 바쁘다. 국가대표팀이 겨루는 축구 시합 중계를 보고 있노라면 도처에 서 있는 맥주 광고판에 눈이 어지러울 지경이다. 중계 방송 사이 광고 역시 맥주로 도배를 한다. 그런데 묘한 것은 "마약에 빠지지 말자!"라는 홍보판이 버젓이 옆에 서 있다는 사실이다. 이 산뜻한 주장은 전통적인 농업지대로, 아주 보수적인 독일 남부에서 건전한 가치의 몰락과 경시 풍조에 대항해 휘둘러대는 날카로운 칼날이다.

한쪽에서는 맥주 소비를 권장하고 다른 쪽에서는 약물 중독을 막자는 구호를 외치는 이중적인 상황이 아무런 맥락이 없는 것일까? 그냥 우연히? 반어법적인 묘미를 맛보라고? 전혀 그렇지 않다. 맥주 광고와 마약 퇴치 구호가 함께

** 독일은 연방공화국이기 때문에 각 주는 독립국가의 형태를 취한다.

어울리는 것은 대부분의 약물이 밟아온 아주 평범한 역사, 말 그대로 '마약'의 역사이다.

과학적으로 약물은 생화학적인 반응 과정과 작용으로 중추신경계에 영향을 주어 의식 상태를 변화시키는 모든 물질로 정의된다. 그러니까 의식을 혼미하게 만들거나 확장시키는 효과를 내는 물질이 곧 마약이다.

겉으로 드러난 모습만으로는 사회에서의 마약 수용 여부가 전혀 중요한 문제가 아니다. 합법이냐 불법이냐 하는 기준으로는 마약 소비를 막지 못한다. 일단 마약에 빠진 사람은 "빌어먹을, 아무려면 어때!"라는 태도로 일관하기 때문이다. 어쨌거나 마약을 소비하면서 자신의 몸 상태에 신경 쓰는 사람은 거의 없다. 오히려 여기서 결정적인 역할을 하는 것은 사회의 수용 여부이다. 마약 소비는 마약을 장만하기 위해 저지르는 범죄 행위로 인해 어둠의 그늘을 뒤집어쓰게 된다.

이른바 개인의 자유와 취향에 따른 마약 소비에 대해 우리는 그 이면을 '중독'이라 부른다. 중독은 질병이자 악덕이다. 특히 '건전한 인격'을 사회의 핵심 가치로 삼는 곳에서 중독은 낙인이 된다. 중독에 빠진 사람의 행동은 여타 모든 가치들과 충돌을 일으키며, 이는 어쩔 수 없이 사회로부터의 강제 추방으로 이어진다. 어찌 보면 중독은 몽환 상태에 빠진 인간의 의식을 처리하기 쉽게 정의하려는 의학적 시도가 꾸며낸 것이라고 볼 수도 있다. 이처럼 의학으로 치장된 추방은 물론 코카인, 헤로인, 해시시 등의 약물에 먼저 적용된다. 중독되지 않은 사람은 중독자를 몽환만큼이나 애매한 태도로 바라보게 마련이다. 두려움이 앞서면서도 다른 한편으로는 나도 한번 저래 봤으면 하고 은밀히 갈망하는 것이다.

중독에 빠져 사회로부터 배제당한 사람에게 제공하는 치료는 자기 절제와 통제라는 사회적 요구에 부응하지 못해 겪는 스트레스에 초점을 맞출 뿐이다. 자제력이 부족한 무능력자라고 몰아세우며 병 주고 약 주는 셈이랄까. 아무튼 유럽의 약물 문제는 이처럼 뿌리 깊은 양면성에서 벗어나지 못하고 있다. 그럴 수밖에 없는 것이 한편에서는 개인의 개성을 강조하고, 다른 한편에서는 자본주의 경제라는 테두리에 갇혀 있기 때문이다. 개인에게 마음대로 하고 살라며 거리낌 없이 약물을 팔면서, 또 그래서는 안 된다고 벌금을 때린다. 아무려나 개성이든 자본주의 경제든 모두 유럽이 지어낸 게 아닌가.

그래서 그런지 현대 사회의 약물 정책을 둘러싼 논란에는 어처구니없는 비합리적 주장이 난무한다. 무엇을 이야기하는지 잘 알지도 못하면서 성급하게 우격다짐으로 판을 흐리는 것이다. 약물 문제가 사회에 커다란 경제적인 부담을 안기며(동시에 가장 많은 이득을 가져다준다), 숱한 사람들을 죽음의 구렁텅이로 내몰고 마음까지 깊이 멍들게 한다는 점에 주목하는 이는 거의 없다. 한 해에 알코올 중독으로 죽어나가는 사람이 얼마나 많은지 알고는 있는가?

사람들은 흔히 유럽이 아닌 다른 문화권에서 유럽으로

이 병 안에 들어 있는
약물은 다른 무엇도
아닌 알코올이다.

흘러들어온 약물의 위험에 관해서만 이야기한다. 이런 편협한 생각은 우리가 익히 알고 있는 약물, 즉 알코올이 어떤 점에서 무엇이 다른지 확인할 수 없다는 점을 떠올리면 도무지 이해할 수 없는 억지에 지나지 않는다.

흔히 약물이라는 단어에서 '말린 것'을 염두에 두고 '말린 풀'을 연상하게 되는 것은 부정할 수 없지만, 우리가 잘 알고 있는 맥주, 즉 알코올과 불법적인 약물(해시시, 헤로인, 코카인, LSD 따위)은 사용 목적과 효과에서 아무런 차이가 없다. 단지 차이라면 그 배경에 깔려 있는 역사와 정치와 이데올로기일 뿐이다. 어떤 효과를 일으키고 그 작용 범위가 어디까지인지 생각해보라. 무슨 차이가 있는가? 모두 원래는 치료제(헤로인과 모르핀 역시 본래는 치료에 쓰려고 합성해낸 것이다)로 출발했으나, 더 나아가 인위적인 쾌락을 맛보기 위해 오용되었거나 무절제하게 소비할 때는 생명을 위협한다.

물론 알코올에 좀 다른 점이 있기는 하다. 오늘날 술은 가장 널리 퍼져 있는 환각제이며 그 발달의 역사가 훌륭하게 기록된, 그야말로 유럽 약물 역사의 상징이라는 사실이다. 술의 역사를 보면 시대에 따라 가치관이 어떻게 바뀌었는지 잘 알 수 있다. 결국 알코올은 의학 분야에서 중독이라는 개념을 발달시켜온 약물일 따름이다. 미국의 경우를 보라. 금주령의 시대에 술은 막대한 이권이었으며, 마약 못지않은 치열한 쟁탈전을 불러일으켰다. 또한 술만큼 강력한 환각수단도 따로 없었다. 이 같은 술의 사회사는 어느 사회에나 적용될 수 있다.

취하는 일에 관한 짤막한 역사 — 알코올 집착과 중독

중세 유럽에서는 약물을 두고 오늘날 우리의 태도와는 전혀 다른 모습을 보였다(앞서 다룬 수공업자, 대학생, 농부 등의 음주문화를 떠올려보라). 알코올을 포함해 어떤 종류의 약물을 즐기든 사회가 별로 간섭하지 않았다. 자제력을 잃는다며 처벌하는 일도 없었다. 그저 즐겁고 유쾌한 놀이였을 뿐이다. 당시에는 취하는 게 대수로운 일이 아니라고 사회가 용인해준 것이다. 그도 그럴 것이 언제나 어울려 마셨으며, 또 어깨동무를 하고 어울려야만 술도 제맛이 난다고 여겼기 때문이다.

16세기로 넘어갈 즈음 근대 초기에는 산업화의 흐름과 더불어 개인의 자기 통제와 이성적 행동에 갈수록 큰 비중을 두었다. 술 마시는 일을 볼썽사나운 추태로 깎아내렸다. 걸핏하면 현실을 모른다고 윽박지르기 일쑤였으며, 세상으로부터 도피하는 행위로 간주했다. 그리고 이런 도망을 사회에서 팔짱 끼고 구경만 하지는 않았다.

중세는 고삐 풀린 망아지처럼 마셔댔다. 어느 누구도 감정을 다스리라거나 숨기라고 하지 않았다. 누가 중독 증상을 보이는지 진단하는 것도 불가능했다. '병적으로 마셔대

술을 입에도 대지 않는 금욕주의자가 이 사진을 보면 경악하리라. 젖먹이 아기가 맥주를 마시고 있지 않은가! 이 사진은 1906년에 발행된 그림엽서로, 맥주 애호가들의 농담 아닌 농담이었다.

는 사람'은 그저 병적인 술꾼들에게 둘러싸여 있을 따름이었다. 저마다 기를 쓰고 마셔대는데, 누가 누구더러 뭐라 하겠는가. 따돌림이라는 것은 있을 수도 없었다. 오히려 더 많이 마시는 사람이 우상이었다. 반대로 술 마시는 일을 두고 질병 운운하는 금욕주의자야말로 '왕따'를 당했다.

하지만 근대는 자중해가며 술을 마셨다. 술을 찾는 것도 자제해야 한다고 스스로 다짐하다가 그런 자신이 지켜워질 때 몰래 잠깐 찔끔거리는 정도였다. 또는 너무 떨리고 두려워 참다못한 나머지 고백하기 위한 용기를 내려고 벌컥 마셔댔을 뿐이다. '인격'이라는 단어는 문명화의 핵심 키워드였다. 즉 '인격'은 자본주의의 길을 가는 데 근대 사회 구성원들에게 요구된 필수조건이었다. 자제심을 가져라, 책임질 줄 알아야 한다, 이성적으로 행동하라!

자신의 직업을 말짱한 정신으로 성공적으로 수행하라는 요구(물론 이는 대개 기술의 독재에 복종하는 것이었다), 이와 결부되어 사회 구성원 모두에게 계산적이고 합리적으로 행동하라는 요구가 중심 가치로 떠오르면서, 술에 취하는 일은 적어도 현실의 직업활동 영역에서만큼은 설 자리를 잃고 말았다. 술은 계산속이 없는 얼간이나 마시는 것으로,

1912년 5월 1일 취리히의 노동절 기념행사.
(사진 안 팻말에 적힌 말들 — 왼쪽부터: "모든 조직의 최대 적은 알코올이다!", "사회민주주의 금주 동맹",
"맥주는 당신을 멍청하고 게으르게 만든다." — 그 뒤: "주벽과의 전쟁이다!"

철저히 분업화한 사회에서 방해만 되는 걸림돌이었다.

공개적인 장소에서 만취한다거나 엉뚱한 때와 장소에서 술에 취해 비틀거리는 사람에게 사회는 가혹할 정도로 매정했다. 공공장소에서 자제심을 잃고 해롱거렸다가는 말 그대로 매장당했다. 특히 맑은 정신이 요구되는 상황에서 그랬다가는 곧 죽음이었다. "일시적인 치외법권 지역", 이를테면 "카니발 혹은 …… 가족끼리 즐기는 사적인 축제나 명절"145) 같은 때에도 술에 취하는 걸 마찬가지로 혐오했다. 아울러 만취한 태도나 말투를 완전히 새로운 각도에서 평가했다. 말하자면 음주와 분명한 거리를 둬야 할 사회적 필요성이 생긴 것이다. 이러한 과정에서 '중독'이 나타나게 되었다.

그때껏 몰랐던 중독이 돌연 출현한 것은 19세기 말엽의 일이다. 의학자들은 알코올 소비의 특정 형태를 '알코올 중독'이라고 정의하며, 이를 질병으로 선포했다. 즉, 비정상적으로 마셔대는 강박적 행동의 결과, 술을 참는 자제력을 잃어버린 질병이 생겼다는 것이다. (현실 모델은 뒷전인 채) 이런 식의 정의로 없던 병을 처음으로 만들어냈다. 즉 중독은 확실한 병이 돼버린 것이다. 알코올 소비와 소비자는 이미 오래전부터 있어왔다. 다만 변한 것은 그것을 보는 시각이었다. 과학이어야 할 의학이 돌연 '사회과학'을 자처하고 나선 것이랄까. 알코올 중독이 병으로 취급되면서, 중독은 매끄럽게 돌아가야 할 사회의 방해 요소이며, 몰락한 세상의 상징이자 세상을 망친 주범으로 규정되었다. "앞으로 나아가라, 주정뱅이 따위는 잊어라……."

여기 그리고 오늘날

꽉 짜인 일상의 부담을 한잔 술로 풀어보려는 갈망 덕에 알코올은 여전히 세계 제1의 마약이다. 동시에 정신없이 취해 망신을 사는 것은 아닐까 하는 두려움 역시 오늘날에도 여전하다. 사람 사는 곳이면 어디나 마약은 있게 마련이고, 차이라 해봐야 어떤 종류의 약물에 정신이 팔리는가 하는 것뿐이다. 대부분의 사람들은 술을 선택한다.

약물을 보는 태도의 문화적 양상은 다음과 같은 고전적인 분류가 가능하다. 술이라면 한 방울도 입에 대지 않는 금욕주의, 술만 봤다 하면 넋이 나가는 방임주의 그리고 중간에서 이쪽저쪽 눈치를 보며 찔끔거리는 양면성 문화이다.

이슬람 국가들은 종류를 불문하고 약물 소비에 대해 사회적으로나 종교적으로 철저히 죄악시하는 금욕적인 문화이다. 양면적인 태도를 자랑하는 쪽은 북유럽이다. 비교적 너그러운 마약 정책을 펴면서, 동시에 술만큼은 국가가 독점해 주류 판매도 허가를 받은 곳에서만 할 수 있다. 개성도 강해서 좀체 취한 모습을 보이지 않는다. 미국도 여기에 해당한다. 술에 취하는 것을 바라보는 적대감이 여간 심한 게 아니다. 아마도 유럽에서 건너간 청교도 정신의 유산인 모양이다(금주령을 떠올려보라). 미국의 전임 대통령 빌 클린턴Bill Clinton이 언론에서 제기한 대마초 의혹을 어떻게 방어했던가? 피우긴 했는데 연기를 들이마시지는 않았다? 유럽에서라면 생각조차 하기 어려운 구차한 변명이다.

그러나 세계 대부분의 국가에서는 관대한 음주문화가 퍼져 있다. 어둠침침한 곳에 숨어서 마실 이유가 전혀 없다. 식품점에서도 술을 판다. 얼마든지 마실 수 있으며, 심지어 알코올 소비를 조장하기도 한다. 다만 술을 마셔도 좋다고 허락해준 공간 밖에서 취하는 일은 부정적으로 바라본다. 게다가 언제라도 마음껏 퍼마시고 취할 수 있는 공간은 극히 드물다.

현재 유럽에서는 국민 보건 정책의 전략적 선택으로 불

법 약물의 법적 지위를 바꾸려는 움직임이 일어나고 있다. 규제 일변도로 나가기보다 시험 삼아 약물을 구할 때 받게 되는 스트레스를 덜어줌으로써 범죄를 예방하고, 끊임없는 계도를 통해 약물의 위험을 스스로 깨닫게 만들자는 취지에서다. 물론 이렇게 하면 환각을 바라보는 태도가 근본적으로 변할 수 있다. 환각을 현실 도피로만 이해하지 않게 되는 것이다.

이른바 '테크노 문화'는 즐거움과 건강, 여유 따위와 결합해 그 어떤 장해로부터 자유로운 쪽으로 청소년을 유도함으로써 사회의 긍정적인 반응을 이끌어내는 데 결정적인 역할을 할 것으로 보인다. 술 마시는 일도 마찬가지가 아닐까. 벗들과 어울려 즐겁게 마시며 술보다는 사귐과 소통에 더 많은 신경을 쓴다면, 술에 취하는 일은 별로 없으리라.

마약을 경험해보는 것, 즉 '엑스터시'*의 제국에서 마약을 소비하는 일은 흔히 짐작하는 것처럼 아무런 자기 통제 없이 이뤄지는 게 아니다. 일상생활의 의무를 완전히 잊어버리지도 않는다. 주말에 디스코텍에서 열리는 테크노 파티는 온밤을 지새우지만, 어디까지나 한 주 동안 열심히 일한 뒤에 맛보는 해방감일 따름이다. 그저 주중의 스트레스를 마음껏 풀어보겠다는 건강한 발산이며, 무엇보다도 새로운 주

---

* Ecstasy 암페타민 계열의 유기화합물로 환각작용을 일으키는 향정신성 의약품. 쿵쾅거리는 전자음악의 리듬에 맞춰 밤새 춤을 추는 테크노 파티에서 주로 쓰였기 때문에 '파티용 알약'이라고 한다. 복용하고 30분에서 1시간 사이에 서서히 작용해 6~10시간까지 효과가 지속된다. 엑스터시를 복용한 상태에서는 갈증을 느끼지 못하기 때문에 심각한 탈수 현상이 나타날 수 있다.

전통적인 음주문화 — 1956년 뒤셀도르프에서 열렸던 사격대회 모습.

가 시작되기 전에 끝난다. 이런 것을 두고 마약의 온상 운운 해가며 손가락질부터 하면, 오히려 엇나가지 않겠는가?

"몸은 논란의 여지가 없이 주인의 사유재산이다. 그리고 자신의 몸을 돌보는 것은 주인의 일이다. 남자든 여자든 자신의 몸을 잡초가 무성하거나 배수시설이 고장 나 질퍽이는 정원처럼 다루어 남에게 해를 끼쳐서는 안 된다. 그런 무

포스트모던 음주문화 — 베를린 '러브 퍼레이드' 현장.

능한 주인은 더 버틸 수 없는 지경에 내몰릴 뿐이다. 통제를 할 줄 알아야 한다. 자신을 통제할 줄 아는 자가 되어야만 한다. 몸을 감정의 흐름에 내맡기고 아무 걱정 없이 놀이에 몰두하는 것이야 누가 뭐랄 사람이 없다. 그러나 동시에 몸 안에 자리 잡은 주인(트레이너)은 자신의 몸을 다스리며, 몰아지경의 환락일지라도 깨어 있는 정신으로 판단을 할 수 있어야만 한다."146)

이처럼 20세기가 막을 내릴 즈음 새로운 유형의 중독 행위가 나타났다. 중독을 회피해온 사람이든, 자신의 중독을 통제하지 못하는 사람이든 양쪽 다 아슬아슬한 수준이다. 어느 쪽이든 중독에 대처하는 방식은 놀라울 정도로 구태의연하다. 이들은 자율성과 통제력을 발휘하거나, 충동을 이겨낼 능력을 키우지 못했다. 술이든 마약이든 자신에게 진정 도움이 되는 쪽으로 활용하고 다스리는 게 이리도 어려운 일일까? 테크노 파티? 그런 게 다 연출이라는 것을 모르는가? 베를린의 러브 퍼레이드*만큼 이를 확실하게 알려주는 증거도 따로 찾아보기 힘들다. 대기업이 후원하는 돈을 가지고 환락의 소비를 부추기는 상업성 이벤트의 장단에 따라가는 게 자기 절제이고 통제이며 해방인가? 러브 퍼레이드의 음악과 엄청난 규모의 군중 그리고 유럽 각지에서

---

* Love parade 1989년부터 연례적으로 열리는 테크노 파티(2004, 2005, 2009년에는 개최되지 않았다). 2006년까지는 베를린에서 열렸으며, 이후 루르 지방의 각 도시를 순회하며 열렸다. 유럽의 젊은이들이 총집결할 정도로 대단한 인기를 끌었다. 그러나 2010년 몰려든 인파로 인해 300명 이상의 사상자가 발생하는 참사가 벌어져 영구 중단되었다.

몰려든 다양한 재주꾼이 자랑하는 묘기는 일종의 마약이다. 맥주는 물론 상당한 양이 소비되기는 하지만, 러브 퍼레이드와는 잘 어울리지 않는다. 오히려 맥주는 뮌헨의 '옥토버페스트'가 제격이다. 아무튼 이렇게 봐도 맥주는 무척이나 비현대적인 마약이다.

그러나 알코올은 우리를 지배한다. 1998년 맥주 소비는 체코가 전 세계 1위였으며, 그 뒤를 독일, 아일랜드, 영국, 벨기에 등이 따랐다. 와인 소비의 경우에는 국민 한 사람당 62.5리터로 프랑스가 선두를 지켰고, 룩셈부르크, 이탈리아, 포르투갈 그리고 스위스(44.3리터)가 차례로 뒤를 이었다. 독주는 러시아(4.4리터)가 부동의 정상을 지켰으며, 폴란드(3.5리터), 헝가리(3.2리터) 그리고 프랑스(2.5리터) 순이었다. 독일은 2.4리터로 10위에 간신히 턱걸이했다.[147]

순수하게 알코올 소비로만 환산해보면 그림은 전혀 달라진다. 여기서 정상을 지키는 나라는 룩셈부르크로, 국민 한 사람당 연간 12.5리터의 알코올을 마셨다. 그 뒤는 차례로 프랑스(11.4리터), 포르투갈(10.7리터), 헝가리(10.3리터) 그리고 독일(10.3리터)이 따랐다.*

수치와 비율로 따지면 문제는 분명해진다. 독일연방공화국이 중독 문제로 몸살을 앓고 있다면, 그것은 알코올이 주범이다. 2000년 현재 독일에는 약 400만 명에 이르는 중독자들이 있는데, 이 가운데 250만 명이 알코올 중독자이

---

* 1996년 기준치이며, 우리나라는 같은 해 9.1리터였다고 한다(한국 보건사회연구원 자료 참조).

다(약 140만 명은 약물 중독이며, 10만 명은 헤로인, 나머지 10만 명은 도박 중독이다). 좀 더 실감나게 표현해볼까. 매년 약 4만 명(그 가운데 2/3가 남자)이 술 때문에 죽는다. 다시 말해서 알코올 중독이 사망 원인이다. 가족에게 버림받고 기차역 화장실에서 죽은 사람만 놓고 하는 말이 아니다. 거실 소파에서 혹은 응급실 병상에서도 얼마든지 죽어나간다. 중독의 치유와 처리로 국민경제가 떠안는 손실은 한 해 300억에서 심할 때면 800억 마르크에 이른다.* 이 모든 수치는 '중독 위험 독일 대책 본부Deutsche Hauptstelle gegen Suchtgefahren: DHS'의 자료에서 인용한 것이다.

예나 지금이나 사람은 보고 싶지 않은 것은 못 보는 법이다. 독일 연방헌법재판소의 판결을 들어보자. "알코올은 취하려는 목적으로 주로 마시는 게 아니다. 반대로 대마초 흡연은 취하려고 작정하고 하는 행동이다."148) 아하, 그러세요?

---

* 대략 18조에서 48조 원에 해당하는 돈.

다른 나라, 다른 맥주

세상에는 참 많은 종류의 맥주가 있다. 그러나 맥주를 곡물 원료에서 얻어낸 맥아즙을 발효시킨, 증류 과정을 거치지 않은 모든 알코올 음료로 정의를 한다면 맥주의 역사는 단 하나만 이야기할 수 있으리라. 가열해서 증류를 했다면, 그것은 화주이지 맥주가 아니기 때문이다.

바빌로니아의 '시카루' 대신 중국의 '삼슈'나 라틴아메리카의 '치차'* 이야기도 얼마든지 할 수 있으리라. 아프리카와 중세 유럽과 마찬가지로 라틴아메리카에서도 맥주 제조에 필요한 원료를 모으고 다듬어 빚는 일은 순전히 여자들의 몫이었다. 토착 원주민은 야자수 열매에서 짜낸 즙과 곰팡이로 덮여 있는 빵을 가지고 치차를 만들었다. 경우에 따라서는 바나나나 파인애플 혹은 꿀 따위를 넣기도 했다. 치차

---

* Chicha 치차(스페인어)는 남아메리카에서 발효시켜 만든 모든 종류의 음료수를 이르는 말이다. 전통적으로 특정 종류의 옥수수(jora: 조라)로 만들며, '치차 데 조라 Chicha de jora'라 부른다. 우유와 비슷한 걸쭉한 농도와 색을 띠며, 시큼한 맛은 사과주를 연상시킨다. 알코올 함량은 보통 1~3% 정도이다.

는 수메르나 이집트 혹은 게르만족의 맥주와 비슷하게 제례를 올릴 때 썼다. 이곳에서도 일상생활에서나 명절날의 쓰임새에 따라 다양한 종류의 치차가 있었다. 치차는 주로 술을 빚는 데 들이는 정성과 재료에 따라 달리 만들어졌다. 자식이 태어났을 때나 성인식 혹은 결혼식, 더 나아가 장례식 등 술을 즐기는 계기는 사람살이의 기본이었다. 우애와 결속을 다지거나 사랑하는 관계에서도 치차는 필수품이었으며, 분쟁과 다툼을 덮는 데도 유용했다.

그런데 이곳에도 결국 '백인'이 나타났다. 물론 그들은 대개 유럽인이었다. 독일인도 종종 얼굴을 들이밀었다. 독일인의 문제는 고향과 전혀 다른 이국땅에 와서도 맥주를 결코 포기하지 못한다는 점이다. 아무튼 독일인은 다른 환경과 그 지역의 특산물에 동화되는 과정을 묘하게도 한사코 거부한다.

"독일 정신으로 세계가 구원을 받으리라!"* 걸핏하면 입에 올리는 독일의 이 속담만큼 뿌리 깊은 오만과 독선이 또 있을까? 순진하기 짝이 없는 오늘날의 독일인까지 저런 굳은 믿음을 고집하는 것을 보면 고개가 갸웃거려질 따름이다. 결국 독일인은 가는 곳마다 본국과 똑같은 방식으로 맥주를 제조하는 양조장을 세웠다. 기술과 품질 그리고 장기간

---

* 이 속담의 원문은 "Am deutschen Wesen soll die Welt genesen!"이다. 원래 이 구절은 에마누엘 가이벨Emanuel Geibel이라는 시인의 〈독일의 소명Deutschlands Beruf〉에 나오는 마지막 시구이다. 이를 나치스가 따다가 '독일의 사명'으로 치장하고 오용했다. 오늘날 이 시구는 독일인의 자만심을 경계하는 의미로 주로 쓰인다.

의 유통기한으로 무장한 새 음료는 수천 년 묵은 토종 술을
누르며 승승장구했다.

이렇게 해서 오늘날 세계는 어디라 할 것 없이 똑같은
맥주를 마시게 되었다. 메소포타미아와 이집트(이슬람이 허
락하는 한)는 물론이고, 아프리카 북부와 서부, 중국, 콜롬
비아, 멕시코 등 어디를 가나 맥주는 별 차이가 없다. 몇몇
전통 맥주가 겨우 살아남아 독일식 맥주에 맞서 힘겨운 싸
움을 벌이고 있을 뿐이다. 이를테면 용설란으로 만드는 멕
시코의 토종 맥주 '풀키Pulque'는 공허한 독일 정신에 물들지
않은 사람들에게서조차 격렬한 비난을 받는다. "이건 뭐 백
반白礬, 감초, 알로에, 황산동, 암모니아수, 딱총나무 열매,
비눗물 따위를 마구 뒤섞어놓아도 이보다는 낫겠네." 그러
나 반론도 만만치 않다. "포도가 익고 홉 덩굴이 자라는 지
역에서 온 사람들은 아무리 세대를 거듭해 멕시코에 살더라
도 '풀키'의 매력이 무엇인지 이해하지 못하리라."(에곤 에르
빈 키슈*)149)

독일의 맥주 순수법에 따라 빚은 맥주는 전 세계적으로
음주가의 사랑을 받고 있다. 이 사실이 미심쩍다면 미합중
국을 한번 보기 바란다. 아프리카 북부와 서부 지역과 아일
랜드와 마찬가지로 미국은 독일의 맥주 순수법을 무척 중시
하고 있다. 중국과 노르웨이, 아이슬란드는 순수법에 따라

---

* Egon Erwin Kisch 1885~1948 오스트리아에서 태어나 체코에서 주로 활동한 기자
이자 문필가. 유대인 혈통을 지녔으며, 저널리즘의 역사에 큰 획을 그은 인물이다.

만든 맥주가 싱겁다며 자꾸 뭔가 기묘한 것을 섞는다.

미국, 신세계의 금주령

미국인의 영혼만큼 알코올 소비 문제로 부글부글 끓어오르며 발효했던 예가 또 있을까. 18세기와 19세기의 미국 금주주의자들은 최초이자 지금까지 최대 규모였던 대중 금주운동을 일으켰다. 그들은 인류에게 알코올 중독은 질병이나 다름없다고 입에 거품을 물고 떠들어댔다.

17세기와 18세기 중반까지만 하더라도 알코올, 특히 럼주는 청교도들에게 "신이 창조한 훌륭한 선물"이었다. 럼주는 힘을 북돋워주며 긴장을 풀어주는 약으로, 그 무엇보다도 환영을 받았다. 술을 절제하자는 운동에 발동이 걸린 것은 18세기에서 19세기로 넘어갈 무렵이었다. 19세기가 흘러가는 동안 이 운동은 미국의 최대 국민운동으로 발전했으며, 결국 미연방 전역에 걸친 금주령, 그러니까 1919년에서 1933년 사이의 알코올 소비 금지 법안을 관철시켰다. 이 운동은 처음부터 중산층이 주도한 운동이었다. 당시 중산층은 가속화한 산업화의 속도를 따라잡고 삶의 터전을 보다 안정적으로 다지는 것을 최우선 과제로 삼았다. 따라서 그들은 장래를 둘러싼 보편적인 불안감을 극복하는 방안을 '악마의 유혹'을 거부하는 금주운동에서 찾을 수 있을 것이라 생각했다.

퀘이커파*의 벤저민 러시** 박사가 1782년 《독주의 영향에 관한 연구An inquiry into the effects of spiritous liquors》라는 책을 펴낸 이후, 의사, 목사, 사업가, 농장주 등이 모여 사회 하층의 음주문화를 두고 근심과 불만을 쏟아내기에 바빴다. 알코올이야말로 가장 경계해야 할 마약이며 알코올 중독은 죽음에 이르는 병이라고 정의하며, 산업화의 결과로 빚어진 모든 부정적 현상, 즉 범죄, 빈곤 등 삐뚤어진 사회 현상의 주범으로 알코올을 지목해 희생양으로 삼았다.

미국 사회의 구원은 오로지 술 소비의 제한을 통해서만 가능한 일이었다. 이런 입장을 철저히 견지하고 과시한 결과, 19세기 중반 새로운 정당, 곧 '금주당Prohibition Party'이 결성되었다. 물론 이 정당의 목표는 완전한 금주의 실현이었다. 그러나 이는 술 소비의 원인과 결과를 잘못 판단한 데서 나온 목표였다. 그래서일까? 20세기의 시작과 더불어 금주당은 그들의 이데올로기적 기반을 슬쩍 바꿔치기했다. 조직의 명칭을 바꾼 것만 보아도 의도는 분명히 드러난다. '안티 살롱 리그Anti-Saloon-League'라는 약간은 애매한 이름으로 정당활동보다는 로비에 치중했다. 이들은 특히 독주 산업과 술집을 적으로 삼고 온갖 공격을 퍼부었다. 당시 술집이란

---

* Quakers 개신교의 한 종파. 17세기 중엽 당시 기독교의 의식화에 반대한 폭스Fox가 영국에서 세운 종파이다. 이후 미국에서 절대 평화주의를 내세우며 인디언과의 평화적 공존과 전쟁 반대, 노예제 폐지 등을 내세우며 활발한 활동을 벌였다.

** Benjamin Rush 1745~1813 미국의 의사이자 작가, 교사이자 인본주의자. 미국 독립선언문 발기인 가운데 한 명으로 국부로 떠받들어지는 인물이다. 일찍부터 노예제와 사형을 반대했다.

데가 어떤 곳인가? 이민 온 가난한 사람과 노동자가 술 한 잔을 놓고 삶의 애환을 달래던 곳 아니던가!

미국의 금주운동은 수십 년에 걸쳐 놀랍도록 뛰어난 적응력을 자랑하면서 그들의 정치적 의도를 노골적으로 드러냈다. 초창기 금주운동은 노동자를 불쌍히 여겨 회개의 길로 이끌어 구원해야만 하는 어린 양으로 취급했지만, 시간이 갈수록 어린 양이 닥치는 대로 물어뜯는 늑대로 둔갑했다며 노동자에게 서슴없이 적의를 드러냈다. 그들은 노동자는 걸핏하면 무리를 지으려는 성향이 있어 아주 위험하다고 보았다. 결국 '늑대들'을 짓밟으라는 외침이 거침없이 터져나왔다. 대체로 '안티 알코올운동'은 그 주된 동력을 민족주의와 반공산주의 세력에서 이끌어낸 일종의 정치적 선전과 선동에 지나지 않았다.

19세기의 목표가 노동자를 중산층으로 끌어올리는 것이었다면, 20세기를 이끈 추동력은 정치적이고 무정부적인 노동자(당시 사회적으로 더 이상 떨어질 곳이 없던 노동자로서는 어쩔 수 없는 선택이었다) 세력을 뿌리 뽑고 자본의 새로운 질서를 만들어내는 것이었다. 따라서 노동자들이 서로 만나 신뢰를 쌓아가는 일은 결코 허용할 수 없는 망동이었다.

바와 살롱은 자본가가 보기에 혁명의 모의 장소이자, 쓸모없는 공간의 전

1933년 금주령이 풀린 뒤, 미국으로 수출되는 '하이네켄'이 처음으로 배에 선적되고 있다.

형이었다. 또한 그곳은 미국답지 않은 모든 요소가 배양되는 공간이었다. 따라서 술집들을 싹 없애는 것이야말로 미국을 깔끔하게 통치하기 위한 전제조건이라고 보았다. 오늘날에도 여전히 미국에서 '살롱'은 입에 담지 말아야 할 금기어이다(물론 서부영화에서는 그렇지 않지만, 결국 거기서도 야만스러운 공간으로 취급되긴 마찬가지다).

술을 입에 대지도 못하게 함으로써 노동자의 정치화를 막고 작업 능률을 끌어올릴 수 있다고 본 대자본가들, 이를테면 록펠러* 같은 사람들이 출현하면서 드디어 금주령이 떨어졌다. 이른바 "빅 비즈니스Big business를 위한 도덕적 가면"150)인 금주령이 1919년 발효되면서 술 소비는 현저히 줄어들었다. 특히 노동자는 술을 구경도 할 수 없었다. 설혹 마실 수 있다 하더라도 술은 더 이상 만만한 대상이 아니었다. 금주령으로 가격이 하늘 높은 줄 모르고 치솟았기 때문이다. 그런데 그 당시 청소년과 여성의 알코올 소비는 오히려 늘었다. 그들은 집에서 몰래 끓여서 만든 증류주를 마셨는데, 증류주는 만들기도 쉽고 무엇보다도 몰래 지니고 다닐 수 있었기 때문이다.

금주령의 해제 역시 대자본의 이해관계와 맞물려 결정되었다. 정부는 다시 주류 세금을 거두게 됨으로써 기업에 적잖이 부담이 되던 사업소득세를 낮춰줄 수 있게 되었다.

---

* John Davison Rockefeller 1839~1937 미국의 갑부. 농산물 도매업으로 시작해 석유업계에까지 진출해 엄청난 치부를 했다. 막강한 자금력을 바탕으로 미국 사회를 떡 주무르듯 했다.

금주령 시절에 정부는 주류 세금을 거둘 수 없게 되자 부족한 재원을 충당하기 위해 기업에 높은 세금을 때렸다. 게다가 공공연하게 지켜지지 않는 금주령 때문에 사람들이 법이라면 코웃음부터 치는 무법 상태가 만연하고 말았다. 이러다 정부의 다른 명령마저 무시되는 것은 아닐까 하는 두려움에 주류 생산을 다시 허가하게 된 것이다. 몇몇 선택된 기업만이 주류 생산 권리를 따냈다. 금지와 허가를 되풀이하는 사이 1930년대 말에 이르자 숱한 '익명의 알코올 중독자'들이 생겨났다. 억누르고 덮어두는 바람에 몰래 숨어서 마시던 이름조차 알 수 없는 사람들이 중독에 빠져버린 것이다. 이로 말미암아 습관적으로 술을 마시는 것을 질병이라고 손가락질하던 상황이 드디어 설득력을 얻는 웃지 못할 반전이 일어났다. 하지만 오늘날에도 여전히 미국 사회에서는 공공장소에서 술을 마시는 행위를 차마 눈 뜨고 볼 수 없는 추한 일로 여긴다. 오죽하면 술 생각이 나서 맥주를 사러 온 사람에게 검은 봉지를 강제로 쥐어줄까. 거리에 맥주를 들고 다니는 것을 들키지 말라는 압력인 셈이다.

미국은 매년 맥주 생산량이 약 2억 3,000만 헥토리터로, 1990년대까지 전 세계 최대 맥주 생산국이었다. 1990년대 초 전 세계 맥주 시장의 18%를 점유한 10대 맥주 상표들 가운데 미국 맥주인 '버드와이저Budweiser'와 '밀러/라이트Miller/Light'도 버젓이 자리를 차지했다. 미국에는 맥주 순수법도 없고, 정부가 국민의 건강을 바라보는 시각도 전혀 다른 탓에 '가정 양조'라는 아주 독특한 문화를 자랑한다. '미국

가정 양조 연합American Homebrewers Association'은 1993년에 5월 1일을 가정 양조의 날로 선포했다. 이 단체는 약 1만 8,000명의 회원 수를 자랑한다. 그리고 정부로부터 일 년에 가정에서 752리터까지 맥주를 빚을 수 있다는 허락을 받은 가정 양조 취미 생활자가 약 150만 명에 이른다(이런 법이 적용되는 주는 조지아, 오클라호마, 앨라배마, 아칸소, 유타 등이다). 미국은 공히 세계 최고의 가정 맥주 양조국이다.

맥주맛도 독일 맥주와는 사뭇 다르다. 바닐라나 초콜릿 향을 첨가한 맥주가 넘쳐나는 것도 전혀 이상한 일이 아니다. 맥도널드에 입맛이 길들여진 미국 사람들은 칠리소스를 넣은 맥주나 딸기맛을 섞은 '바이첸비어'도 좋다며 마신다. 독일의 순수 맥주 팬이 보면 소름 돋을 일이다. 아마도 혀와 위장 벽이 뻣뻣하게 굳어지는 일도 벌어지리라.

아프리카 북부와 서부, 인류의 요람

아프리카 북부와 서부는 세계에서 가장 오랜 맥주 전통을 자랑하는 지역이다. 이슬람과 기독교가 금욕과 금주라는 물을 탄 것이 조금 아쉽기는 하지만 말이다.

이 지역의 자연 신앙은 꿀벌을 수백 년에 걸쳐 영험하고 성스러운 동물로 섬겨왔다. 따라서 꿀로 빚은 먹을 것과 음료는 당연히 신과 왕만 맛볼 수 있는 것이다. 꿀을 발효시켜 홉을 첨가한 꿀맥주는 에티오피아에서 아무나 손쉽게 얻을 수 있는 것이 아니다. 고대 게르만족과는 다른 풍습이다. 꿀맥주는 왕이 허락해야만 마실 수 있으며, 주로 귀족에게만 국한된 축복이다. '평민'은 보리로 만든 맥주를 마신다. 그리고 꿀맥주는 사회의 위계질서를 그대로 반영한 특정 의식에 쓰인다. 19세기까지 언젠가 죽을 운명인 보통 사람들은 왕국과 왕에게 아주 특별한 공을 세웠을 때에만 꿀맥주를 맛볼 수 있었다. 더욱이 왕의 면전에서 '그의 꿀맥주'를 마시는 일은 살아생전 누릴 수 있는 최고의 영광이었다.

20세기로 넘어오면서 세속화의 물결이 거세지자 꿀맥주가 가졌던 이런 특별함은 사라졌다. 이제 꿀맥주는 값을 치를 수 있거나 손수 빚을 수 있으면 누구라도 맛볼 수 있는 사치스러운 고급 음료로 내려앉았다. 다만 아직도 백성들 사이에서는 왕의 전통이 완전히 세속화하지는 않았다. 백성들은 맥주 세금이 곧장 왕비에게 바쳐진다고 자랑스레 떠벌리고 있다.

1920년대 들어 아프리카 서북부의 도시에서는 이른바 '꿀맥줏집'들이 우후죽순으로 생겨났다. 전통적으로 볼 때 이전에는 볼 수 없던 새로운 문화였다. 이런 술집은 대개 홀로 사는 여자, 흔히 이혼한 여인들이 경영한다. 이런 꿀맥줏집을 국가 고위층은 달가워하지 않는다. 과음과 음욕이 판을 치는 곳이라고 눈살을 찌푸리는 것이다. 그동안 우리가 익히 보아온 현상이다. 누천년의 전통을 자랑하는 음주문화가 있다고 해서 사회가 자동적으로 받아들이는 것은 아닌 게 틀림없다. 실제로 그곳에서는 매춘이 공공연하게 이

독일이 식민지를 개척하면서 남긴 흔적.
(그림 안 문구: 한자 비어Hansa Bier/ 사서함
11 — 스와코프문트SWAKOPMUND — 전화:
5021/ 나미비아)

뤄진다. 말 그대로 창녀의 역할까지 떠
맡은 유곽인 셈이다. 유감스럽게도 이
는 유럽인이 아프리카에 수출한 전문
직이다. 원래 맥줏집이 고향인 유럽의
남자들이 아프리카로 가서 물을 버려
놓은 것이다. 꿀맥주는 일반 보리맥주
보다 알코올 도수가 높기 때문에 맥줏
집은 그야말로 만취와 폭력의 온상이
되었다.

　　오늘날 꿀맥주를 빚는 전통적인 비
법과 의식은 사막의 바람에 쓸려 거의 사라졌다. 에티오피
아에서도 손수 빚은 맥주보다 '하이네켄'을 더 많이 마신다.
꿀맥줏집은 이탈리아가 이곳을 점령했던 이래 바나 카페(이
탈리아식)라고 불린다. 에티오피아의 맥주 소비는 맥주 종
류나 마시는 양까지 유럽인이나 미국인과 다를 바가 없다.

　　아프리카 북부와 서부 국가들은 세계의 다른 지역과 마
찬가지로 자기 지역에서 주로 나는 곡물(아시아는 쌀, 유럽
은 밀과 보리)로 맥주를 빚는다. 오늘날 그곳에서 재배한 기
장의 절반가량은 알코올 도수가 약한 '돌로Dolo' 혹은 '티아
폴로Tiapolo'(2도에서 4도 사이)를 빚는 데 쓴다. 아프리카 서
부의 토착민 구룬시Gurunsi족이나 브와바Bwaba족의 전설에
따르면 창조주는 맥주 빚는 법을 여자들에게만 알려줬다고
한다. 이후 인간은 처음으로 끓인 음식을 먹게 되었는데, 그
덕에 점차 수북한 털과 꼬리를 잃게 되었다는 것이다. 앞에

서 살펴보았던 바빌로니아의 경우처럼 맥주는 사람을 비로소 인간으로 만들어주는 역할을 한 신의 선물이었다.

돌로는 제사 때 동물을 제물로 바치면서 마시는 술이다. 고대 이집트의 축제나 종교행사에서 맥주가 갖던 의미와 똑같은 것이라고 보면 된다. 힘과 용기를 북돋워주고, 지쳤을 때 활력을 불러일으키는 돌로는 어떤 상황에서든 환영을 받았다. 어려운 일이나 곤란한 상황을 풀어내고 극복하는 데 술은 필수품이었다.

어느 가정이나 저마다 돌로의 힘을 증언하는 이야기를 한 편쯤 가지고 있다. 적을 무찌르거나 밭일을 서로 도울 때나 흥겹게 춤을 출 때, 돌로는 서부 아프리카 사람들이 서로 나누어 마시는 단합과 친목의 술이다.

중세의 의식과 마찬가지로 아프리카에서도 인생을 기념하는 세 가지 주요 의식이 있다(탄생 혹은 성인식, 결혼, 장례식). 아프리카에서는 생일보다 성인식을 더 중히 여긴다. 제사장의 명에 따라 소년은 그동안 무서워했던 숲의 귀신과 싸움을 벌여야 한다. 귀신을 물리치고 두려움을 이겨냈을 때, 소년은 비로소 공동체의 일원으로 받아들여진다. 마지막에 숲 귀신의 가면을 쓰고 인간에게 말을 거는 짓은 절대 하지 않겠다고 맹세하는데, 이 의식의 마무리를 맥주가 장식한다. 그리고 곧이어 사흘에 걸친 축제가 베풀어진다.

어느 지역이나 전통적인 결혼 예식에서도 핵심적인 역할을 하는 것은 맥주이다. 결혼식을 치르는 날 예비 신부는 부모가 지켜보는 앞에서 맥주를 빚는다. 예비 신랑은 어떤 대가를 치르더라도 이 맥주를 손에 넣어야만 한다. 처가 쪽 사람들이 맥주값을 계속 올려 부르는 바람에, 이런 의식이 몇 차례나 되풀이되는 경우도 흔하다. 심지어 아예 결혼식이 열리지 못하기도 한다. 맥주를 얻어낸 신랑은 장차 아내가 될 여인의 집 앞마당에서 하루를 보내며 저녁 늦게까지 술을 마신다. 그런 뒤 신부는 남은 맥주와 함께 누이들과 여자 친구들이 동행하는 가운데 신랑 집으로 가는 길을 나선다. 신랑 집에 도착한 예비부부는 남은 맥주를 함께 마시며 결혼을 자축한다. 신랑은 다 마신 잔에 맥주값을 담아 장모에게 돌려보낸다. 이제 신부와 신랑은 함께 밤을 보낸다. 드디어 결혼이 성사된 것이다.

사람이 죽은 뒤 이어지는 장례식은 사망한 사람에게 조상의 세계를 열어주는 의식이다. 하관식에는 공동체의 연장자와 공훈이 많은 사람만 참가할 자격을 갖는다. 관을 묻은 다음 날 무덤 앞에 맥주를 가득 담은 통을 놓아둔다. 죽은 이가 살아 있을 때 쓰던 물건들도 무덤 주변에 가지런히 장식한다. 이윽고 무덤을 둘러싼 사람들은 함께 맥주를 나누어 마신다. 그 뒤 정해진 기간이 지나면 사망자의 가족은 잔치를 준비해야만 한다. 이 잔치는 보통 사흘, 길 때는 이레 동안 이어진다. 잔치가 베풀어지는 동안 마시는 맥주는 수천 리터에 달한다.

매주 금요일은 조상을 기리며 쉬는 날이다. 이날만큼은 모든 일을 손에서 놓고 조상이 명한 대로 맥주를 마신다. "옛날에는 금요일이 다른 날과 별 차이가 없었다. 브와바족은 이날에도 일을 했다. 그러던 어느 날 여인들은 매일 밭에 나가 고된 일을 하는 남편에게 측은한 생각이 들었다. 여인들은 하미이나Hamiina 노파를 찾아가 고견을 구했다. 그러자 노파는 문제를 해결해주겠다고 약속했다. 남편을 일찍 여윈 하미이나는 다음 날 밤 꿈에서 남편을 보았다. 남편은 하미이나에게 어떻게 돌로를 빚는지 가르쳐주었다. 그리고 마을 남자들에게 돌로를 마시게 하라고 일러줬다. 금요일에 처음으로 돌로를 빚었다. 이날 남자들은 밭에 나가는 것을 까맣게 잊어버렸다. 마을 어르신들은 점쟁이에게 이 놀라운 일이 어찌해서 일어난 것인지 물었다. 대답은 이랬다. '조상님들이 금요일을 휴식과 잔치의 날로 즐기도록 가르치신 뜻이라.' 이날부터 모든 가정은 돌로를 빚었다."[151]

제례에 쓰는 것 외에도 일상적으로 술을 즐기는 독특한 문화도 있다. 농가의 여인이 직접 맥주를 빚어 파는 것이다. 그러니까 농가는 양조장인 동시에 술집이다. 가판대에서도 맥주를 파는데, 이른바 시장의 '카바레Cabaret'이다.

맥주를 파는 여인들은 돈을 내지 못하는 남자에게도 맥주를 줘야 한다는 의무감을 느낀다. 그래서 술집이나 가판대에 발을 들여놓는 사람은 누구나 한 조롱박의 맥주를 맛볼 권리를 갖는다. 한편으로는 찾아온 손님을 내치지 않는 전통을 지키면서, 다른 한편으로는 잠재적 고객에게 술맛을 시음해볼 기회를 주는 셈이다. 일이 없는 자유로운 날이면 카바레는 사람들이 모여 최신 소식을 주고받고 서로 사귀는 사교장이 된다. 심지어 기독교의 영향을 받아 일요일이

19세기에서 20세기로의 전환기에 라군Ragun*에서 수송 중인 비퀼러** 맥주통.

금요일을, 유럽 맥주가 아프리카 맥주를, 바가 카바레를 대
체한 곳에서도 이런 소식통과 사교장의 기능은 여전하다.

이곳의 전통 가운데 또 한 가지는 이른바 '돌려 마시기'
라는 것이다. 중세 유럽과 마찬가지로 서부 아프리카에서도
홀로 술을 마시는 사람은 없다. 조롱박을 건네받은 사람들
은 둥그렇게 둘러앉아 손에서 손으로 맥주를 돌려가며 마신

---

* 어느 지역의 지명인지 알 길이 없다. 아무래도 서부 아프리카의 소도시 가운데 한 곳
인 듯하다.

** Wicküler-Brauerei 1845년에 세워진 독일의 양조장. 19세기 말에서 20세기 말까
지 국제적으로 명성을 떨친 맥주를 생산했다. 오늘날에는 옛 영화를 잃고 주로 할인점
에 공급되고 있는 맥주 상표이다.

다. 갈증이 풀릴 때까지 마음껏 마시지만, 술값이 떨어지면 더 마시지 않는다.

파종과 추수철에 맞춰 아프리카 사람들은 아주 질펀한 축제를 즐긴다. 이들이 마셔대는 것을 보면 유럽 사람은 소름이 돋고 기가 질릴 지경이다. 한 축제에서 성인 한 사람이 마시는 평균량은 20리터에서 30리터에 이른다. 축제는 두 가지 기능을 한다. 하나는 공동체 구성원에게 동질감을 부여해 공동체에 소속된 것을 특권으로 여기게 만든다. 동시에 다른 하나는 공동체를 규제하고 통제하는 것이다. "기장맥주를 나누어 마시는 사회경제적 의무를 통해 자본이 어느 한쪽으로 몰리는 것을 막고, 특권층의 형성을 억제한다. 나이지리아의 옛 농촌 사회는 두말이 필요 없을 정도로 평등했으며, 어떤 경우라도 생산물의 자본화가 이뤄지지 않도록 노력했다. 어느 집단이 초과 생산한 게 있다면, 축제를 통해 함께 모여 소비함으로써 즐겁게 나누었다. 도모쿠이 Domokui*에서 매년 생산되는 육류와 곡물의 60%에서 70%를 축제에서 소비한다. 이로써 완전한 평준화가 이루어진다."152)

나이지리아나 북동부 수단의 옛 농부들에게 기장은 다른 모든 자연과 마찬가지로 영혼을 가진 숭배 대상이었다. 기장맥주를 마시고 힘을 얻은 사람은 곧 기장의 영혼과 함

쿠퍼 스타 비어.

---

* 역시 정확히 어느 지역인지 알 수 없다.

께하게 된다. 이렇게 볼 때 돌로를 마시는 행위는 결코 세속적이거나 한 개인의 사적인 행위가 아니다. 이는 곧 우주와 소통하고 교유하는 행위이다.

아프리카 서부의 농촌 지역에서 최근 10년 동안 한 사람당 연간 돌로 소비량은 380리터이다. 도시에서는 240리터를 소비했다.

최근 도시 시민들은 알코올 도수가 높은 유럽산 맥주를 집중적으로 마시면서 17세기와 18세기에 유럽 역사를 장식한 문제(물론 21세기에도 여전히 문제는 해결되지 않고 있지만 말이다)와 직면하게 되었다. 다름이 아니라 바로 알코올 중독이다. 이는 아주 심각한 사회문제다. 맥주를 마시는 행위가 예전처럼 공동체의 결속을 다지는 의식이 아니라 오로지 술이 좋아 술을 마시는 것에 지나지 않기 때문이다. "…… 홀로 버려진 채 술만 마셔대는 개인들로 사회는 골치를 앓고 있다."

아프리카 사람들이 공동체를 얼마나 중시하는지는 다음 행사를 보면 잘 알 수 있다. "1999년 8월 27일 우간다: 우간다의 왕이 평민의 딸과 결혼했다. 수십만 명의 하객이 로날드 무웬다 무테비Ronald Muwenda Mutebi와 실비아 나긴다Sylvia Nagginda의 결혼식을 지켜봤다. 1만여 명의 초대받은 손님들을 위해 왕국은 100여 마리의 소와 역시 100여 통의 바나나 맥주를 내놓았다."153)

베를린 킨들 그림엽서 — 베를린에서 태어나서 "베를린 킨들"이라고 해요. — 1912년의 엽서.

여신의 맥주.   갓 태어났어요! 캔맥주(비퀼러 필스).

슐로스브로이('성 양조장'-궁정-이라는 뜻)
– 쇠네베르크 – 서베를린.

W. 아델룽 & A. 호프만 – 포츠담 슈탕겐비어
(길쭉하고 높은 잔에 따라 마시는 맥주라는
뜻) – 양조주식회사 포츠담 – 1830년 설립.

피켈스도르프 양조장 – 라거비어(밝은 금색의
일반 맥주) – 슈판다우 피켈스도르프.

릭스도르프 통합 양조장
– 베를리너 킨들 – 베를린에서 세번째로 큰 양조장.

전 세계는 비퀼러를 마신다
– 인도.

투보르크 올.

한자 비어 – 사서함 11 슈바코프문트
– 전화 5021 – 나미비아.

전통 맥주 – 기네스 – 엑스트라 스타우트 –
세인트 제임스 게이트 더블린.

하이네켄 비어 – 하이네켄
– 프리미엄 퀄리티.

베르네스그뤼너 필스 – 럭셔리 비어 – 최고 등급.

세스터 쾰슈 – 순수 상면발효 –
밝은색 맥주(위 띠에 1805년에
창립되었다고 나옴).

독일 필스 특산물 – 슐트하이스.

포츠담 1745/1747 – 상수시 궁전 – 독일 필스 완전 맥주
– VEB 양조장 포츠담.

프리슬란트의 맥주 – 예버 – 필스 – 신선하고 쌉쌀함.

아일랜드, 맥주의 강에 빠진 전우

모든 아일랜드 사람은 빨강머리에 주근깨투성이이며 위스키를 마신다. 그래도 시간이 남는다면 '에일Ale'과 '기네스Guinness'를 빚어 그것을 즐기느라 정신이 없다. 하긴 뭐가 더 필요하랴?

국제무대에 독일의 영혼은 소금에 절인 양배추와 필스Pils로, 프랑스는 와인과 바게트로 빚어졌다고 알려진 것처럼 아일랜드 사람들의 민족적 특징은 그야말로 전형적인 술꾼, 그러니까 안주 없이도 순도 높은 알코올을 즐기는 것으로 요약된다. 이것 참 연구해볼 만한 가치가 있는 주제다. 어째서 밖에서 볼 때 아일랜드 민족의 특징이 알코올로 집약되는 것일까?

장 폴의 다음과 같은 설명은 충분히 설득력이 있지 않을까? 끊임없이 이어지는 전쟁과 대결, 한마디로 밥맛 떨어지는 현실이 아일랜드 사람들에게 쓰디쓴 추억만 남긴 탓에 그야말로 '깡술'만 들이켜게 되었노라는 설명이다. "민족이란, 코르크 마개로 잘 막아 위풍당당한 제후의 직인을 찍어놓은 맥주병이나 샴페인병과 아주 흡사하다. 코르크 마개를 뽑지 않는 한, 그 안에 갇힌 정신은 거품 없이 묵묵히 익어간다. 그러나 일단 뽑혔다 하면 사정은 완전히 달라진다. 손쓸 새 없이 거품과 방울이 치솟으며 거침없이 폭발한다. 서둘러 마개를 다시 눌러도 아무런 소용이 없다." 그래서 프랑스 사람들은 샴페인을 뿌려대고, 독일인은 맥주 거품을 흘려대고, 이탈리아 국민은 '프로세코'*를 방울방울 떨어뜨리는 모양이다. 아무려나 이런들 어떠하며 저런들 어떠하리. 터진 거품은 막을 길이 없나니…….

어쨌거나 아일랜드 사람들과 그들의 끈끈하기 짝이 없는 맥주(특히 상면발효 맥주인 '에일')와의 관계를 위르겐 슈나이더**만큼 풍부한 지식을 가지고 설명할 수 있는 사람은 없으리라. 아래에 이어지는 글은 그의 펜 끝에서 나온 것이다.

섬나라 켈트족***의 위대한 서사시 《타인 보 퀘일링Táin Bó Cuailnge(쿨리Cooley의 소도둑)》에서 '이메인 마차Emain Macha'라는 곳에 자리 잡은 궁정의 왕 콘초바Conchobar****는 매일 하루의 1/3을 고꾸라질 때까지 '에일'을 마시며 보냈다고 한다. "매 시간 30여 명의 고결한 영웅들이 콘초바의 왕실에 모여 게르그Gerg의 통에서 따른 맥주를 마셨다. 결코 바닥을 보이는 법이 없던 게르그의 맥주통이었다. 이 술의 이름은 '올 느구알라Ol nguala'로, 일명 '숯통'이라고도 했다."154) 세권으로 된 《고대 아일랜드의 예절과 풍습On the Manners and

---

* Prosecco 스파클링 와인의 일종. 탄산가스를 넣어 거품이 이는 특징이 있다.

** Jürgen Schneider 독일의 저술가. 자세한 인물 정보는 알 길이 없다. 《아일랜드의 요리Irish Kochen》라는 책을 쓴 아일랜드통이다.

*** Insular Celtic 브리튼 제도에 속하는 섬에 살던 민족. 앵글로색슨 침입 이전에 섬들에 살던 민족을 말한다.

**** 아일랜드 전설에 등장하는 왕과 도시 이름이다.

Customs of the Ancient Irish》의 저자 유진 오커리*에 따르면 '올이'이라는 것은 약간 신맛이 나는 발효 맥아즙으로 추정된다. '구알라guala'라고 하는 것은 이 맥아즙을 숯으로 끓였다는 뜻이다.155)

아일랜드 전설에 나오는 소문난 난동꾼인 '브리크리우 넴텡가Bricriu Nemhthenga'(넴텡가는 '독의 혀'라는 뜻이다)가 베푼 잔칫상에는 쇠고기와 수프, 훈제 멧돼지, 연어, 꿀을 넣어 구운 케이크, 견과류 등 온갖 맛난 음식과 함께 최고급 '에일'과 엄선된 '메트' 그리고 진귀한 와인이 올랐다.

술판은 좌중이 다 취해야 끝났다. 무기까지 겨누고 충돌하는 싸움판이 종종 벌어진 탓에 '크리트 가블라흐Críth Gablach'**는 이를 두고 '쿠마스크 쿠이름티게cumascc cuirmthige', 곧 '맥줏집의 혼란'이라고 표현했다.156) 맥줏집의 난장판은 조너선 스위프트***가 아일랜드어로 된 것을 번역한 시 〈아일랜드 연회를 보고The Description of an Irish Feast〉에서 다음과 같이 묘사되었다. "좋으신 주님, 이 무슨 광경입니까, / 활기가 넘치던 술판 끝에, / 사람들이 치고받고 싸우니 / 맥주 한복판에서 이 무슨 난리입니까."

켈트족의 맥주는 기원전 300년경 당시 상인이자 지리학

---

* Eugene O'Curry 1794~1862 아일랜드의 문헌학자.

** 영어로 'Branched Purchase'라는 뜻으로, 아일랜드의 고대 상법이다. 왕의 훈령으로 내려진 것이라고 한다.

*** Jonathan Swift 1667~1745 아일랜드의 작가로, 유명한 《걸리버 여행기》의 저자이다.

자로 세계 곳곳을 누빈 피테아스*도 언급했다.157) 포세이도니오스**도 이미 켈트족의 질펀한 술판을 두고 혀를 끌끌찬 바 있다. 《얼스터 연대기Annals of Ulster》 역시 켈트족의 주벽을 자주 입에 올린다. 이를테면 1013년 질라 모초나 맥 포가르타이그Gilla Mo-Chonna mac Fógartaig는 술에 취해 잠이 들었다가 죽었으며, 무이르처르타크 맥 돔나일 우이 마엘 세크라인Muirchertach mac Domnaill Uí Maél Sechlainn은 만취한 상태에서 코크Cork 다리에서 떨어져 물에 빠져 죽었다.158) 12세기의 《에이슬링 메이크 콘글린네Aislinge meic Conglinne》***라는 책을 보면 한결 점잖아진 것 같지만, 그래도 여전히 '에일'의 샘은 넘쳐흘렀다.

옛날에 에일은 곡물(귀리, 밀, 보리 따위)에서 짜낸 맥아즙에 원천수와 꿀을 더해 웨일스 요리법에 따라 빚은 것으로, '꿀맥주(브로코이트brocóit)'라 불렀다. 16세기에 홉을 도입하기 이전에는 에일과 같은 맥주에 향료나 수렴제****성분을 넣었다. 떡갈나무 껍질도 늪지 클로버와 함께 환영받는 첨가물이었다. 늪지 클로버는 아일랜드 특유의 원형 성벽 근처에서 난 것을 특히 선호했다. 사람들은 그곳에 요정

---

* Pytheas BC 380-BC 310 고대 그리스의 상인이자 지리학자이며 위대한 탐험가이다.

** Poseidonios BC 135-BC 51 리스의 철학자이자 역사가이며 수완이 뛰어난 외교가.

*** '맥 콘글린네Mac Conglinne의 비전'이라는 뜻의 아일랜드의 옛 전설 모음.

**** 위나 창자에 작용해 설사를 멈추게 하거나 점막이나 피부 상처에 얇은 막을 만들어 보호하는 약제. 세포막의 투과성을 감소시켜 지혈, 진통, 방부, 소염작용을 한다.

이 산다고 굳게 믿었기 때문이다. 18세기 중반 맥주가 상업적으로 빚어지기 전까지는 '에일'과 '비어'는 동의어나 마찬가지였다.

아일랜드 민요 가운데 바이킹족이 특별히 잘 만들던 '히스heath 꽃을 넣은 헤더에일heather ale'을 주제로 한 노래가 있다. 전설에 따르면 헤더에일 제조 비법은 아버지가 아들에게만 물려주는 천금과도 같은 비밀이었다. 1014년 브라이언 보루*가 클론타르프Clontarf 전투에서 바이킹족을 제압하는 데 성공했다. 이때 한 바이킹 가족이 간신히 빠져나가 도망에 성공하는 듯했으나, 클레어Clare 백작의 영지에서 가까운 '모헤어 절벽The Cliffs of Moher'에서 아일랜드의 한 족장에게 다시 사로잡히고 말았다. 바이킹 가족은 목숨을 살려주면 그 대가로 헤더에일의 비법을 알려주겠노라 약속했다.

"내 아들이 지켜보는 앞에서 너희에게 이 비밀을 알려주다니 치욕스럽기 짝이 없구나." 바이킹 가족의 늙은 아버지는 이렇게 말하며 목에 칼을 댄 채 꼼짝도 못하고 위협받고 있는 아들을 지켜보았다. 노인은 적의 손을 이끌고 절벽 가장자리로 가서는 그의 귀에 대고 '헤더에일의 비법'을 속삭였다. "그래? 그게 다야? 그 약초를 넣어 그렇게 빚으면 된단 말이지?" 아일랜드 족장은 반색을 하며 노인을 와락 끌어안았다. "목숨을 살려주겠다고 했으니 너희는 이제 자유다." 그런데 노인은 적의 가슴을 밀어내며 대답했다. "비법을 아

---

* Brian Boru 940~1014 아일랜드의 전설적인 왕.

들의 목숨과 바꾸었구나. 이제 헤더에일을 빚는 법을 아는 사람은 우리 둘뿐이다. 자, 나와 함께 비밀을 안고 죽음의 나락으로 떨어지자꾸나." 노인은 말을 마치기가 무섭게 적의 멱살을 낚아채서 절벽 아래로 함께 몸을 던졌다. 이후 헤더에일을 빚을 줄 아는 사람은 아무도 없었다고 한다.[159]

맥주는 아일랜드의 옛날 법전에서도 자주 언급된다. 그 가운데 맥주가 명성을 가져다준다는 구절이 있다. 또한 크리트 가블라흐를 보면, 어떤 왕은 일요일마다 맥주를 마셔야만 직성이 풀리는 탓에 시종의 시중을 기다리지 못하고 짜증부터 냈다며 참으로 졸렬한 지배자라고 비웃는 대목

예전에 아일랜드의 수출 히트 품목은 맥주가 아니라 위스키였다(1920년의 더블린).

이 나온다. 어떤 전설의 구절은 궁전에서 손님들에게 맥주
도 베풀지 않고 보냈다며 과연 그런 왕도 왕의 자격이 있는
지 되묻는다. 하층민에게 맥주를 익히는 술통은 반드시 갖
추어야 할 필수품이었으며, 맥주는 한 잔 가득 언제라도 즐
길 수 있어야만 했다.[160]

골웨이Galway 백작 클론퍼트Clonfert의 루가이드Lugaid를
칭송일색으로 그린 전기를 보면, 이런 이야기가 나온다. 지
방의 어떤 영주가 신발을 손에 들고 서 있는 거지를 보았다
고 한다. 영주가 왜 신발을 들고 있느냐고 묻자 거지는 루가
이드가 선물한 것이라고 답했다. 그러자 영주는 득달같이
달려들어 신발을 뺏어 맥주 안에 던져넣었다. 맥주는 단박
에 마법과도 같이 달콤해졌다고 한다. 또 어떤 맥주에는 맛
을 좋게 하기 위해 성스러운 '아에드Aéd'의 십자가 일부를 넣
었다는 이야기도 전해진다.[161]

아일랜드에서 맛 좋은 에일이 빚어지기 시작한 것은 12
세기 말엽이다. "12세기 아일랜드에는 훌륭한 '에일'을 빚
는다는 명성이 자자한 곳이 많았던 게 분명하다. 전부는 아
니지만 몇몇 에일은 빨갛거나 아예 와인처럼 붉었다."[162] 붉은
색 맥주는 성 브리기트*를 칭송하는 송가에도 나온다.[163]

아일랜드를 방문했던 사람이 나중에 에일을 그리워하는
것은 놀랄 일이 아니다. 물론 아일랜드 사람이 섬을 떠나 대

---

* Saint Brigid of Kildare 451~525 'Mary of the Gael'이라고도 한다. 아일랜드 수호성
자 가운데 한 사람으로 2월 1일이 축일이다. 몇 곳의 수녀원을 세운 여인으로 알려져
있다.

륙에 가 있을 때도 사정은 마찬가지였으리라. 9세기 아일랜드 출신의 한 순례자는 로마로 가던 도중 프랑스의 리에주라는 곳에 머무르게 되었다. 순례자는 그 지역의 주교에게 숙식 문제를 두고 다음과 같이 투덜댔다고 한다. "살다 살다 이렇게 형편없는 곳은 처음입니다. 먹고 마실 게 아무것도 없어요. 끔찍하기 짝이 없는 맥주와 보기만 해도 입맛 떨어지는 빵 쪼가리밖에 없다니!"

에일이 얼마나 인기를 끌었는지 증명해주는 기록은 후대에도 많이 나왔다. 마운트조이 경*의 비서 파인스 모리슨Fynes Moryson은 자신의 책 《여행 일정Itinerary》에서 다음과 같이 썼다. "아일랜드 사람들은 맥아즙과 홉으로 빚은 잉글랜드 맥주를 마시지 않는다. 그들은 오로지 '에일'을 마실 따름이다."164)

그리고 1699년 존 두턴John Dutton, 1659~1733**이라는 사람은 아래와 같은 기록을 남겼다. "저녁 식사가 들어왔는데, 소금에 절인 생선과 계란이었다. 여주인인지 하녀인지 분간이 안 될 정도로 아리송하게 차려입은 여자가 한 쿼트***의 에일을 내왔다. 그러고는 우리더러 보라는 듯, 한 잔 가득 따라 마셨다."

---

* Lord Mountjoy 1563~1606 본명은 찰스 블라운트Charles Blount이다. 데번셔의 백작으로, 1600년에서 1606년까지 아일랜드의 총독을 지냈다.

** John Dutton 1659~1733 인물 정보를 알 길이 없다.

*** Quart 액량을 재는 단위. 영국이나 캐나다에서는 2파인트pint 또는 약 1.14리터에 해당한다.

1707년에 발표된 희극 《애인의 책략The Beaux's Stratagem》
에서 데리Derry 출신의 극작가 조지 파쿠아르George Farquar,
1677~1707는 주인공 본Bon과 에임Aim이 에일을 두고 다음과
같은 대화를 나누도록 했다.

본: 나는 오로지 에일만 마시고 살았어. 에일을 먹고,
에일을 마시며, 에일 위에서 잠을 잤지.
(급사가 에일 한 병을 잔과 함께 가지고 와서 놓고
나간다.)
자, 어디 한번 직접 맛을 보시지요!
(잔에 에일을 따른다.)
건배, 나의 존귀한 여인이여! 하, 대단하군, 대단해.
에임: (마신다) 아, 이런, 이건 너무 강해요!
본: 강하지, 암 강하고 말고! 그러니 그걸 마시는 나는
얼마나 세겠어?[165]

아일랜드의 양조 기술 발전

1920년에 발표된 〈아일랜드 양조 산업The Brewing Industry in
Ireland〉 이란 글을 보면, 17세기에서 19세기까지 아일랜드의
양조 기술이 걸어온 발자취를 한눈에 알아볼 수 있다.[166]
그 가운데 맥주 산업의 발전에 특히 로열 더블린 소사이어
티Royal Dublin Society, RDS라는 단체가 커다란 공헌을 했음을 알
수 있다. 이 단체는 1744년에 벌써 가장 많은 홉을 사용하는

양조장에 지원금을 제공했다. 또한 RDS는 1771년 위원회를 발족시켜 어떻게 해야 "훌륭한 양조장 건립"이 가능할지 연구했다. 위원회의 추천으로 1772년 3월 탁월한 맥주를 빚을 새 양조장 건설이 추진되었다. 알코올 도수만 높은 싸구려 술이 범람하는 통에 "국민의 건강과 도덕"이 심각한 위협을 받고 있는 현실을 도저히 묵과할 수 없다는 것이었다. 이는 경찰에게도 큰 부담일 뿐만 아니라, 국가의 산업 발전에도 막대한 지장을 준다는 지적이었다.[167]

사실 여기에는 납득할 만한 다른 사정이 숨어 있었다. 18세기 초 아일랜드의 양조 산업은 비약적인 발전을 하면서 더블린과 코크*에 맥주 생산 센터까지 세워졌다. 그런데, 1750년에서 1785년 사이에 잉글랜드에서 수입되는 맥주가 네 배 이상 급증했다.

이러한 상황이 된 것은 아일랜드 맥주의 품질이 최고가 아니었기 때문이다.[168] 1785년 아일랜드를 찾았던 잉글랜드의 윌리엄 다이오트William Dyott**는 포터비어***에 관한 한 전문가를 자처할 정도로 맥주광이었다. 그는 코크의 포터비어를 한 모금 맛보고는 자신이 지금껏 마셔본 것 가운데 "최악"이라는 욕설을 서슴지 않았다. 다이오트의 동시대인도

---

* Cork 아일랜드 남서부 코크 만 연안에 위치한 항구도시. 아일랜드 제2의 도시이다.

** 자세한 인물 정보를 알 길이 없다.

*** Porterbier 짙은 검은색을 자랑하는 흑맥주. 걸쭉해서 엿처럼 혀에 착착 달라붙는다. 홉을 강하게 쓰는 탓에 무척 쓴맛이 난다. 영국에서 주로 마시며, 알코올 도수는 5도가량 된다.

그의 판단이 맞다고 맞장구를 쳤다. "코크의 포터는 끔찍할 정도로 나빠."169) 맥주를 빚을 때 더러운 물을 쓴 탓이었다. 그래서 1714년 킨세일Kinsale 시에서는 11월 1일에서 이듬해 2월 28일까지를 제외한 나머지 기간 동안 맥주 양조에 쓰는 물을 엄격하게 제한할 정도였다.170)

심지어 1791년 양조장의 현실은 아일랜드 의회의 토론 주제이기도 했다. 위스키 소비가 급격히 증가하면서 맥주는 몰락 직전까지 갔다. 세금 징수 기록으로 보면, 위스키 소비는 18세기 초 10만 갤런(약 38만 리터)이었던 것이 1790년 340만 갤런(약 1,300만 리터)으로 폭증했다. 갤런당 4펜스 하던 세금을 1실링 1¼펜스로 올렸음에도 말이다. 동시에 허가를 받지 않은 불법 증류주 주조장이 창궐하고, 무허가 술집인 '쉬빈'*이 전국 곳곳에서 버젓이 문을 열고 '포이틴'**을 달여댔다. 수입된 위스키만 해도 100만 갤런에 달했다.

의회의 격론에서 베레스포드Beresford라는 이름의 남자는 1,800여 명에 이르는 '소매업 양조업자retailing brewers' 가운데 절반 정도만 세금을 내며, 그것도 고작 맥주 몇 통에 해당하는 세금일 뿐이라고 열을 올렸다.171) 여기서 '소매업 양

---

* Shebeen 작은 술잔을 뜻하는 아일랜드어 '시빈Sibin'에서 유래했다. 당국의 허가를 받지 않고 불법영업을 하는 술집으로 각종 저항운동 및 조직범죄의 본산과 같은 구실을 했다. 미국에도 아일랜드 출신 이민자들이 퍼뜨렸다.

** Poitín 'Potcheen'이라고도 한다. '달빛'이라는 뜻으로, 아일랜드에서 흔히 마시던 보리 증류주를 말한다. 'Pot'(냄비)라는 단어에서 유래한 것으로, 몰래 술을 증류해 만든 독주이다. 알코올이 90%에 이를 정도로 독한 것도 있다. 1760년에 공식적으로 금지되었으나, 아일랜드 민요에 그 이름이 전해진다.

조업자'라 함은 '퍼브'* 주인을 가리키는 것으로, 이들은 가게에서 파는 맥주를 손수 빚었다. 1733년 코크에만 220명의 맥주 양조업자들이 있었는데, 그 가운데 소매업 양조업자가 태반이었다.

"소매업이 아닌 전문 양조장에서 생산된 맥주는 몇몇 도시와 주, 즉 라인스터Leinster, 먼스터Munster 그리고 코나크트Connacht 같은 일부 지역의 도시 노동자들 가운데서 형편이 한결 나은 사람들만 마실 수 있었다. 따라서 전문 양조장 맥주는 시장 규모가 비교적 작은 편이었다."172)

18세기 말쯤 볶은 맥아를 사용하면서부터 '포터비어 산업'은 비약적으로 성장했다. "그러나 포터비어가 아일랜드 국민의 사랑을 받는 대중적인 맥주로 자리를 잡게 된 것은 1850년에서 1860년 사이의 일이다. 이때 맥주를 파는 곳은 거의 모두 포터비어 장사로 변신했다."173) 사실 포터비어 산업의 급성장은, 완만하지만 꾸준하게 맥주업계를 재정비해 온 결과였다. 이로써 양조업은 보다 능률적인 기업이 되었으며, 소매업 양조업자는 자취를 감추었다. 1791년 코크 지역에서는 소매업 양조업자가 딱 한 명 있었고, 전문 양조업체는 30곳으로, 그 가운데 21곳이 본격적인 모양새를 갖춘 기업이었다.

1832년 아일랜드에 당국의 허가를 받은 양조장은 216곳이 있었다. 20년 뒤 그 수는 96곳으로 줄어들었다. 19세기

---

* Pub 아일랜드와 잉글랜드의 대중 술집으로, 술을 비롯한 각종 음료와 음식을 판다.

에서 20세기로 넘어오는 전환기에 양조업체의 수는 다시 반 토막 났다.[174]

아일랜드에서 영업 허가를 받은 술집은 1600년경부터 존재했다. 1682년 윌리엄 페티*가 확인한 바에 따르면, 더블린에만 6,025개의 상점이 있었고, 그 가운데 1,200여 곳이 술을 파는 술집이었다고 한다. 1838년 매슈** 신부가 알코올 반대운동을 벌이기 시작했을 때 아일랜드에는 2만 1,000여 개의 술집이 즐비했다. 이처럼 술집이 엄청나게 늘어난 것은 18세기 중반부터 기업에서 맥주를 전문적으로 생산하게 된 것과 깊은 관련이 있다.

킬데어Kildare 출신의 프로테스탄트 아서 기네스***는 1759년 자신의 이름을 딴 양조장을 세웠다. 그는 양조장 터를 임대할 때 타고난 낙천적 성격을 유감없이 발휘해 임대 기간을 9,000년으로 하고, 매년 45파운드의 임대료를 내기로 계약했다. 초기 기네스 양조장은 가마솥과 맥아즙을 담아두는 통, 곡물을 가는 기계, 두 개의 창고와 열두 마리의 말 그리고 200톤의 짚더미를 얹은 지붕뿐이었다.

아서 기네스는 초창기부터 1799년까지는 '더블린 에일 Dublin Ale'이라는 상표의 맥주를 생산했다. 이후에는 흑맥주

---

* Sir William Petty 1623~1687 잉글랜드 출신의 경제학자이자 철학자. 이른바 '민족 경제학'의 아버지라 불리는 인물이다.

** Arnold Harris Mathew 1852~1919 잉글랜드의 신부. 로마 가톨릭 주교를 지냈다.

*** Arthur Guinness 아일랜드의 전설적인 맥주 기업 '기네스'의 창업자. 아버지에게 물려받은 100파운드로 회사를 세웠다고 한다.

인 포터비어로 갈아탔다. 당시 오로지 영국에서만 생산되던 흑맥주에 '포터'라는 이름이 붙게 된 것은 런던의 짐 부리는 일꾼, 즉 짐꾼porter들이 흑맥주를 아주 좋아했기 때문이다. 25년 뒤 기네스는 더 강하고 독한 '엑스트라 스타우트 포터 Extra stout porter'를 내놓으면서 제품의 다양화를 꾀했다. 이 맥주는 '스타우트'라는 약칭으로 대중의 사랑을 받았다. "여기서 '스타우트'는 진하고 강하다는 뜻의 단어로, 처음에는 맥주의 알코올 도수를 의미했으나, 나중에는 그 진한 맛을 더욱 강조하게 되었다. '기네스의 엑스트라 스타우트'는 입안을 꽉 채우는 진한 맛과 새까만 색깔이 옛 무사를 연상시키는 동시에 하얀 거품은 '패리쉬 프리스트Parish priest', 곧 '교구 목사'가 단정하게 받쳐 입은 셔츠의 칼라를 떠올리게 한다. 마치 강단에 선 성직자처럼 온전한 힘을 자랑한다고나 할까. 기네스는 어찌나 강한지 조금만 흘려도 유리잔이 테이블 바닥에 딱 달라붙는다. 잔을 그대로 두었다가 다음 날 떼어내려면 힘깨나 써야 간신히 떨어진다."175)

스타우트 덕분에 마침내 '세인트 제임스 게이트 양조장St. James' Gate Brewery'은 성공을 구가할 수 있었다. 스타우트는 영국에서만 커다란 사랑을 받은 게 아니라, 세계 각국으로 수출되며 모든 예상을 뛰어넘는 성과를 올렸다. 아일랜드에서는 위스키를 제치고 가장 즐겨 찾는 술이 되었다. 더블린 출신의 작가들 가운데 카멜레온 같은 면모로 다양한 이름을 자랑했던 플랜 오브라이언*은 "술 마시는 조이스The Drinking Man's Joyce"라는 별명을 얻을 정도로 스타우트를 사랑했다. 그는 〈노동자의 친구Laborer's friend〉라는 시를 써서 포터비어에 바치는 영원한 기념비를 세웠다. 이 시는 오브라이언의 걸작 《헤엄치는 두 마리 새》에 나오며, 마지막 구절은 이렇다. "분노와 아픔과 절망이 찾아들 때면 / 자네 편을 들어줄 게 꼭 하나 있지. / 언제나 자네 곁을 지켜온 친구라네. / 그것은 바로 포터야! 자네의 유일한 친구지!" 오브라이언이 이렇게 격찬했으니, 그의 동료 작가 제임스 조이스**는 "제임스 초이스James' Choice"(기네스의 선전 문구)를 두고 더 뭐라 칭찬할 말이 없었으리라. 조이스의 대표작 《율리시스 Ulysses》에 등장하는 인물 레오폴드 블룸Leopold Bloom은 이런 대사를 읊조린다. "포터가 가득 담긴 통들이라고, 좋았어. 거기에는 분명 쥐새끼들도 들어 있을 거야. 물에 퉁퉁 불은 송장처럼 보일 때까지 퍼마시겠지. 잠깐, 그럼 우리는 뭘 마시는 거지. 그거야 생각해보면 분명하지. 쥐의 콧물과 똥물이지. 허 참, 이 모든 걸 우리가 알았더라면."

As the New Gnu knew
very soon at the Zoo
Guinness is good for you

---

* Flann O'Brien 1911~1966 아일랜드 출신의 작가. 포스트모던 문학을 개척했다는 평가를 받는다. 그의 대표작 《헤엄치는 두 마리 새At Swim-Two-Birds》는 제임스 조이스도 격찬한 걸작이다.

** James Joyce 1882~1941 아일랜드 출신의 소설가. '의식의 흐름'을 좇는 새로운 수법으로 인간의 복잡 미묘한 내면 심리를 묘사해 20세기 심리소설에 커다란 영향을 미친 인물이다.

기네스는 이미 19세기 초에 아일랜드 최대의 양조회사가 되었으며, 금세기 초에는 세계 최대의 맥주기업으로 성장했다. 오늘날 기네스는 120여 개 나라의 사람들이 즐겨 마신다. 이 아일랜드 국민술을 허가받아 생산하는 외국 업체만 22곳이나 된다. 더블린의 본사는 매일 140만 리터를 생산하며, 이 가운데 40%는 수출한다. 알코올 도수는 "아일랜드 특유의 농도"에 맞춘다.

이미 오래전에 기네스의 매출은 스타우트 판매에만 목매지 않고, 사업의 '다각화'를 이루었다. 1960년대 이후 스타우트의 폭발적인 수요 증가로 에일과 일반 맥주는 더 이상 생산하지 않는다. 대신 스카치위스키, 자동차 및 육류 생산, 꽃 재배, 제약 산업("하루에 기네스 한 잔이면 의사가 필요 없네!" 하며 대대적인 광고를 하면서 약도 만들다니, 재미있는 역설이 아닐 수 없다), 멋진 강이 흐르는 도시 섀넌Shannon에서 개최하는 웅장한 보트 경주대회, 전자제품, 출판(여기서는 전 세계적인 기록을 모아 펴내는 기네스북만 이야기하겠다) 등이 모두 '기네스'라는 상표 아래 성업 중이다. '스미스위크의 넘버 원 에일Smithwicks No. 1 Ale'과 '스미스위크 생맥주Smithwicks Draught'도 빼놓을 수 없다. '스미스위크' 가문은 18세기 초부터 킬케니Kilkenny에서 에일을 빚어왔으며, 1964년 기네스에 합병되었다.

기네스라고 해서 경쟁자가 없는 것은 아니다. 1856년 코크에 머피Murphy 가문이 운영하는 양조장이 문을 열었다. 머피 양조장은 창설 때부터 커다란 꽃 정원으로 둘러싸인 거대한 옛 병원부지인 '레이디즈 웰Lady's Well'이라는 곳에 자리 잡고 있다. '레이디즈 웰'이라는 이름은 그 맞은편에 있는 샘에서 따왔다고 한다. 성모 마리아에게 약수를 바치기 위해 팠던 이 샘에서 기적과 같은 치유력을 자랑하는 약수가 나온다. 오늘날에도 매년 5월이 되면 마리아의 성물함을 찾아가는 순례여행이 여기서 출발한다.

처음에 머피 양조장은 오로지 포터비어만 생산했으나, 나중에는 크림처럼 부드러운 '머피즈 아이리시 스타우트Murphy's Irish Stout'에 주력했다. 이 맥주는 오늘날 코크를 상징하는 상표가 되었으며, 역시 수출도 한다. 현재는 주인이 '하이네켄 인터내셔널Heineken International'로 바뀌었는데, 머피 양조장은 기네스와 마찬가지로 이미 오래전부터 사업의 다각화를 꾀해왔다. 곳곳에 퍼브 체인점을 운영하는 것은 물론이고, 청량음료와 도수가 높은 술도 취급하고 있다.

1950년대 더블린에서 자동차를 타고 북쪽으로 약 65킬로미터 정도 떨어진 드로게다Drogheda라는 곳에 가서 기네스를 한 잔 들이켜던 사람은 그 고장 주민들이 다른 맥주를 더 좋아하는 것을 보고 깜짝 놀라곤 했다. 그곳에서 멀지 않은 곳에 위치한 '케언스 양조장Cairnes' Brewery'이라는 상표의 제품이 주민들이 꼽는 진품이었던 것이다. 그러나 아쉽게도 이 양조장은 오래전에 문을 닫고 말았다. 또한, 웩스포드Wexford를 방문했던 사람은 그곳 술꾼들이 '레트 양조장Lett's Brewery'이 만든 맥주만 마시는 것을 보았다.[176] 이처럼 아일랜드 곳곳에 흩어져 전통의 명맥을 이어오던 양조장들은 대부분 1960년대에 하나둘씩 자취를 감추더니 끝내 사라지고 말았다. 1970년대부터는 기네스가 아일랜드 맥주의 대명사로 자리를 잡았다.177)

중국, 머나먼 동쪽

중국도 고색창연한 뿌리 깊은 맥주 역사를 자랑하는 나라이다. 그리고 놀랍게도 1992년 이후 전 세계에서 세 번째로 많은 맥주를 생산하고 있다. 이런 성장세는 무서운 속도로 질주 중이다. 신석기 시대 이후, 그러니까 약 4,000년 동안 맥주는 중국인의 생활과 밀착돼 있었다. 맥주는 각종 의식과 제례에서 빠지지 않고 등장한다. 물론 일상생활에서도 아주 중요한 역할을 한다. 맥주를 언급한 첫 기록은 기원전 2000년경의 전설로, 우禹 황제의 궁정에서 일어난 일을 다루고 있다. 왕으로서 자신의 능력에 회의를 느낀 황제는 잠을 잊고 식욕마저 잃을 정도로 근심과 고뇌의 나날을 보냈다. 그러던 어느 날 황제의 술시중을 드는 작인이 그때껏 알지 못하던 새 술을 가져왔다. 상큼한 맛에 잔에 잔을 더해가던 황제는 모든 근심을 깨끗이 잊고 활력을 되찾았다. 그 술이 바로 맥주였다.

특히 조상을 모시는 제사에서 맥주는 제주祭酒로서의 역할을 톡톡히 했다. 후손으로서 조상을 섬기는 데 배려와 정성을 다하는 것은 중국인이라면 반드시 지켜야 할 의무이다. 신성한 곡물로 숭배되는, 이를테면 기장 같은 곡물로 빚은 맥주를 제사상에 올려 조상을 기쁘게 했다. 온갖 진귀한 약초까지 넣어 향긋한 향이 나는 맥주가 신들을 흡족하게 해줄 것이라고 중국인들은 굳게 믿었다. 또한 중국 농부들은 봄과 여름에 각종 잔치를 베풀며 우의와 결속을 다졌는데, 이때도 맥주는 빼놓을 수 없는 필수품이었다.

물론 중국에서도 지나친 맥주 사랑으로 퇴폐와 몰락을 자초했다. 특히 사회 고위층이 거의 매일 퍼마시는 통에 사회는 뿌리부터 흔들렸다. 상商나라의 마지막 왕 주신紂辛은 맥주를 너무나 좋아한 나머지 중독에 빠져 국사를 아예 돌보지 않았다. 나라가 무너지는 것은 정해진 수순이었다.

기원전 1000년경 주周나라의 출현과 더불어 처음으로 강력한 경고가 쏟아져 나왔다. 취할 정도로 무턱대고 맥주를 마시는 사람은 사형으로 다스리겠노라는 엄명이었다. 이는 절대로 흘려들을 수 없는 진지한 경고였다.

술이 인간에게 정말 필요한 것이냐는 문제를 놓고 도교 신봉자와 민간신앙의 대변자들은 일대 격론을 벌였다. 도교 쪽에서는 술을 완전히 끊을 것을 주장하고, 전통에 충실한 민간신앙에서는 조상 숭배에 맥주는 반드시 필요하다고 맞섰다. 중국 의술도 역시 두 진영으로 갈리어 첨예하게 부딪쳤다. 한쪽에서는 지나친 맥주 소비로 수명이 단축되고, 정신이 흐려지니 절대 삼가야 한다고 핏대를 세웠다. 다른 쪽에서는 혈액순환에 좋고, 근심을 잊을 수 있으니 오히려 건

중국의 맥주 광고.

강에 좋다고 주장했다. 맥주 소비를 둘러싼 논쟁은 공자BC 551~BC 479에 의해 가까스로 정리되었다. 공자는 '예禮'를 앞세워 특히 먹고 마시는 일의 '예법'은 누구라도 반드시 지켜야만 하는 법도임을 강조했다. 그 후 어느 정도의 술을 언제, 어떤 자리에서 무슨 일로 어느 잔으로 마셔야 하는지 등 술과 관련된 예법이 철저히 지켜졌다.

유럽에서와 마찬가지로 중국의 술집인 주막도 문 앞에 깃발을 내걸어 술집임을 알렸다. 여기서도 여성이 술을 팔며, 때에 따라서는 노래와 춤으로 손님들을 즐겁게 한다.

현대 중국의 맥주 양조 기술의 뿌리는 1900년으로 거슬러 올라간다. 당시 러시아 양조 기술자 한 명이 헤이룽장성黑龍江省의 성도인 하얼빈哈爾濱으로 넘어와 처음으로 현대식 양조장을 세웠다. 또, 거의 같은 시기에 독일의 양조 기술자가 산둥성山東省의 항구도시 칭다오靑島에 세운 양조장이 있다(이곳은 오늘날 다시 문을 열었다). 중화인민공화국이 수립되던 1949년에 맥주 양조장은 전국에 대략 10곳 정도였다. 맥주는 사회 최고위층이나 외국인 방문객이 마시는 술이었다. 농부와 노동자 등 일반 대중은 이른바 "물 건너온 외제"에 관심조차 갖지 않았으며, 주로 수수로 빚은 60도짜리 독주를 즐겨 마셨다. 한 잔 입에 털어넣으면 몸이 따뜻해지는 게 무척 좋았던 것이다. 남부 지방의 기온이 섭씨 영하 8도까지 떨어지기 일쑤인데도 정부가 에너지 절약을 앞세워 난방을 금지했던 것을 떠올려보면 충분히 이해가 가고도 남는 음주습관이다.

중국 정부가 경제를 개방하면서부터 국민들의 소비습관은 급속도로 변했다. 성공을 과시하기 위해 서구 자본주의

홍콩의 가판 술집.

의 옷을 입고, 서구에서 만든 자동차를 타며, 최신 유행을 따랐다. 이는 단순히 멋지게 보이는 것을 넘어서 사회적 '필수'가 되어버렸다. 그런데, 서양의 '라이프스타일'을 그대로 베끼면서도 맥주만큼은 꼭 중국산을 마신다(애국심을 강조하는 민족주의 탓이다). 중국에서 생산된 맥주는 거의 대부분 자국 시장에서 소비된다. 중국의 맥주 시장은 하루가 다를 정도로 무섭게 커지고 있다.

독일의 인구 한 사람당 평균 소비량이 중국에 비해 약 16배 정도 더 많기는 하지만, 중국 맥주회사들은 미래를 조금도 걱정하지 않는다. 1998년 현재 약 800여 곳에 이르는 중국 맥주업체에서 매년 생산하는 맥주량은 자그마치 1,987만 6,700톤이다. 너무 엄청나서 리터로 환산하기가 겁날 지경이다.

스칸디나비아 반도의 맥주

노르웨이

유럽 북부 지역의 주민들은 맥주를 빚을 때 홉 대신 주로 '가겔Gagel'*을 쓴다. 가겔은 북대서양 연안의 들판에서 자라

---

* Myrica gale 흔히 '양매피楊梅皮'라고 옮긴다. 소귀나뭇과 식물에서 얻어내는 껍질을 말한다.

는 소귀나무 식물에서 채취한 것이다. 도취작용
을 하는 이 식물의 이름은 앵글로색슨의 '가골
Gagol', 중세 표준 독일어의 '고골Gogol'에서 비롯되
었다. 원래 '고골'은 즐겁다, 유쾌하다, 편안해진다
는 뜻의 단어이다.

칼스버그 필스너.

　가겔을 넣어 빚은 맥주는 아주 오랜 전통을
자랑한다. 13세기 덴마크 사람들은 오로지 '가겔
맥주'만 마셨다고 한다. 바이킹족은 이 맥주를 만
드는 최고의 전문가로 여겨졌다. 물론 결함이 없는 것은 아
니다. "농부들은 이 작은 나무에서 가겔을 채취해 맥주를
빚고, 거기에 향을 더 강하게 하기 위해 쑥을 섞었다. 그러
나 이에 익숙지 않은 사람들은 격심한 두통과 함께 술병을
앓았다."[178] 전해오는 이야기에 따르면 세월이 갈수록 가겔
맥주는 온갖 악평에 시달렸다. 심지어 이 술을 과음하면 눈
이 멀거나 목숨을 잃을 수도 있다는 소문도 파다했다. 17세
기에 이미 독일의 홀슈타인은 가겔맥주를 금지시켰지만, 노
르웨이와 스웨덴 사람들은 20세기까지 집에서 이 술을 즐겨
빚어 마셨다. 가정에서 취미로 맥주를 빚는 사람들에게 홉
은 너무 비싼 재료였기 때문이다.

　노르웨이의 역사는 말 그대로 맥주로 물들어 있다. 옛
법전에 이미 맥주를 어떻게 빚으라는 엄격한 규정이 기록되
어 있을 정도다. 이를 지키지 않는 사람은 가혹한 형벌을 받
았다. 9세기의 '굴라팅Gulating'이라는 이름의 노르웨이 법전
에는 3년이 넘도록 맥주를 한 번도 빚지 않은 양조업자는

재산의 절반을 주교와 왕에게 헌납하고 제 발로 이 땅에서 나가라는 경고의 내용이 기록되어 있다. 당시 맥주를 만드는 기술은 사람들이 선망하던 비술이자 신과 왕과 조국 앞에서 반드시 지켜야 할 의무였다. 맥주는 신이 선물한 성스러운 술이기 때문이었다.

1490년 노르웨이의 한 성직자는 교황 인노켄티우스 8세*에게 와인이 부족할 때에는 맥주를 성찬식에 써도 되는지를 확인하는 질의서를 보냈다. 이는 물론 남아도는 맥주를 활용하려는 실용적인 목적도 있었겠지만, 그보다는 맥주를 마시고픈 욕망을 가눌 수 없었기 때문이리라. 원전에서는 대개 맥주를 써도 좋다고 허락하고 있지만, 명시적으로 금지한 기록도 없지 않다. 당시 로마는 그야말로 머나먼 곳이었다. 그리고 질의서를 자세히 들여다보면 처음 양심의 가책을 느끼고 나서 몇 년이 지난 다음에야 교황에게 질의를 했던 것 같다. 이러한 정황으로 보건대, 이미 맥주는 성찬식에 단골로 오르던 술이라고 봐도 무방하지 싶다. 금지를 어겼다고 무슨 대단한 처벌을 받는 것도 아니었으리라.

미국과 마찬가지로 노르웨이 역시 농촌 가정에서 맥주를 빚는 일은 오랜 역사를 자랑하는 전통이다. 1555년 스웨

---

* Innocentius Ⅷ 로마의 교황. 1484년에서 1492년까지 재위했다. 세속에서의 이름은 조반니 바티스타 치보Giovanni Battista Cybo이다.

** Olaus Magnus 1490~1557 원래 이름은 올로프 마손Olof Månsson이다. 스웨덴의 성직자이자 지리학자로, 주교를 지냈다. '마그누스'는 위대한 스승이라는 뜻으로 높은 학식을 자랑하는 사람에게 붙는 존칭이다.

덴의 주교 올라우스 마그누스**는 북쪽으로 멀리 여행을 갈
수록 맥주맛이 더 좋아지더라며 고개를 갸웃거렸다. 기원전
300년경 노르웨이를 찾은 마실리아Massilia 출신의 피테아스
역시 다음과 같은 감탄사를 쏟아냈다. "엿새 동안 북쪽을
향해 걸었다. 브리타니아 제도로부터 상당히 떨어진 이곳에
는 보리와 꿀로 마실 것을 만드는 사람들이 살았다. 이것을
마셔보니 온몸이 야릇해지는 게 무척 기분이 좋았다. 감각
을 이처럼 상쾌하게 만드는 게 또 있을까."179)

중세 유럽에서와 마찬가지로 노르웨이에서도 맥주 이름
이 아주 다양했다. 어떤 일로 무슨 의식을 치르는가에 따라
이름이 달라졌다. '결혼 맥주'나 '약혼 맥주'가 있는가 하면,
아기에게 세례를 준 기념으로 마시는 '영아 맥주', 무덤 앞에
서 슬픔을 달래는 '무덤 맥주', 또는 귀향을 축하하는 '금의
환향 맥주'도 있었다. 맥주를 빚으며 양조 기술자는 해와 달
이 어디쯤 와 있는지 살폈다. 효모를 넣을 때면 기술자는 목
청껏 소리를 질렀는데, 그래야 발효가 제대로 된다고 믿었기
때문이다. 벙어리이거나 목이 막혀 소리가 나지 않을 때는
대안으로 공동묘지에서 퍼온 흙을 한 자루 바닥에 깔고 그
위에 맥주통을 세웠다.

맥주를 마시는 일은 감사한 일인 동시에 법적인 효력도
자랑했다. 예를 들면, 맥주 마시는 풍습을 더 이상 지킬 수
없게 된 남자를 두고 드디어 노인이 되었다고 선언했다. 굴
라팅 법전에 보면 다음과 같은 대목이 나온다. "남자가 건강
한 정신에 말을 타고 맥주를 마시는 한, 그의 재산은 누구도

상속받을 수 없다."

오늘날 노르웨이에서 주로 생산되는 맥주는 '필스'이다. 인구 고령화와 무관하게 인구 한 사람당 맥주 소비는 갈수록 줄어들고 있다. 그 이유는 오로지 맥주에다 정부가 전 세계에서 가장 높은 세금을 매기고 있기 때문이다. 주류 광고 역시 노르웨이 정부는 완전히 금지하고 있다.

아이슬란드

때는 바야흐로 1988년 5월. "아이슬란드는 80년 동안 지켜온 맥주 금주령을 폐기합니다!" 국회에서 표결 현장을 직접 생중계하던 아이슬란드 국영방송 아나운서의 목소리가 떨리고 있었다. 표결 결과를 발표하는 알팅Allting 국회의장의 목소리 역시 떨렸다. 의원 중 8명이 반대표를 던지고, 13명이 찬성을 했다. 레이캬비크Reykjavik의 여러 술집에서 환호성이 터져 나왔다.

아이슬란드 국민은 80년 동안 이날만 손꼽아 기다려왔다. 당론과 상관없이 의원의 자유의사로 진행된 표결에서 모든 진영은 지지자와 반대자로 나뉘어 격론을 벌인 끝에 드디어 화산섬의 맥주 금주령을 폐기하기로 한 것이다. 물론 이 결정이 당장 효력을 발휘하는 것은 아니다. 맥주 팬은 아직 10개월을 더 참고 기다려야만 했다. 1989년 3월 1일부로 아이슬란드의 바와 술집, 주류 상점 등은 그동안 금지품목이었던 보리주스를 보완해 보다 다양한 술을 선보일 예

정이었다. 시대착오적인 맥주 금주령을 무력화하기 위해 수
년 동안 로비를 해온 맥주업계의 노력이 마침내 결실을 거
둔 것이다.

아이슬란드가 국민투표를 통해 알코올을 거부하기로 한
것은 1908년의 일이었다. 그러나 오히려 밀수와 불법 주조
가 판을 치자 의회는 1934년 주류 제조 금지를 철회했다. 모
든 종류의 와인과 독주는 다시 판매될 수 있었다. 하지만 알
코올 함량이 2.25%가 넘는 맥주는 여전히 판매 금지 목록
에 남게 되었다. 이런 기묘한 차별화의 근거를 당국은 다음
과 같이 합리화했다. "독주야 어차피 술꾼이 마시는 것이
다. 반면, 맥주는 우유와 레모네이드를 마시는 순진무구한
영혼을 알코올이라는 악마의 품에 떠넘기는 간교한 유혹의
손길(?)이다."

이렇게 해서 맥주는 아이슬란드 국민이 기회만 있으
면 몰래라도 맛보고 싶어 하는 희귀하고 값비싼 술이 되고
말았다. 외국여행을 다녀오는 사람은 누구든 케플라비크
Keflavik 공항을 쉽게 떠나지 않는다. 법으로 반입이 허용된
최대치인 맥주 24병을 구하려고 면세점 앞에서 장사진을 치
고 기다리는 것이다. 케플라비크 공항은 입국하는 비행기
승객에게 면세품을 구매할 기회를 주는 전 세계에서 유일한
공항이다. 물자가 귀한 탓에 방문객의 편의를 위해 마련한
조치였으나, 내국인도 얼마든지 면세점을 이용할 수 있는
것이 문제였다. 맥주를 좋아하지 않는 사람도 공항에서의
면세 맥주 구입은 이득을 볼 수 있는 좋은 기회이다. 암시장

에서 외국산 캔맥주 한 개 값이 최근 12마르크까지 치솟은 적이 있다.* 아이슬란드 토종 양조장 두 곳에서는 오로지 '수출용' 맥주만 만든다. '폴라 비어스Polar Beers'(극지방 맥주)라는 상표를 단 이 수출용 맥주를 주로 취급하는 곳은 케플라비크 공항 면세점이다. 다시 말해서 이 맥주는 결국 아이슬란드로 '역수입'되는 셈이다.

당국은 엄격한 통제로 이 혼란스러운 상황을 막으려 안간힘을 썼다. 양조장은 세관에서 파견한 감시관이 지켜보는 가운데 맥주를 병에 담았으며, 모든 병에는 일련번호를 써넣어 기록으로 남겼다. 단 한 병도 자유롭게 거래하지 못하도록 하려는 조치였다. 그러나 지독한 혹한으로 홉과 맥아가 진귀할 수밖에 없는 아이슬란드에서 맥주 팬은 어떻게든 그 알싸한 맛을 볼 길을 찾아냈다. 가장 좋은 방법은 집에서 빚는 것이다. 첨가물이야 얼마든지 합법적으로 구할 수 있다. 첨가물을 싼 포장지에는 선명한 글씨로 경고문이 적혀 있다. 제시된 양 이상의 설탕을 넣으면 맥주의 알코올 도수가 법적으로 허용된 기준치를 넘어간다는 친절한(?) 경고이다. 맥주 빚기를 취미로 삼는 사람들이 뭘 어찌해야 좋을지 스스로 더 잘 알고 있는 판국에……

1980년대 초 베를린으로 유학 갔던 아이슬란드 대학생 세 명은 공부만 한 게 아니라, 아주 기막힌 사업 구상을 해

---

* 독일에서 맥주 500밀리리터 한 캔의 값은 1마르크를 조금 웃돈다. 그리고 맥주값 인상처럼 예민한 문제가 따로 없을 정도이다. 결국 아이슬란드 국민은 열두 배에 가까운 폭리가 붙은 맥주를 사 마신 셈이다.

가지고 고향 섬으로 돌아왔다. 그러고는 셋이 힘을 합쳐 술집을 열었다. 이 술집에서는 알코올 함량이 2.25%를 넘지 않는 '약한 맥주Dünnbier'를 팔았다. 이는 완전히 합법적인 영업 행위이다. 문제는 여기에 도수가 높은 맑은 독주를 섞는다는 데 있다. 아이슬란드 사람들은 이 술을 두고 '검은 죽음'이라고 부른다. 이 악마의 칵테일은 단숨에 최고의 히트상품이 되었다. 관청에서 이 새로운 종류의 술을 금지하기까지 독주를 섞은 약한 맥주 '검은 죽음'은 거의 매일 톤 단위로 팔려 나갔다. 다시 금주령이라는 벽에 부딪친 아이슬란드 맥주 팬들은 분통을 터트리며 자국산 맥주를 관에 담아 레이캬비크를 가로지르는 장례행진을 벌이고, 그 사랑하는 맥주를 땅에 묻는 시위를 했다. 이제 맥주는 의회의 금지령 폐기로 다시 부활을 자축할 수 있게 되었다.[180)

부록❶ 맥주도 당연히 이름이 있어야 한다

16세기에 이미 맥주는 그 이름만 봐도 성격을 분명히 알 수 있었다. 오늘날 맥주의 특징을 살려주는 작명은 다시금 인기를 끌며 사람들의 마음을 사로잡고 있다. 어떤 경우와 상황에 마셔야 하는지 알려주는 이름이 있는가 하면, 그 효과와 목적을 구체적으로 밝힌 것도 적지 않다.

'뤼비쉐 이스라엘Lübische Israel'은 힘을 상징한다(저 옛날 천사의 도움을 받았던 유대의 가부장 야곱이 발휘했던 힘처럼 말이다). '슈퇴르텐케에를Störtenkeerl'은 데른부르크Dernburg에서 만드는 밀맥주로 글자 그대로 "녀석을 해치워라!Stürzt den Kerl!"라는 뜻이며, '비에트 덴 케에를Biet den Keerl'은 보이첸부르크Boitzenburg에서 생산되는 밀맥주로 "녀석을 물어뜯어라!Beißt den Kerl!"라는 의미로, 모두 전의를 북돋우는 데 마시는 맥주다.

그런가 하면 '베레 디히Wehre Dich'(단치히Danzig: 방어하라!), '자우레 마이트Saure Maidt'(쾨니히스베르크: 상큼한 처녀), '프로이덴라이히Freudenreich'(디르샤우Dirschau: 기쁨의 제국), '오 얌머Jammer'(메베Mewe: 오호 통재라!), '슈퓔레칸네Spülekanne'(슈타르가르트Stargart: 속 씻는 주전자—속상한 것을 깨끗이 씻는다는 의미), '크렙스야우헤Krebsjauche'(묄하우

젠Mühlhausen: 가재를 푹 곰삭힌 물), '이히 할테 에스Ich halte
es'(호헨슈타인Hohenstein: 난 견뎌낼 거야!), '뷔펠Büffel'(이마로
물소를 받아버릴 정도로 강하다―'뷔펠'은 물소를 뜻함), '알
터 클라우스Alter Claus'(브란덴부르크Brandenburg: 적의 머리를
받아 잠재워버려라), '크라벨 안 다이 반트Crabbel an dei Wand'
(만스펠트Mannsfeld: 암벽을 기는 게처럼 강하고 거칠게 살
자), '푸프Puff'(할레Halle: 술 마신 남자는 한번 하니까!―'푸프'
는 원래 사창가란 뜻이다), '구크구크Guckguck' 혹은 '쿡크쿡
크Kuckkuck'(비텐베르크Wittenberg: 머리가 깨질 정도로 취하게
만들다), '카카불레Cacabulle' 혹은 '카케벨레Kackebelle'(에케른
푀르데Ekkernförde: "왜 에케른푀르데 사람들은 맥주를 '카카
벨라Cacabella', 예쁜 똥이라고 부를까? 그거야 맥주를 마시면
똥을 잘 누니까!"), '몰Moll'(림베겐Rymwegen: '몰'은 네덜란드
어로 '두더지'라는 말이다. 맥주를 많이 마시면 두더지처럼
앞을 보지 못하면서도 잘 헤집고 다닌다는 뜻) 그리고 '뮈켄
젠프Mückensenff'(모기를 뜻하는 '뮈켄'과 겨자를 뜻하는 '젠
프'를 합한 조어로, 모기처럼 톡 쏘며 알싸하다는 뜻) 등 실
로 다양한 표현들이 등장한다.

오늘날 독일에서 맥주의 종류는 그 출신 지역을 딴 것(필
스―필젠Pilsen 지방 맥주, 도르트문더Dortmunder―도르트문
트산 맥주, 그레처Grätzer―그라츠 지방, 쿨름바허Kulmbacher,
비너Wiener―빈에서 만든 것) 혹은 생산방식의 차이(라거비
어Lagerbier―통에 담아 발효시키는 맥주, 알트비어Altbier―옛
방식 그대로 만드는 흑맥주) 또는 원료(밀, 보리), 색깔(헬

Hell—밝은 금색, 둔켈Dunkel—흑맥주), 제조 시기(3월 혹은 10월) 그리고 판매 목적(엑스포르트Export—수출용, 페스트비어Festbier—축제용) 따위로 나뉜다. 현대 마케팅 기법의 등장으로 '칭기즈칸', '드라큘라', '헨커Henker'(망나니), '슐룩슈페히트Schluckspecht'(술고래)까지 거침없이 고객을 유혹한다. '뵐크슈토프Bölkstoff'(트림 나게 하는 것)나 '해피 버스데이!Happy Birthday!'는 이미 고전에 속하는 이름이다.

독일에서는 혁신적으로 여겨지는 이름이 벨기에에서는 이미 한물 간 이름인 경우도 있다. 거기서는 술을 마시다 급사하는 일이 잦아서인지 말 그대로 '플뢰츨리허 토트Plötzlicher Tod'(급사急死)라는 이름의 맥주를 팔며, 온갖 '토이펠Teufel'(마귀)도 돌아다닌다. 최근의 작명도 이런 흐름을 충실히 따라간다. 워낙 정신병자가 많은 탓인지 '파라노이아Paranoia'라는 상표가 버젓이 등장하며, '사탄 레드Satan red'(붉은 악마)나 '블랙 고쉬Black Gosh'(검은 한탄) 따위도 시대의 흐름을 발 빠르게 따라온다.

영국의 사정도 크게 다르지 않다. '윈터 에일즈Winter-ales'는 그 이름만 보아도 무슨 뜻인지 분명하게 와 닿는다. 겨울에 추위를 이기기 위해 마시는 맥주 상표로 더욱 노골적인 '윈터 워머Winter-Warmer'도 있다. 이 밖에 '엔젤스 다운폴Angels Downfall'(천사의 추락), '문레이커Moonraker'(달밤을 뒤지는 사나이), '타이타닉 레키지Titanic Wreckage'(침몰한 타이타닉 호에서 건져 올린 맥주?)도 있다.

독일에서는 실험을 즐기는 독일인의 취향에 맞춘 각종

트리움파토르(개선문: 추수철에 특별히 빚는 아주 독한 맥주로, '보크비어'에 해당하는 술이다.) — "고향인 바이에른만큼이나 유명한 맥주: 뢰벤브로이 — 뮌헨"

최신 맥주들이 앞다퉈 선보이고 있다. '헨커 필스'(망나니가 사형수의 목을 치기 전에 뿜어대는 술)나 '라 기요틴La Guillotine'(단두대)처럼 번뜩이는 칼날과 같은 서늘함을 선사한다는 맥주도 나왔다. '델리리움 트레멘스Delirium tremens'*(살 떨리는 미친 짓)는 나중에 필름이 끊길 것을 미리 경고하는 맥주이다. 돈이 넘쳐나는 벼락부자도 빠질 수 없지 않은가. 3/4리터에 20마르크라는 거금을 받는 '샴페인 맥주'는 돈지갑 다이어트를 확실히 도우면서 자칭 고급 미각이라는 환상에 봉사한다. 청소년 역시 맥주를 섞은 음료에 열광한다. 이른바 '파워 고아스Power Goaß'(힘센 숫염소)는 맥주에 콜라와 버찌로 빚은 와인을 섞은 것이다. '조이스Joy's'라는 것도 있는데, 이는 맥주 반, 사과주스 반을 혼합해 말 그대로 기쁘게 마시는 음료이다.

---

* 라틴어에서 온 표현으로 알코올 중독 때문에 일시적으로 기억을 할 수 없는 현상을 가리키는 말이다.

부록❷ 맥주 소사전

가겔Gagel 소귀나뭇과의 식물에서 얻어내는 추출물로, 홉 대신 맥주의 향을 내는 데 쓴다.

감브리누스Gambrinus 전설에 등장하는 맥주의 왕. 독일 맥주 양조 기술의 창시자이자 수호신으로 신봉되고 있다. 전해오는 이야기에 따르면 카를 대제Karl der Große의 신하였다고도 하고, 13세기 플랑드르의 기사였다고도 한다. 그러나 역사적으로 그의 실재를 확인할 수 있는 자료는 아무것도 없다.

거품 맥주를 잔에 따를 때 탄산가스가 위로 올라오면서 생겨난다.

기네스Guinness 단순한 기업 그 이상, 상표 그 이상을 의미하는 아일랜드의 흑맥주. 상면발효로 만드는 포터비어Porterbier이다.

꿀맥주Honigbier 발효시킨 꿀에 홉을 넣어 만든 것으로 특히 아프리카에서 사랑받는 술이다. 유구한 역사를 자랑하는 만큼 쉽게 얻을 수 없는 맥주로, 왕의 허락을 받아야만 마실 수 있다. 일반 평민은 보리로 만든 주스를 마신다. 자연을 숭배하며 꿀벌을 신성한 동물로 중시한다. 따라서 꿀벌이 생산한 것, 그것을 이용한 음식과 음료는 신과 왕만 맛볼 수 있다.

도르트문더Dortmunder 루르 지방의 고도 도르트문트는 약 13세기부터 맥주를 빚어왔다. 한마디로 찬란한 전통을 자랑하는 맥주가 '도르트문더'이다. 이 도시에 자리 잡은 축구팀처럼 많은 팬을 거느린 동시에 적도 많은 게 도르트문트 맥주의 특징이다. 아무튼 세계에서 둘째가라면 서러워할 정도로 이 도시의 맥주 주조 사업은 엄청난 규모를 자랑한다.

도펠보크Doppelbock 17세기 파올란 수도원의 수도사들이 고안해낸 맥주. 보크비어Bockbier(357쪽 참조)보다 원액 함량이 훨씬 높으며, 알코올 도수는

5.7도를 상회해야만 한다. 보크비어와 함께 맥주 시장의 약 1%를 점유하고 있다.

둔켈Dunkel(흑맥주) 흑맥주는 갈수록 현대적인 맥주로 각광을 받고 있다. 아마도 그 이유는 동유럽 개방과 맞물려 있지 싶다. 정확히 말해서 체코야 말로 흑맥주의 본산이라 할 만하다. 맥주가 검은 빛을 띠는 것은 고온으로 말려 색깔이 짙은 맥아를 사용하기 때문이다.

라거비어Lagerbier 맥주의 대중화에 공헌했다고 해도 과언이 아닌, 하면발효 기법의 맥주다. 하면발효는 20세기로 접어들 무렵 완성된 양조 기술이다. 오늘날 우리가 마시는 가장 일반적인 맥주가 바로 이 맑은 황금색의 맥주이다(그래서 독일에서는 밝은 색을 뜻하는 '헬레스Helles'라고 부른다).

라들러Radler 1,000cc 맥주잔에 맥주 600c와 레몬주스 400cc를 섞은 음료. 자전거를 타는 사람들이 취하지 않고 맥주를 즐길 수 있다고 해서 라들러(Radeln=ride, 자전거 타기)라는 이름이 붙었다. 프란츠 사버 쿠글러Franz Xaver Kugler라는 사람이 고안해냈다는 설이 전해져온다. 철도 노동자였던 쿠글러는 늘 갈증으로 괴로워하는 동료들을 보며 술집을 차릴 생각을 했다고 한다. '쿠글러 알름Kugler Alm'이라는 술집을 연 쿠글러는 술집 근처 숲에서 자전거를 타는 사람들이 많은 것을 보고 아예 숲 속에 자전거 길을 따로 냈다고 한다. 1922년 6월 첫 번째 토요일에 놀랍게도 뮌헨에서 1만 3,000여 대의 자전거 행렬이 소문을 듣고 줄을 이어 찾아왔다. 이들이 목을 축이려고 저마다 맥주를 주문하자, 턱없이 부족한 맥주로 고민하던 쿠글러는 꾀를 내서 맥주에 레몬주스를 탔다고 한다. 그리고 자전거를 타고 귀가하는 길에 취하지 않아서 좋다고 광고를 했다나?! 라들러는 이렇게 해서 탄생했다고 하나, 진위를 확인하기는 힘들다.

라이트비어Lightbier 도수가 낮은 맥주. 원액 함량도 그만큼 적다. 완전한 맥주와 무알코올 맥주의 말 그대로 중간에 해당한다(알코올 도수 0.5~2.6%). 알코올 도수가 곧 시장 점유율이기도 하다.

마이보크Maibock 5월에 빚는 '보크비어'.

맥아 습기를 가해 싹을 틔운 곡물(맥주 순수법이 적용되는 지역에서는 보리나 밀을 사용하며, 그렇지 않은 곳에서는 쌀, 기장, 귀리 따위를 쓴다). 이때 습기는 곡물 알갱이에 들어 있는 녹말 성분을 당분으로 변화시킨다. 이렇게 얻어낸 '푸른 맥아'를 말려 맥아즙을 우려낸다. 맥아를 말리는 온도가 높을수록 맥주 색깔이 짙어진다.

맥아즙 말린 맥아와 물을 섞어놓은 것. 맥주를 만드는 과정에서 맥아를 가공해 얻어내는 '생산물'이다.

맥주 보존 방법 맥주는 서늘하고 그늘진 곳에 보관해야 하지만, 반드시 6주 이상 발효시켜야 하는 것은 아니다(물론 기간을 지키지 않으면 문제가 생긴다. 유통기한을 참조할 것).

맥주 세례 세례는 언제나 공동체가 함께 즐기는 축제의 계기였다. 교회에서 세례 의식이 끝난 다음, 세례를 받은 사람에게 맥주를 끼얹어주던 데서 이런 행사가 생겨났다. 비록 교회에서는 이를 금지했지만, 세례식 이후 맥주를 마시는 풍습은 전통으로 남아 있다. 오늘날에는 굳이 세례를 받지 않아도 이런 난리법석을 피운다.

맥주 순수법 Reinheitsgebot 이런 법은 아주 많다. 그러나 공식적인 것은 1516년 바이에른의 공작이 내린 포고령을 뜻하며, 이 법령으로 홉이 주원료로 등장했다.

맥주 양조장brewery 독일에는 전부 1,283곳의 양조장이 6,000여 개에 이르는 상표의 맥주를 빚고 있다. 그 가운데 696곳의 양조장은 바이에른에 자리 잡고 있다.

메트Met 꿀과 물, 향료 등으로 만든, 맥주와 비슷한 음료.

무알코올 맥주 Alkoholfreies Bier 발효 과정을 짧게 해서 만든 맥주. 알코올 함량이 0.5% 이하가 되어야 한다.

밀맥주(바이스비어Weißbier 혹은 바이첸비어Weizenbier) 상면발효로 빚는 맥주로, 밀 맥아즙의 향기가 알싸하며 특히 탄산가스를 많이 함유하고 있다(효모를 걸러낸 맑은 맥주 '크리스털바이스Kristallweiß'와 효모를 그대로 둔 '헤페바이젠Hefeweizen'이 있다). 거침없이 치솟는 거품으로만 치면 세계에서 가장 야생의 활력을 자랑하는 맥주라 할 수 있다. "이 맥주는 워낙 거품이 많이 생겨 따르기가 힘들지만, 쌉쌀한 맛과 함께 입안을 시원하게 만드는 신선한 느낌은 타의 추종을 불허한다. 입안에서 톡톡 터지는 느낌은 탄산가스덕이다."181) 바이에른에서 가장 사랑받는 맥주이면서 역설적이게도 유일하게 순수법을 위반한 제품이다. 보리가 아닌 밀로 빚었기 때문이다. 그러나 밀맥주를 즐기는 사람은 자기도 모르는 사이에 독일의 무기 구매에 힘을보태고 있다는 사실을 알아야 한다. 맥주에 붙는 세금은 30년 전쟁, 터키 원정 등의 전쟁 재원을 대는 데 결정적인 역할을 했다. 국가에서 맥주값을 인상하려는 조짐이 보이면 백성들은 새로운 전쟁을 치를 각오를 해야 했다.

바이헨슈테판Weihenstephan 공증된 기록으로 세계에서 가장 오래된 양조장이다. 20세기 들어 1040년에 맥주 양조 허가를 받았다는 문서를 이 수도원이 가지고 있다는 게 밝혀졌다. 그러나 이 연도는 당시 수도사들이 변조한 것이며, 원래는 그보다 100년 뒤에 양조장 허가를 따냈다.

베를리너 바이세 Berliner Weiße 상면발효 맥주로, 효모가 살아 있어 탁한 색이 난다. 발효를 위해 젖산 박테리아를 넣어 오랜 기간 숙성시킨다. 여기에 마지막으로 산딸기나 선갈퀴 추출물을 넣는다.

보리 맥주의 기본 재료. 밀처럼 다른 곡물로 대체하려는 시도가 끊임없이 이어졌으나 그래도 보리 만 한 것이 없다. 보리야말로 맥아즙의 원천이다.

보크비어Bockbier 보리 맥아를 하면발효시켜 만든 독한 맥주. 원래 '보크Bock'는 고집 센 산양을 가리키는 말이다. 힘이 좋아 우직한 산양처럼 강한 맥주라는 뜻으로 이름을 이렇게 붙였다. '아인베크Einbeck'를 참조할 것.

비어가르텐Biergarten 공원이나 숲에 마련된 널따란 맥줏집. 다음과 같은 아주 실질적인 배경에서 이런 술집이 생겼다. 냉장기술(카를 폰 린데Carl von Linde를 참조할 것)이 발명되기 전, 하면발효 맥주는 자연산 얼음으로 만들었는데, 여름이면 너무 쉽게 녹았다. 그래서 시내가 흐르는 곳 근처에 땅을 깊이 파서 저장고를 만들었다. 겨울이면 시내에서 얼음을 얻을 수 있고, 한여름에도 맥주를 차게 보관할 수 있었다. 땅 위에는 밝은색 자갈들을 깔고 시원한 그늘을 만들어주는 나무들을 심었다. 온기를 차단해 얼음이 녹는 것을 막으려는 조치였다. 이렇게 하면 한여름에도 하면발효 맥주를 아주 시원하게 맛볼 수 있었다. 이게 바로 '비어가르텐'이 생겨난 배경이다.

상면발효Obergärung 상면발효와 하면발효의 차이에는 효모가 결정적인 역할을 한다. 역사적으로 19세기 냉장기술의 개발이 발효 기법의 발달에 커다란 영향을 끼쳤다. 상면발효에서 효모는 섭씨 15도에서 20도 사이, 그러니까 방의 실온에서 활동한다. 이때 효모 세포는 갓 빚은 맥주의 표면에 떠올라 갈색의 끈끈한 층을 형성한다. 이것을 완전히 걷어내야 맥주가 된다.

아벤티누스Aventinus 뮌헨의 밀맥주 전문 전통 양조장 '슈나이더Schneider'에서 만드는 흑밀맥주. 알코올 도수가 8도 정도로 가장 독한 맥주다. '아벤티누스'는 로마의 전설에 등장하는 왕 이름이다.

아인베크Einbeck 독일의 중앙에 해당하는 니더작센에 자리 잡은 도시로, 14세기에 약 700여 곳의 양조장이 있던, 그야말로 맥주 양조 센터 같던 곳이다. 17세기에 아인베크라는 같은 이름을 가진 양조 기술자 한 명이 고향 아인베크를 떠나 바이에른, 정확히 '호프브로이하우스'로 넘어갔다. 바이에른 궁정 직속 양조장에 기술자로 초빙된 것이다. '보크비어'는 바로 그의 작품으로 알려져 있다.

알트비어Altbier 이 맥주를 처음 빚은 사람은 뒤셀도르프의 빵 만드는 기술자였다. 오래 볶아서 짙은 갈색이 나는 맥아로 만든다. 이 때문에 흔히 흑맥주라 부른다. 수백 년 전 상면발효로 만들던 것을 오늘날에는 하면발효로 빚는다.

에일Ale 영국의 상면발효 맥주. 병에 넣어 숙성시키는데, 밀맥주의 먼 친척이다.

엑스포르트Export 품질 저하를 염려하지 않고 장기간 수송할 수 있는 맥주로, 원액 함량과 알코올 도수가 일반 맥주에 비해 훨씬 높다(원액 함량

12.5%). 이름에서 알 수 있듯 외국 수출용 맥주이다. 그러나 오늘날 '엑스포르트'는 독일 국내에서 대부분 소비되어, 수출용이라기보다 고급 맥주에 더가깝다.

원액 함량 알코올 도수와 마찬가지로 항상 퍼센트로 나타내지만, 알코올 도수와 일치하지는 않는다. 맥아를 끓인 물, 즉 맥아즙은 시간이 흐르면서 점차 녹말 성분이 당분으로 변한다. 이 맥아즙을 걸러낸 것을 발효되기 이전의 맥주 원액이라고 한다. 이 원액에 포함된 당분, 단백질, 미네랄, 비타민, 향료 등을 비중으로 나타낸 게 원액 함량이다. 일반적으로 원액 함량이 높은 맥주가 알코올 도수도 높아진다.

유통기한 방부제를 첨가하지 않은 맥주는 유통기한이 짧아서, 불과 몇 달뒤에는 상하고 만다.

친환경 맥주Ökobier 환경 친화적인 농법으로 지은 곡물과 유해물질이 없는 첨가물(예를 들어 농약을 쓰지 않은 홉)로 빚은 맥주.

카를 폰 린데 Carl von Linde, 1842~1934 냉장고를 발명한 인물. 냉장고 덕분에 양조 기술자들이 일 년 내내 맥주를 생산할 수 있게 되었다.

칼로리 맥주는 열량이 리터당 450킬로칼로리밖에 되지 않는 소박한 음료이다. 우유는 600킬로칼로리, 와인은 700킬로칼로리인 것과 비교해보라. 그런데 누가 저녁에 우유나 와인을 리터 단위로 마셔댈까.

캔맥주 캔은 여느 인스턴트 제품과 마찬가지로 미국이 고향이다. 1935년 세계 정복의 길에 나섰으며, 오늘날 그 개선행진을 도저히 막을 길이 없어 보인다. 캔맥주는 용기가 다를 뿐만 아니라, 열처리로 철저하게 봉합된 덕에 유통기한이 아주 길다.

켈러비어Kellerbier 필터링을 거치지 않은 탁한 색의 맥주.

탄산가스 발효 과정에서 생겨난다. 맥주를 통이나 병에 담을 때 유통기한을 늘리기 위해 탄산가스를 넣어 일정한 압력을 유지한다.

통맥주Fassbier 이른바 생맥주라고 부르는 것으로, 오늘날 맥주 판매량의 약 1/4을 차지한다.

투보르크Tuborg 세계 3대 맥주 상표 가운데 하나로, 세 번째로 시장 점유율이 높다. 덴마크에 본사가 있으며, 현재는 세계 각지에서 기술 허가를 받아 생산하고 있다. 이 맥주는 땀을 흘리며 목말라 하는 배 나온 남자의 그림이 들어간 캔으로 특히 유명하다.

파스퇴르Louis Pasteur, 1822~1895 19세기 미생물학의 발전에 결정적인 공헌을 한 인물. 특히 알코올이 미생물에 의해 발효된다는 점을 밝혀냈다(《맥주 연구Études sur la bière》). 이로써 우연에 기대던 맥주 양조 기술은 혁신적 발전을 이루었다.

포터비어Porterbier 상면발효로 빚은 흑맥주. 유통기한이 다른 것에 비해 길며, 영국에서는 '에일Ale'이라고 부른다. 포터라는 이름이 붙은 것은 런던의 짐꾼Porter들이 이 맥주를 특히 좋아했기 때문이다.

필스Pils 그 어떤 식료품도 '필스'처럼 생일이 정확한 것은 없으리라. 1842년 11월 11일 보헤미아 서쪽에 자리 잡은 맥줏집, 즉 '백장미Weiße Rose'와 '황금 독수리Goldener Adler' 그리고 '한네네 집Zum Hannes'에는 역사의 서광이 비쳤다. '필젠Pilsen'이라는 곳에 있던 한 양조장이 아주 특별한 맥주를 배달한 것이다. 이 맥주를 만든 사람의 이름은 요제프 그롤Josef Groll이다. 그는 바이에른 양조 기술자의 아들로 맥주맛의 개선에 심혈을 기울여온 인물이다. 여기서 자세한 설명은 곤란하고, 요점만 밝혀보면 이렇다. 이 맥주를 만드는 데는 특히 부드러운 물, 즉 단물이 필수적이다. 그리고 최상급 홉만 쓰며, 비교적 오랜 기간 찬 곳에 저장한다. 그러나 공을 몰라주는 게 세속의 보답이런가. 그의 아버지는 아들을 자랑스러워하기는커녕, 아들을 두고 "바이에른에서 가장 막돼먹은 놈"이라고 욕을 했다고 전해진다.

필터링 맥주에서 효모 세포와 단백질을 걸러내는 작업을 말한다. 필터링이 잘된 맥주일수록 유통기한이 길다.

하면발효Untergärung 수백 년 동안 하면발효는 겨울에만 가능한 발효 기법이었다(상면발효 참조). 맥주통의 바닥 쪽에서 활동하는 효모는 영상 4도에서 9도 사이의 온도를 유지해야 하기 때문이다. 옛날에는 알프스 산맥 발치에 위치한 바이에른 남부가 이 발효에 특히 유리했다. 그래서 하면발효로 만든 바이에른 맥주가 승승장구하며 독일 시장을 점령할 수 있었다. 오늘날 하면발효 맥주의 독일 시장 점유율은 85%에 달한다('필스' 참조). 하면발효는 효모가 바닥에 가라앉기 때문에 맥주를 오래 보존할 수 있다.

하이네켄Heineken 오늘날 세계 맥주 시장을 평정한 세 가지 맥주 상표 가운데 하나. 네덜란드 암스테르담에 본사를 두고 있으며, 유럽에서 가장 큰 규모를 자랑한다. 미국, 독일, 아일랜드, 에티오피아 등 전 세계 어딜 가도 있을 정도로 널리 퍼져 있다. 그동안 '하이네켄'은 다른 업체, 이를테면 아일랜드의 '머피Murphy'까지 흡수한 대기업으로 발돋움했다.

효모Hefe 맥주를 발효시키는 물질. 인간이 효모를 쓰게 된 것은 우연이었다. 꿀벌이 빠지거나 실수로 침을 빠뜨린 액체에서 발효가 일어나는 것을 목격한 것이다.

훈제맥주Rauchbier 주로 밤베르크에서 맛볼 수 있는 맥주이다. 훈제라는 이름이 붙은 것은 맥아를 말릴 때 장작불을 때기 때문이다.

부록 ❸ 독일의 맥주 종류

맥주 종류	원액 함량 (%)	알코올 도수 (%)	발효법	특징
약한 맥주	**2~5.5**	**0.1~1.5**		약함
생맥주	**7~11**	**0.5~3**		
맥아맥주Malzbier	7~13	0.5~1.5	상면발효	색이 짙음, 단맛, 맥아향
베를린 바이스 Berliner Weiße	7~8	2.6~3.25	상면발효	색이 밝음, 탄산가스 많음, 맥아와 젖산 박테리아로 만듦
무알코올 맥주 Alkohofreies Bier	7.5	최고 0.5	하면발효	밝은색
저알코올 맥주 Alkoholarmes Bier	7.5	최고 1.5	하면발효	밝은색
일반 맥주	**11~16**	**3~5**		
도르트문트 유형 Dortmuner Typ	12.5~13	4.2	하면발효	황금색, '필스'보다 홉이 적음, 센물 사용
뮌헨 유형 Münchener Typ	13.5~15	3.5~4	하면발효	가볍고 약간 쓴맛, 중간 정도 센물 사용
필스 유형 Pilsner Typ	11~12	3.2~4	하면발효	아주 밝은색, 쌉쌀하고 톡 쏘는 맛, 단물 사용
필스 Pils	11~12	3.8~4	하면발효	밝은색, 쌉쌀하며 쓴맛 강조
라거 Lager	10~12.5	3.5~4	하면발효	밝은색과 검은색 두 종류, 홉의 쓴맛이 적음
수출용Expert **도르트문트 유형**	12~13	4.2	하면발효	밝은색, 감칠맛
수출용Expert **뮌헨 유형**	최소 12.5	4	하면발효	밝은색과 검은색 두 종류, 감칠맛

도표 출전: 크라우제, 우도Krause, Udo: 《맥주 양조Bierbrauen》, 뮌헨, 1995

메르첸 Märzen*	13~14	3.8~5	하면발효	짙은 황금색, 감칠맛, 부드러운 쓴맛
바이첸 Weizen, Weiß Bier	11~12	4~5	상면발효	밝은색, 밀 맥아향, 다량의 탄산가스
수출용 바이첸 Expertweizen	12.5~14	4	상면발효	밝은색, 맥아향, 홉의 약한 쓴맛, 다량의 탄산가스
알트 Alt	11.2~12	3.5~3.9	상면발효	대개 흑맥주, 홉의 쓴맛 강조
쾰슈Kölsch	11.2~11.8	3.5~3.9	상면발효	밝은색, 향이 좋음, 홉의 쓴맛 강조
다이어트비어 Diätbier	11~11.3	3.7~4.8	하면발효	밝은색, 홉의 쓴맛 강조, 탄산가스 줄임
슈페치알Spezial (스페셜)	13~14	4~4.3	하면발효	밝은색, 중간 정도 쓴맛, 13% 이상의 축제용 맥주
독한 맥주	**16 이상**	**5~10**		
보크Bock	16~18	5~5.5	하면발효	흑맥주, 감칠맛, 맥아향
마이보크Maibock (5월 '보크')	최소 16	5~6	하면발효	흑맥주, 감칠맛, 맥아향
바이첸보크 Weizenbock	16~17	5~5.5	상면발효	밝은색, 맥아향, 쓴맛 적음
도펠보크 Doppelbock	18~19	5.7~6	하면발효	감칠맛, 향이 아주 뛰어남
바이첸도펠보크 Weizendoppelbock	18~19	5.7~7.5	상면발효	밝은색, 맥아향 좋음, 쓴맛 약함
아이스보크Eisbock	28	8~9	하면발효	흑맥주, 향이 아주 강함, 단맛

* 3월에서 4월 사이에 집중적으로 빚는 맥주. 색깔이 짙고 도수가 세다.

주석 및 출전

1. 마르크스, 카를Marx, Karl, 《작품 선집Eine Auswahl aus seinem Werk》, 베를린/다름슈타트/빈, 출간 연도 미상, 129쪽.

2. 슈뫼켈Schmöckel, H., 《길가메시 서사시Das Gilgamesch Epos》, 슈투트가르트, 1966, 86~107줄.

3. 출전: 《맥주 대사전Das Große Lexikon vom Bier》, 슈투트가르트, 출간 연도 미상, 55쪽.

4. 카우츠키, 카를Kautsky, Karl, "알코올 중독과 퇴치 방안Der Alkoholismus und seine Bekämpfung", 출전: 《디 노이에 차이트Die Neue Zeit》*, 제9호, 1891.

5. 회퍼, 프랑크 토마스Hoefer, Frank Thomas, 《메테르니히의 언론 정책과 경찰국가Pressepolitik und Polizeistaat Metternichs》, 슈투트가르트, 1982, 59쪽.

6. 위와 같은 책, 62쪽.

7. 출전: 에켈트, 비르기트Eckelt, Birgit, 《맥주의 역사. 바이에른의 제5원소Biergeschichte(n), Bayerns fünftes Element》, 로젠하임, 1999, 115쪽.

8. 출전: 《디 벨트Die Welt》, 1993년 12월호.

9. 비일러, 빌헬름Biehler, Wilhelm: 박사학위논문, 라이프치히, 1926.

10. 코르다스, 고트홀트Kordaß, Gotthold: 박사학위논문, 보훔, 1958.

11. 퀼츠, 발부르크 로테Külz, Walburg Lotte: 박사학위논문, 베를린, 1922.

12. 만스펠트, 에른스트Mansfeld, Ernst: 박사학위논문, 뷔르츠부르크, 1940.

13. 바그너, 힐트루트Wagner, Hiltrud: 박사학위논문, 프랑크푸르트, 1960.

14. 베를린, 1902.

15. 벤, 고트프리트Benn, Gottfried, "천재라는 사람들Das Genieproblem"(1930), 출전: 전집, 비스바덴, 1958~1961.

16. 게르비누스Gervinus, G. G., "음주의 역사Geschichte der Zechkunst", 출전: 《역사Historische Schriften》 제7권, 카를스루에, 1838, 166쪽.

17. 필리피Philippi, "뮌헨의 맥주 순례Münchener Bierbogen", 1912, 출전: 바우어, 라인하르트 Bauer, Reinhard 외 공저, 《맥주의 향기 속에서, 민중과 취함Im Dunst aus Bier, Volk und Rausch》, 뮌헨, 1989, 117쪽.

18. 런던, 잭London, Jack, "알코올이라는 이름의 왕König Alkohol", 출전: 조이프처Säufzer, 《알코올에 관한 역사Geschichten über den Alkohol》, 호프하임, 1987, 377~378쪽.

---

* 독일 사회민주당Sozialdemokratische Partei Deutschlands: SPD)이 발행하던 정치이론 잡지. 카를 카우츠키 가 1917년까지 편집장을 맡아 독일에서 마르크스주의 논쟁을 주도했다.

19. 출전: 《네이처Nature》, 제24호/1992년, 360쪽.

20. 뢸리히Röllig, W., 《고대 메소포타미아의 맥주Das Bier im Alten Mesopotamien》, 66쪽.

21. 출전: 호프만 박사Dr. M. Hoffmann, 《5000년 맥주5000 Jahre Bier》, 프랑크푸르트 암 마인/베를린, 1956, 26쪽.

22. 함무라비 법전, § 110.

23. 뢸리히, 같은 책, 37쪽.

24. 위와 같은 책, 59쪽.

25. 후버 박사Dr. E. Huber, 《바빌로니아와 이집트 고대 민족들의 맥주와 맥주 제조Bier und Bierbereitung bei den Völkern der Urzeit in Babylonien und Ägypten》, 베를린, 1926.

26. 뢸리히, 같은 책, 32쪽.

27. 원서의 해당 중간 제목은 Bier – das flüssigste Wertpapier이다. 다음 책 참조: 《지방의 곡물 – 극동의 유가증권Landskorn - das östlichste Wertpapier》.

28. 헬크, 볼프강Helck, Wolfgang, 《고대 이집트의 맥주Das Bier im Alten Ägypten》, 베를린, 1971, 66쪽.

29. 위와 같은 책, 90쪽.

30. 출전: 휘브너, 레기나Hübner, Regina/휘브너, 만프레트Hübner, Manfred 공저, 《독일인의 갈증 Der deutsche Durst》, 라이프치히, 1994, 75쪽.

31. 뢸리히, 같은 책, 71~72쪽.

32. 렐렌 박사Dr. Rehlen, 《산업의 역사Geschichte der Gewerbe》, 1855, 51쪽.

33. 스칸디나비아의 왕 레그나르 로트브로크Regnar Lodbrok가 죽음을 맞아 부르는 노래. 출전: 호프만, 같은 책, 44쪽.

34. 출전: 크노브라우흐, 리하르트Knoblauch, Richard, 《고대 세계의 사교생활과 술Der Trank im geselligen Leben der Alten Welt》, 힌터차르텐Hinterzarten, 1983, 165쪽.

35. 타키투스, 《게르만족의 근본과 지리적 위치De origine et situ Germanorum》, 마우어스베르거 A. Mauersberger, A.(독어 번역), 비스바덴, 출간 연도 미상.

36. 9세기에서 12세기까지 고대 게르만족의 세계관을 담은 책.

37. 결혼식 축가, 민중이 즐겨 부른 발라드, 마법의 주문, 인생의 지혜를 담은 잠언 등을 담은 책. 원래는 모두 시의 형태로 만들어진 것이다.

38. 20번째와 21번째 루네*, 쉬프너Schiefner, Anton 번역(1852), 슈투트가르트, 1989.

---

* Rune 고대 게르만 문자. 여기서는 텍스트의 순서를 가리킨다.

39. 디오도루스*가 한 말, 출전: 크노브라우흐의 같은 책, 51쪽.

40. 출전: 《맥주 대사전》, 원주 3에서 언급한 것과 같은 책, 62쪽.

41. 출전: 헬크, 28번 주와 같은 책, 82~83쪽.

42. 아포스타타, 율리안Apostata, Julian, "로마의 황제(360~363)Römischer Kaiser(360~363)", 에라스무스 폰 로테르담Erasmus von Rotterdam 번역, 출전: 크노브라우흐의 같은 책, 110~111쪽.

43. 라이문두스Raymundus 추기경, 출전: 카스파르 트로프Caspar Tropp, 《맥주의 건강한 요소에 관하여 Über den Gesundheitswert des Bieres》, 도르트문트, 1965, 46쪽.

44. 출전: 헬크, 같은 책, 78쪽.

45. 위와 같은 책, 81쪽.

46. 《양조업 주간지》, 1914년 9월, 378쪽.

47. 트로프, 원주 43과 같은 책, 8~9쪽.

48. 출전: 《양조 저널Brauerei Journal》, 1990년 3월 1일자, 100쪽.

49. 출전: 〈벨트 암 존탁Welt am Sonntag〉**, 1979년 11월 4일자, 24쪽.

50. 출전: 로트, 위르겐Roth, Jürgen/루돌프, 미하엘Rudolf, Michael, 《맥주! 사전Bier! Das Lexikon》, 라이프치히, 1997, 120쪽.

51. 《슈피겔Spiegel》, 1990년 제48호, 288쪽.

52. 출전: 퀸, 폴커Kühn, Volker(편집), "…… 그 밖에는 아무것도 아니었다.", 《프리드리히 홀라엔더 샹송 책Das Friedrich Hollaender Chanson-Buch》, 하노버, 1996, 90쪽.

53. 구약성경, 하박국, 2장 15절.

54. 구약성경, 신명기, 8장 8절.

55. 《성경 사전Lexikon zur Bibel》, 부퍼탈, 1960, 1518쪽.

56. 구약성경, 이사야, 28장, 7~8절.

57. 고린도전서, 11장, 28~29절.

58. 갈라디아서, 5장, 20~21절.

59. 레그나로, 알도Legnaro, Aldo, "알코올 소비와 행동 통제Alkoholkonsum und Verhaltenskontrolle", 출전: 《취중 몽환과 현실, 중독성 소비재의 문화적 비교Rausch und Realität, Drogen im Kulturvergleich》, 쾰른, 1981, 157~158쪽.

60. 출전: 〈팁Tip〉, 1983년 제19호.

61. 출전: 테오도어 그레세 박사Dr. Theodor Grässe, 《맥주 연구, 진담과 농담, 맥주와 지구에서

---

* **Diodorus Siculus** 서기 1세기에 활동한 그리스 역사가. 그에 관해 알려진 것은 거의 없다. 다만 로마와 이집트를 오가며 많은 기록을 남긴 것으로 유명하다.

** 독일의 일간지 〈벨트Welt〉(세계라는 뜻)가 발행하는 일요신문.

전파의 역사Bierstudien, Ernst und Scherz, Geschichte des Bieres und seiner Verbreitung über den Erdball》,
드레스덴, 1872, 2~3쪽.

62. 도블러, 프란츠Dobler, Franz, 《맥주 심장Bierherz》, 함부르크, 1994, 37쪽.

63. 출전: 《맥주 대사전》, 앞에 나온 것과 같은 책, 84쪽.

64. 그라에프, 막스 크리스티안Graef, Max Christian, 《금지된 에로스Der verbotene Eros》, 뮌헨, 2000,
36쪽.

65. 호프만, 같은 책, 80쪽.

66. 헤센 다름슈타트의 공작 에른스트 루트비히의 1725년 포고령, 위와 같은 책, 84쪽.

67. 〈타게스차이퉁Tageszeitung〉, 1990년 2월 7일자 기사에서 인용.

68. 1447년 뮌헨의 포고령. 《맥주 대사전》, 앞에 나온 것과 같은 책, 116쪽.

69. 양조업 역사와 서지학 협회Gesellschaft für die Geschichte und Bibliographie des Brauwesens e.V.(사단법인,
편집), 《연보Jahrbuch》, 베를린, 1993, 63~64쪽.

70. 출전: 《맥주 대사전》, 앞에 나온 것과 같은 책, 115~116쪽.

71. 뢰리히Röhrich, C.J., "1817년 양조장, 술꾼, 경찰과 관련해 살펴본 맥주", 출전: 비르바, 울리히
Wyrwa, Ulrich, 《증류주와 "진정한 맥주", 19세기 함부르크 노동자들의 음주문화Branntewein und
"echtes Bier", Die Trinkkultur der Hamburger Arbeiter im 19. Jahrhundert》, 함부르크, 1990, 147쪽.

72. 출전: 호프만, 같은 책, 69쪽.

73. 노이만Neumann, S., 《괴를리츠의 역사Geschichte von Görlitz》, 괴를리츠, 1820, 155쪽.

74. 출전: 로트/루돌프, 주 50과 같은 책, 106쪽.

75. 괴테Goethe, J. W., 《선집Eine Auswahl aus seinem Werk》, 제2권, 라이프치히, 1956, 172~173쪽.

76. "울리히 백작의 1647년 치안 명령Polizeiverordnung des Grafen Ulrich 1647", 출전: 《맥주 산업
Brauindustrie》, 1998년 11월호, 1460쪽.

77. 오를레앙의 엘리자베스 샤를로테Elisabeth Charlotte de Orlean가 1696년에 쓴 편지.

78. 출전: 베링거, 볼프강Behringer, Wolfgang, 《뮌헨의 시민 맥주Münchener Bürgerbräu》, 뮌헨, 1985,
66쪽.

79. "1847년 민중 캘린더", 출전: 비르바, 원주 71과 같은 책, 45쪽.

79a. 회예베르크Höjeberg, P., 《"자녀의 어머니", 스웨덴에서의 산파와 임산부Die "Nachwuchsmutter",
Hebammen und Gebärende in Schweden》, 쇠데르텔리에Södertälje, 1981, 35쪽.

80. 도블러, 원주 62와 같은 책, 16쪽.

81. 쉬펠부슈, 볼프강Schivelbusch, Wolfgang, 《낙원과 미각과 이성, 기호품의 역사Das Paradies,
der Geschmack und die Vernunft, Eine Geschichte der Genußmittel》, 프랑크푸르트 암 마인, 1990, 184쪽.

82. 원래 라틴어로 1494년에 바젤에서 출간되었음. 융한스Junghans, H.A.의 독일어 번역본, 슈투트
가르트, 1964, 66쪽.

83. "종복에게 주는 사례Untertanenhuldigung", 1670년 니엔도르프 안 데어 슈테크니츠Niendorf an der

Stecknitz, 출전: 비르바, 원주 71과 같은 책, 35쪽.

84. 1731년의 관보, 위와 같은 책, 36쪽.

85. 출전: 비쎌, 루돌프Wissel, Rudolf, 《옛 수공업의 법도와 관습Des alten Handwerks Recht und Gewohnheit》, 제2권, 122쪽.

86. 17세기 도제 조합 회칙의 한 항목. 출전: 비르바, 원주 71과 같은 책, 54쪽.

87. 〈시민신문Bürgerzeitung〉, 제250호, 1886년 10월 24일자.

88. 출전: 슐체, 프리드리히Schulze, Friedrich/슈피만크, 파울Sfymank, Paul, 《고대에서 현대에 이르기까지 독일의 대학생Das Deutsche Studententum von den ältesten Zeiten bis zur Gegenwart》, 라이프치히, 1910, 100쪽.

89. 위와 같은 책, 167~168쪽. 글은 1798년 퀼Kühl, A이라는 사람이 썼다.

90. 위와 같은 책, 164~165쪽.

91. 슈포데, 하소Spode, Hasso, 《음주의 힘Die Macht der Trunkenheit》, 오프라덴Opladen, 1994, 99쪽.

92. 델로니, 토머스Deloney, Thomas, 《토머스 델로니 1543~1600, 옛 잉글랜드의 나날Thomas Deloney 1543~1600, Tage des alten England》, 예나, 1928, 190쪽 이하.

93. 바게너, 시빌Wagener, Sybil, 《적의 모습Feindbilder》, 베를린, 1999, 33~34쪽.

94. 출전: 라우어스Rauers, F., 《접객업소의 문화사Kulturgeschichte der Gaststätte》, 베를린, 1941, 157쪽.

95. 1310년 뮌헨 도시법 기념비에 새겨진 문구. 출전: 호프만, 원주 21과 같은 책, 60쪽.

96. 카우츠키, 원주 4와 같은 책, 같은 쪽.

97. 출전: 휘브너, 원주 30과 같은 책, 91~92쪽.

98. 위와 같은 책, 67쪽.

99. 출전: 쉬펠부슈, 원주 81과 같은 책, 165쪽.

100. 출전: 휘브너, 원주 30과 같은 책, 147쪽.

101. 마르크스, 카를/엥겔스, 프리드리히Engels, Friedrich, 《전집》 제3권, 베를린, 1988, 404쪽.

102. 엥겔스가 부퍼탈Wuppertal에서 보낸 편지: 마르크스/엥겔스, 《전집》 제1권, 417~418쪽.

103. 출전: 부름, 에마누엘Wurm, Emanuel, 《독일 노동자의 생활Die Lebenshaltung der deutschen Arbeiter》, 드레스덴, 1892, 4쪽.

104. 출전: 슈란카, 에두아르트 마리아Schranka, Eduard Maria, 《맥주에 관한 책Ein Buch vom Bier》, 프랑크푸르트 안 데어 오데르, 1886, 216쪽.

105. 《브라우벨트Brauwelt》('양조업계'라는 뜻), 1993년 6월호, 233쪽.

106. 렐렌 박사Dr. Rehlen, 《산업의 역사Geschichte der Gewerbe》, 1855, 17쪽.

107. 마르틴 루터가 아내에게 보낸 편지에서. 출전: 《맥주 대사전》, 원주 3과 같은 책, 172쪽.

108. 베링거, 원주 78과 같은 책, 1쪽.

109. 《양조업 주간지》, 1914년 9월, 380쪽.

110. 플라데, 에리헤Flade, Eriche, 《알코올 중독과의 싸움 – 우리 독일 민족을 지켜내기 위하여

Der Kampf gegen Alkoholismus - ein Kampf für unser deutsches Volksthum》, 베를린, 1905, 20쪽.

111. 도블러, 원주 62와 같은 책, 47~48쪽.

112. 출전: 〈타게스슈피겔Tagesspiegel〉, 1999년 9월 12일자, W2쪽.

113. 출전: 휘브너, 원주30과 같은 책, 177쪽.

114. 1834년의 재판 기록. 출전: 크라머 Kramer, K. S./빌켄스 Wilkens, U., 《홀슈타인 구츠 지역의 민중 생활Volksleben in einem holsteinischen Gutsbezirk》, 노이뮌스터, 1979, 324쪽.

115. 회퍼의 책을 참조할 것(원주 5). 65쪽.

116. 〈함부르크 알토나 민중 신문Hamburg Altonaer Volksblatt〉, 1867년 1월 4일자.

117. 1903년 제16회 연방 국민가요 축제 프로그램에서. 출전: 비르바, 원주 71과 같은 책, 142쪽.

118. 1999년 9월 12일자 〈타게스슈피겔〉, W2쪽 참조.

119. 출전: 쉬펠부슈, 원주 81과 같은 책, 394쪽.

120. "너의 자유시간은 누구의 것인가?", 출전: 《독일 알코올 반대운동 기관지Deutscher Alkoholgegner》, 1935년 6~7월호, 61쪽.

121. 〈새 조국Neuland〉, 알코올로부터 자유로운 문화를 위한 신문, 독일 〈굿 템플라Good Templar〉* 공식 기관지, 1935년 6월 21일자, 베를린.

122. 헤르베히 Herwegh, G., "무엇이 독일을 만들었나?", 베를린, 1924, 출전: 《음주의 시 Trinkpoesie》, 슈투트가르트, 1989, 146쪽.

123. 《연보Jahrbuch》, 1993, 원주 69와 같은 책, 229쪽.

124. 위와 같은 곳 참조.

125. 위와 같은 자료, 232쪽.

126. 〈함부르크의 메아리Hamburger Echo〉, 제120호, 1904년 5월 25일자.

127. 위와 같은 신문, 제204호, 1906년 9월 2일자.

128. 출전: 〈바이에른 국가신문Bayerische Staatszeitung〉, 1913년 11월.

129. 다음 책을 참조할 것, 호트 박사Dr. Hoth, Wolfgang, 《양조업의 역사Die Geschichte einer Brauerei》, 부퍼탈, 1986, 73쪽.

130. 베를린, 1992.

131. "특허 소식Patentschrift", 출전: 《연보 1991/92Jahrbuch 1991/92》, 〈양조업 역사와 자료 탐구 협회〉 (사단법인: 편집), 베를린, 208쪽.

132. 페테르젠, 요한 빌헬름Petersen, Johann Wilhelm, 《독일 민족의 음주 성향에 관한 역사Geschichte der deutschen National-Neigung zum Trunke》, 라이프치히, 1782, 새로 찍은 판, 도르트문트, 1979, 85~86쪽.

* IOGT: International Organization of Good Templar 금욕과 금주를 목표로 활동하는 국제기구. 이외 에도 평화를 위한 각종 활동으로 수차례 노벨평화상 후보에 올랐던 NGO이다.

133. 슐뢰처, 아우구스트 루트비히 폰Schloezer, August Ludwig von, 《옛 독일인들의 갈증Vom Durst der alten Deutschen》, 괴팅겐, 1781, 167쪽.

134. 슈톨라이스, 미하엘Stolleis, Michael, "음주의 악덕 - 16세기와 17세기의 금주령Von dem grewlichen Laster der Trunckenheit - Trinkverbote im 16. und 17. Jahrhundert", 출전: 《취중 몽환과 현실, 중독성 소비재의 문화적 비교》, 원주 59와 같은 책, 177쪽.

135. 바이세, 크리스티안 펠릭스Weisse, Christian Felix, 출전: 《음주의 시》, 원주 122와 같은 책, 84쪽.

136. 페테르젠, 원주 132와 같은 책, 127~128쪽.

137. 슐체, 한스 요아힘Schulze, Hans Joachim, 《야! 커피 너 정말 맛나구나!Ey! wie schmeckt der Coffee süße》, 라이프치히, 1985, 65~66쪽.

138. 미셸레트, 율즈Michelet, Jules, 출전: 쉬펠부슈, 원주 81과 같은 책, 46쪽.

139. 출전: 크룸프홀츠, 에카르트Krumpholz, Eckhard, 《마르틴 루터, 건배해봐, 아주 요란할 거야 Martin Luther, Euch stoßen, daß es krachen sollte》, 베를린, 1973, 183~184쪽.

140. 맥주 세금 법령 1993, 2150쪽 이하.

141. 접객업소와 중소 알코올 취급 업체에 관한 법령(상법), 1959년 2월 26일, 바젤.

142. 다음 자료 참조, 휘브너, 원주 30과 같은 책, 219쪽.

143. 〈팁Tip〉 1999년 3월 18일자에 실린 판사의 탄식.

144. 출전: 〈빌트차이퉁Bild-Zeitung〉, 1995년 9월 19일자.

145. 레그나로, 알도, "체험의식에 이르는 길Auf dem Weg zum Erlebnis-Bewußtsein", 출전: 《유럽, 공동의 집Das gemeinsame Haus Europa》, 〈함부르크 민속 박물관Museum für Völkerkunde Hamburg〉(편집), 뮌헨, 1999, 877쪽 이하.

146. 바우만, 치그몬트Baumann, Zygmont, "한량, 노름꾼, 관광객Flaneure, Spieler und Touristen", 위와 같은 책, 883쪽.

147. 출처: 중독 위험 독일 대책본부, 1996.

148. 〈프랑크푸르터 룬트샤우Frankfurter Rundschau〉, 1994년 4월 29일자.

149. 출전: 〈ILA〉(라틴아메리카 정보 신문: Zeitschrift der Informationsstelle Lateinamerika), 1997년 6월, 14쪽.

150. 러바인, 해리 진Levine, Harry Gene, "북아메리카에서 음주를 바라본 시각의 변화, 중독의 발견 Die Entdeckung der Sucht-Wandel der Vorstellung über Trunkenheit in Nordamerika", 원주 59와 같은 책, 247쪽.

151. 폴츠, 미첼Voltz, Michel, "서부 아프리카의 기장맥주Hirsebier in Westafrika", 원주 59와 같은 책, 336쪽.

152. 위와 같은 책, 340쪽.

153. 〈아프리카 포스트Afrika-Post〉, 1999년 9–10월호, 48쪽.

154. 출전: 슈나이더, 위르겐Schneider, Jürge., 《아일랜드의 요리Irish Kochen》, 괴팅겐, 1999, 78쪽.

155. 위와 같은 책, 78쪽 참조.

156. 위와 같은 책, 78쪽 참조.

157. 다음 책 참조, 파첸스키, 게르트 폰Paczensky, Gert von/뒤네비어, 안나Dünnebier, Anna, 《먹고

마시는 일의 문화사(Kulturgeschite des Essens und Trinkens)》, 뮌헨, 1994, 201쪽.

158. 원주 154의 책 참조, 78쪽.
159. 위와 같은 책, 79쪽.
160. 위와 같은 곳.
161. 위와 같은 곳.
162. 위와 같은 곳.
163. 위와 같은 곳.
164. 위와 같은 책, 80쪽.
165. 위와 같은 곳.
166. 위와 같은 곳 참조.
167. 위와 같은 곳 참조.
168. 위와 같은 곳 참조.
169. 위와 같은 곳.
170. 위와 같은 곳 참조.
171. 위와 같은 책, 81쪽.
172. 위와 같은 곳.
173. 위와 같은 곳.
174. 위와 같은 곳 참조.
175. 위와 같은 책, 82쪽.
176. 위와 같은 책, 83쪽.
177. 위와 같은 책, 78쪽 이하 참조.
178. "1648년 덴마크의 식물 세계Flora danica 1648", 출전: 《독일 맥주와 맥아 장인 협회Deutscher Braumeister und Malzmeister》, 1991, 제3호, 163쪽.
179. 출전: 《브라우벨트》 1993년 22, 23호 통권, 972쪽.
180. 〈프랑크푸르터 룬트샤우〉. 1988년 5월 11일자.

찾아보기

그해 여름 알프스를 향해 달리던 날의 하늘은 청아하기만 했다. 들판 위에 듬성듬성 서 있는 아름드리 나무들 사이로 굽이치며 이어지는 길에서 보는 풍경은 눈길이 닿는 곳마다 푸르렀다. 멀리 웅자를 겨루는 알프스 봉우리들이 선명한 게 꼭 손에 잡힐 것만 같다. 열어놓은 차창으로 후덥지근하지만 기분 좋은 녹색 향기가 코를 간질인다. 무척 더운 날이다. 시원한 맥주 한 잔 들이켜고 싶은 생각이 간절했다.

돌연 하늘을 찌를 듯 언덕 위에 우뚝 솟은 첨탑이 눈길을 사로잡는다. 안덱스Andechs 수도원 본당 성당의 첨탑이다. 짙푸른 숲 위로 하늘을 향해 손을 뻗은 것만 같은 첨탑의 녹색 지붕은 기둥의 하얀색과 절묘한 조화를 이루며 햇살을 받아 반짝인다. 10세기 초 라소Rasso라는 백작이 이스라엘 성지에서 성물을 가져옴으로써 유럽의 기독교인들이 순례를 위해 찾는 성지가 된 곳이 안덱스이다. 1392년에 원래 성이던 곳을 수도원으로 만들었다는 기록이 나온다.

수도원에서 내려다보니 눈이 시릴 정도로 맑고 푸른 호수가 에메랄드빛을 뽐냈다. 알프스의 암벽을 흘러내리느라 물이 석회를 품은 탓에 신비한 색채를 자랑하는 것이다. 로코코 양식의 아름다운 성당 내부를 관람하고 성당 뒤편으로 돌아나오자 눈을 의심하게 만드는 광경이 펼쳐졌다. 운동장만 한 널따란 테라스에 사람들이 호수를 이루고 있었다. 수도원에서 직영하는 양조장의 맥주맛을 보러 온 사람들이다. 유럽 각지에서 몰려온 터라 온갖 언어들이 뒤섞여 들리는 것도 이채로웠다.

긴 줄에 서서 기다린 끝에 드디어 맥주 한 잔을 앞에 두고 앉은 나는, 혀를 착 감싸고 입안을 가득 채우는 오묘한 맛과 향기에 눈이 휘둥그레지고 말았다. 세계 최고의 맛을 자랑하다던 독일 친구의 말은 사실이었다. 알싸하면서도 혀끝에서 톡톡 터지는 청량감이 가히 일품이다. 석회를 걸러낸 맑은 물에 주변에서 농사지은 홉과 보리를 쓰는 덕에 이런 맛이 난다고 한다. 수도원의 자급자족에 필요한 만큼만 생산하는 까닭에 천 년에 가까운 세월 동안 늘 같은 맛을 유지한다는 설명이다.

이후 베를린으로 학교를 옮기고 나서 가장 아쉬웠던 게 안덱스 맥주를 맛보기 힘들다는 점이었다. 그처럼 맛난 맥주를 베를린 사람들은 모르는 것일까? 궁금증은 이내 풀렸다. 독일 사람이 흔히 하는 말 가운데 "레벤, 레벤 라센Leben, leben lassen!"이라는 게 있다. '네가 살아야 나도 산다!'라는 뜻이다. 독일 사람은 꼭 자신이 사는 터전에서 나는 것부터 찾는다. 베를린의 맥주가 안덱스의 그것에 비할 바가 못 되어도 베를린 시민은 자기네 제품을 선호한다. 독일 어디를 가나 이런 사정은 똑같았다. 이웃이 먹고살 수 있을 때 나도 살 수 있다는 지혜가 깊은 뿌리를 내린 것이다.

이 책의 저자가 주장하는 대로 술은 더불어 마셔야 참맛을 볼 수 있다. 처음 보면 낯설고 겸연쩍어 하던 사람들도, 술을 마주하고 앉으면 이내 친구가 되는 이치가 따로 있을까. 또 이야기를 안주 삼아 흥겹게 마시는 술은 좀체 취하지 않는다. 독일은 세계를 상대로 기계를 팔아서 먹고사는 자본주의 국가이다. 그러나 독일의 자본주의처럼 독특한 문화도 따로 없다. 말하자면 사회자본주의라고 할까. 그만큼 이웃을 배려하는 정신이 투철하다.

독일 농부는 힘들여 농사를 짓지 않아도 갑부 소리를 듣는다. 각종 세제 혜택은 물론이고 두둑한 지원금을 농지 관리라는 명목으로 받기 때문이다. 매년 농토의 1/4에만 농사를 짓는다. 그래야 땅도 비옥하게 지킬 수 있다나?! 아무튼 사회의 약자를 보호하는 안전망이 철저하고도 신중하다. 물론 공짜는 절대 없다. 물고기를 주지 않고 물고기 잡는 법을 가르친다고나 할까. 더불어 사는 것을 소중히 여기며 자립심을 키우는 일에도 소홀하지 않는다.

이런 지혜는 함께 나누는 술잔에서 길어낸 게 아닐까? 무턱대고 경쟁만 강조하는 천민자본주의와는 근본부터 다르다. "Zum Wohl!"(춤 볼! – 행복을 위하여!) 건배에 해당하는 독일어이다. 독자 여러분, 위하여!

2010년 8월 김희상

지은이 **야콥 블루메** Jacob Blume

1961년생으로, 예술사와 문학사를 전공했다. 현재 베를린에서 집필 활동을 하고 있으며, 여러 출판사들을 위해 편집 전문가로도 활약하고 있다. 《담배와 꿀의 문화사》, 《화장실의 역사》 등의 저서가 있다.

옮긴이 **김희상**

성균관대학교와 동대학원에서 철학을 전공했다. 독일 막시밀리안 대학과 베를린 자유대학에서 독일 관념론을 공부했고, 귀국한 후 전문 번역가로 활동하고 있다. 지금까지 《유레카》, 《사자와 권력》, 《우리 안의 히틀러》, 《알렉산드리아의 족장》 등 40여 권의 작품을 번역했으며, 2008년에는 어린이 철학책 《생각의 힘을 키우는 주니어 철학》을 집필했다.

맥주, 세상을 들이켜다
— 조금은 정치적이고 목구멍까지 쌉싸름한 맥주 이야기

지은이 야콥 블루메
옮긴이 김희상
초판 1쇄 발행 2010년 9월 15일
초판 4쇄 발행 2015년 7월 20일

펴낸곳 도서출판 따비
펴낸이 박성경
편집 신수진, 엄귀영
디자인 박대성

출판등록 2009년 5월 4일 제313-2010-256호
주소 서울시 마포구 월드컵로28길 6(성산동, 3층)
전화 02-326-3897
팩스 02-337-3897
메일 tabibooks@hotmail.com
출력 스크린 출력센터
인쇄·제본 영신사

Bier, was die Welt im Innersten zusammenhält
By Jacob Blume

Copyright ⓒ 2000 Velag die Werkstatt GmbH
All right reserved

Korean Translation Copyright ⓒ 2010 Tabi Publishing Co.
Korean edition is published by arrangement with Verlag die Werkstatt GmbH
through Corea Literary Agency, Seoul

ISBN 978-89-964175-1-4 03900